BENJAMIN LANGFELD

KVT & DBT

2-IN-1-KOMPLETTSET

Alles Wichtige über die Kognitive Verhaltenstherapie und
Dialektisch-Behaviorale Therapie

Inhaltsverzeichnis

BENJAMIN LANGFELD

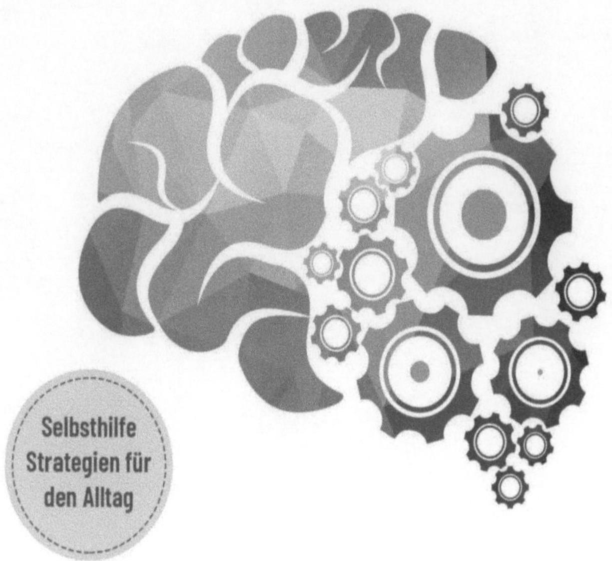

Kognitive VERHALTENS THERAPIE

LEBEN OHNE SORGEN, ERFÜLLT VON GLÜCK UND ZUFRIEDENHEIT

Bei Depressionen, Ängsten und Persönlichkeitsstörungen

Inhaltsverzeichnis

1. Einführung in die Kognitive Verhaltenstherapie

Die Kognitive Verhaltenstherapie ist die am häufigsten angewandte Therapieform. Sie ist wissenschaftlich gut erforscht, findet Anwendung bei einer Vielzahl psychischer Erkrankungen und die Behandlungskosten werden im Regelfall von der Krankenkasse übernommen. Menschen, die unter Depressionen oder Ängsten leiden, wird häufig eine Kognitive Verhaltenstherapie (KVT) empfohlen. Auch Personen, die chronische körperliche Erkrankungen haben, kann eine KVT helfen, um mental besser mit ihren Symptomen umgehen zu können. Die KVT baut auf der Annahme auf, dass Denken, Handeln und Fühlen miteinander zusammenhängen und sich gegenseitig beeinflussen. So könnte eine Person, die an einer Depression erkrankt ist, zum Beispiel sehr negative Gedanken haben, wie: „Es ist doch alles sinnlos" oder „Ich bin sowieso nichts wert" (Denken). Diese Gedanken wiederum begünstigen Antriebsverlust und passives Verhalten. Warum noch aus dem Bett aufstehen, wenn die Lage ohnehin aussichtslos ist? In der Folge macht diese Person kaum noch Dinge, die ihr guttun und sammelt auch keine neuen, schönen Erfahrungen (Handeln). Die Gefühle von Traurigkeit, Mutlosigkeit und Einsamkeit werden immer stärker (Fühlen) und begünstigen das Auftreten weiterer düsterer Gedanken – ein Teufelskreis. Bei der Verhaltenstherapie geht es hauptsächlich darum, die Gefühle positiv zu beeinflussen, indem die Gedanken und das Verhalten verändert werden. Patienten können lernen, belastende oder falsche Überzeugungen oder Einstellungen zu erkennen und diese neu zu konditionieren.

Fast jeder Mensch besitzt in seiner inneren Logik den einen oder anderen Denkfehler. Die Art und Weise, wie wir die Außenwelt wahrnehmen, ist ein Spiegel unserer inneren Welt. Hundertprozentig objektiv zu sein, ist uns Menschen nicht möglich, da wir durch unsere Erwartungen und Vorannahmen beeinflusst werden. Jemand, der davon überzeugt ist, liebenswert, klug und attraktiv zu sein, wird in seinem täglichen Leben immer wieder auf Anzeichen stoßen, die ihm diese Grundannahmen bestätigen. Zu einem nicht unerheblichen Teil werden diese vermutlich durch das eigene Verhalten hervorgerufen: Dadurch, dass die Person offener und freundlicher auf andere zugeht, werden diese beispielsweise positiver reagieren, lächeln oder sich auf einen kleinen Plausch einlassen. Im Umkehrschluss findet ein Mensch, der von sich selbst glaubt, nicht liebenswert zu sein, auch dafür Anzeichen. Er wird vielleicht im sozialen Kontakt gehemmt sein und eher auf den Boden schauen, was dazu führen könnte, dass andere auch ihrerseits weniger aktiv den Kontakt suchen. Dies wiederum verstärkt das Gefühl, ungenügend zu sein. So kann die gleiche Situation vollkommen anders interpretiert werden. Stellen Sie sich vor, Sie würden in der Stadt an einer Gruppe vorbeigehen, die gerade herzhaft über etwas lacht. Wenn Sie einen guten Tag haben und sich selbstbewusst fühlen, freuen Sie sich vielleicht über die gute Stimmung und fragen nach dem Witz, um mitlachen zu können. Fühlen Sie sich jedoch unsicher, gehen Sie möglicherweise direkt davon aus, dass die Gruppe über Sie lacht. Sie senken den Blick und gehen traurig weiter.

Die Überzeugungen, die wir von der Welt haben, schaffen unsere Realität. Oft entsteht daraus eine selbsterfüllende Prophezeiung. Bei Personen, die unter psychischen Erkrankungen leiden, findet sich häufig eine Reihe spezifischer Denkfehler, die der Psychologe Aaron T. Beck als „kognitive Verzerrungen" bezeichnet hat. Diese Verzerrungen begünstigen es, in negativen Gedankenmustern gefangen zu bleiben und sich nur schwer daraus befreien zu können. Drei Beispiele für kognitive Verzerrungen sind dichotomes Denken, Übergeneralisierung und Katastrophisierung.

Dichotomes Denken bedeutet, dass die Realität nicht in Graustufen, sondern nur in Schwarz oder Weiß wahrgenommen wird. Man nennt es auch Alles-oder-nichts-Denken. Ein Beispiel für diesen Denkfehler wäre es, sich unrealistisch hohe Ziele zu stecken und sich dann als totalen Versager zu fühlen, wenn diese Ziele nicht erreicht werden können.

Mit **Übergeneralisierung** ist gemeint, dass eine negative Erfahrung auf andere Erfahrungen übertragen wird, obwohl diese mitunter wenige Gemeinsamkeiten haben. Ein Beispiel für Übergeneralisierung wäre, dass sich ein Student, der in einer Klausur eine schlechte Note bekommt, weil er gerade Liebeskummer hat, grundsätzlich in seinem Studienfach für ungeeignet hält.

Katastrophisierung ist die Neigung, stets vom Schlimmsten auszugehen und Situationen schnell als bedrohlich oder aussichtslos zu interpretieren, selbst wenn es dafür keine stichfesten Beweise gibt: „Die Prüfung werde ich niemals schaffen, ich werde durchfallen und sicherlich meinen Abschluss nicht bekommen. Niemand stellt mich ein, ich gehe pleite, meine Freunde werden sich abwenden und ich lande auf der Straße."

Zu diesen drei Denkfehlern gibt es noch eine Reihe weiterer: Personalisierung (alles hat mit einem selbst zu tun, andere Erklärungen werden nicht in Betracht gezogen), selektive Wahrnehmung („Tunnelblick") oder vermeintliches „Gedankenlesen", bei dem man von vornherein davon ausgeht, zu wissen, was andere für (meist negative) Annahmen über einen selbst haben. Fast jeder kennt den einen oder anderen dieser Denkfehler aus alltäglichen Situationen. Auf Dauer können kognitive Verzerrungen aber zu negativen Emotionen, einem schlechten Selbstwertgefühl und problematischen Verhaltensweisen führen. Beck geht davon aus, dass man sich in eine Depression regelrecht „hineindenken" kann. Ziel einer KVT ist es daher, dysfunktionale und irrationale Denkmuster zu identifizieren und diese durch realistischere und dem Wohlbefinden zuträglichere Gedankengänge zu ersetzen.

Darüber hinaus hilft die KVT dabei, Patienten mehr Einsicht über ihre Erkrankung zu vermitteln, besser im Alltag zurechtzukommen und Rückfälle zu vermeiden. Man lernt in der Therapie konkrete Fähigkeiten, beispielsweise wie man mit unangenehmen Gefühlen umgehen kann oder wie man bestimmte schädliche Verhaltensmuster künftig vermeidet. Als ein relativ kompaktes Psychotherapieverfahren, welches in der Regel zwischen einem und zwei Jahren dauert (zum Vergleich: Die Psychoanalyse wird oft über einen Zeitraum von drei bis fünf Jahren durchgeführt), steht in der KVT die Hilfe zur Selbsthilfe im Vordergrund. Anstatt sich in allen Einzelheiten der Biografie, den frühen Lebenserfahrungen oder den Elternbeziehungen zu widmen, beschäftigt man sich eher lösungsorientiert mit dem Problem, welches die Patienten im Hier und Jetzt zu bewältigen haben. Dies führt idealerweise dazu, dass sie innerhalb einer relativ kurzen Zeitspanne eine starke Verbesserung ihrer Symptome erzielen können und insgesamt wieder besser im Alltag zurechtkommen.

Dieses Buch richtet sich an all jene, die – ganz simpel ausgedrückt – mehr über die Kognitive Verhaltenstherapie erfahren möchten. Es ist sowohl für Menschen geschrieben, die selbst unter psychischen Beschwerden leiden, als auch für jene, die sich über diese Therapieform informieren möchten, weil beispielsweise Partner, Angehörige oder Freunde eine solche Therapie angefangen haben. Dieses Buch wird Ihnen einen umfassenden Überblick geben und Ihnen die wichtigsten Techniken der KVT näherbringen. Die verschiedenen Kapitel gehen auf den Ablauf einer KVT ein, und auf die Frage, wie man einen Therapeuten findet, der gut zu einem passt. Darüber hinaus gibt es ein Kapitel, welches ganz der praktischen Selbsthilfe gewidmet ist. Auch Personen, die nicht unter einer psychischen Erkrankung leiden, werden hier die eine oder andere Übung finden, die dazu beitragen kann, die Lebensqualität zu verbessern. Wenn Sie selbst darüber nachdenken, eine Psychotherapie zu beginnen, sollten Sie einen grundlegenden Eindruck von dieser Therapieform bekommen. Dieses Buch dient dann als Entscheidungshilfe, um in Erfahrung zu bringen, ob die KVT für Sie geeignet sein könnte.

Geschichte und Entwicklung der Kognitiven Verhaltenstherapie

Wer beginnt, sich mit dem Thema Psychotherapie auseinanderzusetzen, stellt schnell fest: *Die* Psychotherapie existiert nicht. Stattdessen gibt es eine Vielzahl verschiedener Verfahren, die sich in ihrem Menschenbild und ihren Grundannahmen unterscheiden. Die ältesten Psychotherapieformen sind jene, die auf die Psychoanalyse von Sigmund Freud zurückgehen. Freud ging davon aus, dass ein Mensch ein Wesen ist, welches hauptsächlich Lust sucht und Schmerz vermeidet. Menschen seien stark beeinflusst von unbewussten Trieben, die – im Falle verbotener oder unerwünschter Gelüste – Angst erzeugen. Um die Angst in Schach zu halten, kennt die Psyche diverse Abwehrmechanismen, wie das Verdrängen, Leugnen oder Abspalten. Diese dienen der innerpsychischen Abwehr der „verbotenen" Triebe und damit assoziierten Gedankeninhalte. Ziel der Therapie sei es daher, durch Techniken (wie das freie Assoziieren oder die Traumdeutung) diese verborgenen Inhalte aus dem Unbewussten ans Licht zu holen und einen angemessenen Umgang mit ihnen zu finden.

Die Verhaltenstherapie kann als eine Strömung verstanden werden, die ursprünglich in direktem Gegensatz zu Freuds Psychoanalyse stand. Mittlerweile ist aber eher die Ansicht vertreten, dass die verschiedenen Therapieverfahren nicht im Kontrast zueinander stehen müssen: Jedes hat seine Berechtigung und einen Werkzeugkoffer an Techniken, die Menschen bei ihren Problemen weiterhelfen können.

Die klassische Verhaltenstherapie wird heutzutage kaum noch angewandt, da sie im Laufe der Jahre immer wieder angepasst und weiterentwickelt wurde. Die Basis, auf der sie aufbaut, ist der Behaviorismus. Dabei handelt es sich um ein Konzept, welches nach dem Zweiten Weltkrieg entstanden ist. Im Gegensatz zur Psychoanalyse machte es sich der Behaviorismus zum Ziel, Verhalten mit wissenschaftlichen Methoden zu untersuchen. Das Innenleben der Personen (oder Tiere), die untersucht wurden, galt damals als „Black Box". Das heißt, man ging davon aus, dass innere Prozesse wie Motivation, Denken, Kreativität und Erinnern der wissenschaftlichen Analyse nicht zugänglich sind, wodurch schlussendlich einzig das Verhalten als „Output" beobachtet und untersucht werden kann. Wichtige Prinzipien der klassischen Verhaltenstherapie sind das Klassische und das Operante Konditionieren.

Die Klassische Konditionierung wurde erstmals von dem russischen Mediziner und Nobelpreisträger Iwan Pawlow empirisch untersucht. Ursprünglich forschte Pawlow zu Verdauungsprozessen bei Hunden, wofür er 1904 den Nobelpreis erhielt. Während er den Zusammenhang zwischen Speichelfluss und Verdauung beobachtete, fiel ihm auf, dass die Hunde bereits speichelten, wenn sie nur seine Schritte hörten – ohne dass das Futter selbst überhaupt im Blickfeld war. Daraus entwickelte er später das Experiment zur Klassischen Konditionierung, für das er weltbekannt wurde: Brachte er den Hunden Futter, begannen diese automatisch zu speicheln. Diese Reaktion war natürlich und unwillkürlich. Nun fing Pawlow an, während des Fütterns zusätzlich einen Glockenton zu erzeugen. Die Hunde lernten nach einiger Zeit, den Glockenton mit der Darbietung des Futters zu assoziieren. Nach einiger Zeit begannen sie daher auch, allein nach dem Glockenton zu speicheln, selbst dann, wenn es gar kein Futter gab.

Auf Pawlows Erkenntnissen aufbauend beschäftigten sich später andere Forscher mit dem Prozess der Konditionierung, wie E. L. Thorndike und J. B. Watson. Für die Entwicklung des Operanten Konditionierens spielte insbesondere B. F. Skinner eine wichtige Rolle. Skinner beschäftigte sich mit dem Belohnungslernen. Er ging davon aus, dass ein Verhalten, welches belohnt wird, in der Zukunft häufiger auftreten wird. Ein Verhalten, auf dessen Ausübung hingegen ein negativer oder unangenehmer Reiz folgt, wird künftig eher vermieden. Diese Prinzipien lassen sich auf alltägliche Gewohnheiten ebenso wie auf störungsrelevantes Verhalten anwenden.

Aus diesen Grundideen heraus entwickelten sich schließlich mit der „Ersten Welle der Verhaltenstherapie" die ersten psychotherapeutischen Ansätze. Anfangs ging es dabei überwiegend um die Behandlung von Phobien. Zu nennen ist hier insbesondere J. Wolpe, der die noch heute angewandte Methode der systematischen Desensibilisierung entwickelte. Die Grundidee der systematischen Desensibilisierung besteht darin, dass ein Mensch nicht Angst und Entspannung gleichzeitig empfinden kann. Patienten lernen also zuerst Entspannungsverfahren wie Autogenes Training oder Progressive Muskelrelaxation. Dann beginnen sie, sich der Situation zu nähern, die ihnen Angst macht, ohne sich jedoch zu überfordern. Wenn jemand beispielsweise seine Angst vor Hunden überwinden möchte, dann würde sich diese Person nicht direkt in einen Zwinger mit zwei bellenden Hunden stellen und versuchen, sich dort zu entspannen. Abgesehen davon, dass diese Situation auch Menschen stark beunruhigen würde, die keine Hundephobie haben, wäre die Angst vermutlich so groß, dass der Phobiker auf diese Weise nicht mit einem Erfolgserlebnis nach Hause ginge. Stattdessen wird bei der Desensibilisierung eine Angsthierarchie aufgestellt: Die Konfrontation mit der größten Angst, also mit dem ausgewachsenen Hund, steht möglicherweise ganz am Ende. Anfangs würde man beispielsweise nur ein Bild von einem Hund anschauen, die aufsteigende Angst beobachten und solange Entspannungstechniken praktizieren, bis das Bild keine Angst mehr auslöst. Das Grundprinzip ist hier wieder die Klassische Konditionierung: Statt „Hund" und „Angst" miteinander assoziiert zu lassen, versucht man diese Konditionierung zu überschreiben, sodass zunehmend „Hund" mit „Entspannung" assoziiert wird. Nach dem Hundebild könnte man sich dann weiter vorarbeiten, zum Beispiel über einen süßen Hundewelpen, einen sehr kleinen Hund und so weiter. Irgendwann wird es dann – idealerweise – möglich sein, einen ausgewachsenen Hund zu streicheln, ohne Angst zu haben. Dieses Prinzip wird bei einer Vielzahl an isolierten Phobien angewandt, zum Beispiel bei der Spinnenphobie, bei Höhenangst, Flugangst oder Redeangst.

Im Laufe der 1960er-Jahre läuteten klinische Psychologen, wie Aaron Beck oder Albert Ellis, die „Zweite Welle der Verhaltenstherapie" ein. Dadurch dass Konditionierung und Desensibilisierung zunehmend im klinischen Bereich eingesetzt wurden, verfestigte sich die Erkenntnis, dass der Behaviorismus mit seiner Annahme des Organismus als „Black Box" an seine Grenzen stieß. Allein die Interpretation des Verhaltens schien nicht mehr ausreichend, um die Komplexität der menschlichen Erfahrung zu begreifen. Zunehmend gerieten auch Gedanken, Gefühle, Einstellungen und innerpsychisches Erleben in den Fokus. Aus der Klassischen Verhaltenstherapie wurde so die Kognitive Verhaltenstherapie. Durch diese Entwicklung, die auch als „kognitive Wende" bezeichnet wird, war die Verhaltenstherapie in der Lage, eine Vielzahl mentaler Probleme zu lindern. Nicht nur Ängste oder Phobien, auch Depressionen, Zwänge oder Essstörungen konnten nun behandelt werden.

Seit einigen Jahren spricht man von einer „Dritten Welle der Verhaltenstherapie". Diese neuen Therapieansätze widmen sich hauptsächlich den Gefühlen der Patienten, beziehen jedoch auch Konzepte wie Achtsamkeit, Meditation und Selbstliebe mit ein. Dazu zählen beispielsweise auch MBSR (Mindfulness-Based Stress Reduction), MBCT (Mindfulness-Based Cognitive Therapy), DBT (Dialektisch-Behaviorale Therapie), ACT (Akzeptanz- und Commitment-Therapie) und CFT (Compassion-Focussed Therapy). Eine wichtige Grundüberzeugung dieser „Dritten Welle" ist es, dass sich Denken und Fühlen nicht durch Selbstkontrolle und Druck verändern lassen. Stattdessen braucht es Akzeptanz, Selbstfürsorge und Achtsamkeit. Einige jüngere Therapierichtungen, beispielsweise die Schematherapie, wagen sogar den Schritt, verhaltenstherapeutische und psychodynamische Therapieansätze miteinander zu verknüpfen. So gibt es keine andere Therapieform, die sich in den letzten Jahren so sehr verändert und weiterentwickelt hat, wie die Verhaltenstherapie. Es bleibt spannend, zu beobachten, was in der Zukunft noch auf diesem Gebiet passieren wird.

Grundprinzipien der Kognitiven Verhaltenstherapie heute

Wie bereits erwähnt, geht man in der Verhaltenstherapie davon aus, dass Gedanken, Verhalten und Emotionen eng miteinander verknüpft sind. Aufbauend auf die lerntheoretischen Prinzipien der Operanten und Klassischen Konditionierung wird ein ungünstiges oder selbstschädigendes Verhalten durch Konditionierungsprozesse erlernt. Gleichermaßen kann es aber auch wieder „ent-lernt" sowie durch ein gesundes oder angemesseneres Verhalten ersetzt werden. Das Gleiche gilt für negative Gedanken. Dabei geht die Verhaltenstherapie problemorientiert und zielorientiert vor. Im Gegensatz zu psychodynamischen Therapieformen geht es weniger darum, Kindheit, Jugend oder schmerzhafte Erlebnisse aufzuarbeiten. Vielmehr fragt man, welche Probleme aktuell bestehen und erarbeitet Strategien, um diese konkret zu lösen. Aus diesem Grund wird zu Beginn der Therapie eine Problemanalyse durchgeführt, anhand derer Therapeut und Patient schließlich Behandlungsziele vereinbaren. Ein Beispiel dafür könnte das Folgende sein:

Peter ist 26 Jahre alt und leidet an starken Schlafstörungen. Diese quälen ihn besonders dann, wenn er in seinem Studium eine Prüfungsphase hat. Dann sitzt er noch bis spät in die Nacht über seinen Büchern, um sich alles richtig einzuprägen. Fällt er schließlich erschöpft ins Bett, fühlt er, dass er nicht einschlafen kann, weil ihn Versagensängste quälen und er den gelernten Stoff immer und immer wieder wiederholen muss. Immer häufiger macht er sich dann noch ein Bier auf, um seine Nerven zu besänftigen. Dann schläft er zwar ein, hat jedoch nur einen leichten und oberflächlichen Schlaf, aus dem er unausgeschlafen und wie gerädert aufwacht.

Das Hauptproblem, das Peter hat, sind die durch seine Prüfungsängste ausgelösten Schlafstörungen. In der KVT würde man nun also überlegen, was hinter den Prüfungsängsten steckt und ob es beispielsweise Denkfehler gibt, die diese Ängste weiter befeuern. Außerdem würde man anstatt des Alkohols am Abend alternative Techniken und Methoden in Erfahrung bringen, um sich zu beruhigen und in den Schlaf zu finden. Das könnte ein achtsam genossener Kamillentee sein, eine Meditation oder eine Entspannungsübung.

Ein weiteres Grundprinzip der Kognitiven Verhaltenstherapie ist es, dass der Patient kein passiver Konsument ist, sondern dass er eine aktive Rolle in seinem eigenen Wachstumsprozess einnimmt. Die Therapie stellt eine „Hilfe zur Selbsthilfe" dar. Peter hat möglicherweise sehr leistungsorientierte Eltern gehabt, bei denen er als Kind das Gefühl hatte, stets funktionieren zu müssen. Auch heute misst er dadurch seinen Studienleistungen einen sehr hohen Wert bei. In der KVT geht es nun weniger darum, diese Erinnerungen an die Oberfläche zu holen, wie es beispielsweise bei psychodynamisch geprägten Verfahren der Fall wäre. Stattdessen versucht man gemeinsam, Lösungen zu entwickeln und neue Fertigkeiten zu erlernen (Entspannung oder Meditation zum Beispiel), die Peter nun aktiv im Alltag einsetzen kann und auch sollte. Die Kognitive Verhaltenstherapie findet zwar hauptsächlich im therapeutischen Setting statt, es ist jedoch auch geläufig, dass Patienten Hausaufgaben bekommen, die zwischen den Sitzungen erledigt und im Alltag erprobt werden. Dabei ist es wichtig, stets konkrete Ziele vor Augen zu haben: Was soll in der Therapie erreicht werden? Welche Kriterien müssen dafür genau erfüllt sein? Die KVT bezieht sich zwar zunächst auf ein spezifisches Problem, verbessert jedoch auch insgesamt die mentalen Ressourcen im Alltag. Die Fertigkeiten, die Peter beispielsweise dabei geholfen haben, seine Anspannung in Prüfungssituationen in den Griff zu bekommen, lassen sich künftig auch in anderen Stresssituationen anwenden.

Wer profitiert von der Verhaltenstherapie?

In Deutschland gibt es vier Therapieformen, die zu den sogenannten „Richtlinienverfahren" zählen. Dabei handelt es sich um Verfahren, deren Wirksamkeit bereits empirisch gut erforscht ist und die Kosten aus diesem Grund von den gesetzlichen Krankenkassen abgedeckt werden. Die Verhaltenstherapie zählt dazu. Die anderen drei Verfahren sind die Psychoanalyse, die tiefenpsychologisch fundierte Psychotherapie sowie die systemische Therapie. Jede Therapieform hat ihre Vor- und Nachteile. Wer von welcher Therapie am meisten profitieren kann, hängt mitunter von persönlichen Vorlieben, Lebenserfahrung und allgemeiner Zielsetzung ab. Die Verhaltenstherapie wird bei einem weiten Spektrum an Störungsbildern angewandt:

- Ängste (Trennungsangst, Versagensangst)
- Zwänge (Putzzwang, Waschzwang)
- Spezifische Phobien (Spinnenphobie, Höhenangst, Flugangst)
- Nervöse Tics
- Essstörungen (Anorexie, Bulimie, Binge-Eating)
- ADHS / ADS
- Depressionen
- Posttraumatische Belastungsstörung
- Schlafstörungen
- Suchterkrankungen (Alkoholismus, Drogenabhängigkeit)
- Schizophrenie und Psychosen
- Chronische Schmerzen

Dabei ist ein großer Vorteil, dass Fortschritte oft nach einem kurzen Zeitraum von wenigen Sitzungen erzielt werden. Im Vergleich dazu dauert eine Psychoanalyse zum Beispiel viele Jahre. Die Prozesse sind zwar oft tiefgreifender und anhaltender, allerdings zeigen sich Verbesserungen meist erst nach einiger Zeit, was sehr frustrierend sein kann, wenn man beispielsweise im Alltag stark eingeschränkt ist. Die Verhaltenstherapie ist jedoch auch äußerst anstrengend und erfordert das aktive Mitarbeiten und die Veränderungsbereitschaft der Patienten, was einige Menschen überfordern kann. Es gibt außerdem Patienten, die gar nicht aktiv an ihren Problemen arbeiten möchten. Sie wünschen sich eher, jemanden zum Reden zu haben, um im sicheren Rahmen der Therapie ihre Vergangenheit aufzuarbeiten oder einfach Dampf abzulassen. Diese Menschen sind in einem weniger direktiven Verfahren besser aufgehoben.

Grundsätzlich können die meisten Patienten von einer Verhaltenstherapie profitieren. Die Voraussetzung dafür ist die Bereitschaft, sich mit den eigenen Problemen auseinanderzusetzen und gegenüber psychotherapeutischen Verfahren aufgeschlossen zu sein. Auch eine gewisse Motivation zur Veränderung ist wichtig. Diese kann jedoch oft auch im Laufe des therapeutischen Prozesses aufgebaut werden, falls sie nicht von vornherein vorhanden ist. Werden erste Erfolge spürbar und Patienten fühlen sich besser, steigt meist auch der Wunsch, dabeizubleiben und sich weiterzuentwickeln. Bei Kindern und Jugendlichen kann eine Verhaltenstherapie ebenso gut eingesetzt werden. Diese ist dann meist spielerisch gestaltet und bezieht auch kreative Elemente mit ein.

Allerdings ist es wichtig, vorab zu wissen, dass die Auseinandersetzung mit schwierigen Themen auch eine große Herausforderung sein kann. Manchen Menschen geht es dadurch anfangs sogar schlechter, was verunsichern kann. Dies ist ein häufiger Grund dafür, dass Psychotherapien abgebrochen werden. Es handelt sich dabei jedoch in vielen Fällen um einen natürlichen Teil des therapeutischen Prozesses und kann im Laufe der Therapie überwunden werden. Ebenso passiert es natürlich, dass sich zwischenmenschliche Beziehungen durch eine Therapie verändern. Möglicherweise stellen Patienten fest, dass ihre Partnerschaften oder Freundschaften ihnen nicht mehr dienlich sind. Oder Personen in ihrem Umfeld können mit der Veränderung, die durch die Therapie erreicht wurde, schlecht umgehen. Durch inneres Wachstum verändern sich immer auch die Beziehungsdynamiken, in denen man sich befindet. Das kann anfangs beängstigend sein, sollte allerdings keinesfalls ein Grund sein, um auf der Stelle zu treten.

Da die KVT die Fähigkeit zum eigenständigen Mitarbeiten voraussetzt, ist für eine erfolgreiche Therapie ein gewisses Maß an kognitiver Fähigkeit notwendig. Kleine Kinder sowie kognitiv eingeschränkte Menschen, die beispielsweise an einer Alzheimer-Demenz oder am Korsakow-Syndrom leiden (einer durch starken Alkoholismus ausgelösten Form von Demenz), sind daher keine typischen KVT-Patienten. Auch die Behandlung von Menschen, die temporär in ihrer Wahrnehmung oder ihrem Bewusstsein eingeschränkt sind, ist nicht möglich. Das ist beispielsweise der Fall, wenn jemand sich in einem akut psychotischen Zustand befindet. Schizophrenie-Patienten haben in der Regel auch psychosefreie Phasen, in denen gut verhaltenstherapeutisch stabilisierend gearbeitet werden kann. Durch die richtige medikamentöse Einstellung (Antipsychotika) kann akuten Psychosen zusätzlich vorgebeugt werden. Dadurch ist die mentale Kapazität vorhanden, um in einer Verhaltenstherapie an sich zu arbeiten. Suchtstörungen und süchtiges Verhalten lassen sich ebenso mit einer Verhaltenstherapie behandeln, stellen jedoch eine Art Sonderfall dar. Es ist wichtig, dass Suchtpatienten nicht mehr aktiv konsumieren, beziehungsweise in der Lage sind, ihren Konsum auf ein Mindestmaß zu reduzieren. Menschen, die noch zu stark unter dem Einfluss ihres Suchtstoffs stehen, sind psychotherapeutischen Maßnahmen gegenüber selten aufgeschlossen, zudem sich ein akuter Konsum negativ auf die kognitiven Fähigkeiten und die Motivation zur Zusammenarbeit auswirkt.

2. Verständnis psychischer Störungen

Man kann sagen, dass eine psychische Erkrankung grundsätzlich dann vorliegt, wenn eine Person in ihrem Erleben, Verhalten oder Fühlen stark von psychisch „gesunden" Menschen abweicht. Es gibt eine Vielzahl an Symptomen, mit denen psychische Störungen einhergehen können. So komplex wie die Psyche von uns Menschen ist, so komplex sind auch die Arten, in denen sie aus dem Gleichgewicht geraten kann. Dabei ist es wichtig, zu verstehen, dass niemals ein einzelnes Symptom ausschlaggebend ist, um von einer Störung zu sprechen. Um eine eindeutige Diagnose zu stellen, ist es stets nötig, eine umfassende Diagnostik durchzuführen, bei der viele verschiedene Aspekte mit in Betracht gezogen werden.

Doch was bedeutet es, „gesund" zu sein? In Bezug auf die Psyche ist es nicht so einfach, diesbezüglich klare Grenzen festzustecken. Gesundheit und Krankheit sind Konstrukte, für die es auch in der Wissenschaft (noch) keine klaren Definitionen gibt. Die wohl bekannteste Umschreibung entstammt der Einleitung der Verfassung der Weltgesundheitsorganisation WHO von 1948: „Gesundheit ist der Zustand des vollständigen körperlichen, geistigen und sozialen Wohlbefindens und nicht nur das Freisein von Krankheit und Gebrechen."

Gesundheit wird hier also als ein Konzept verstanden, welches nicht nur das Gegenteil von Krankheit ist, sondern ein umfassendes Wohlbefinden auf verschiedenen Ebenen bezeichnet und beispielsweise auch soziale Faktoren einbezieht. Ebenso mehrdimensional versteht die WHO das Konzept der psychischen Gesundheit. Sie ist definiert als ein Zustand des Wohlbefindens, in dem ein Mensch sich seiner eigenen Fähigkeiten bewusst ist, sie ausleben kann, die Belastungen des alltäglichen Lebens zu bewältigen weiß sowie in der Lage ist, produktiv zu arbeiten und einen Beitrag zur Gemeinschaft leisten kann. Allerdings ist anzumerken, dass diese Definition der WHO vielfach kritisiert wurde, da sie zu ungenau und zu wenig akzentuiert sei. Darüber hinaus stellt sich die Frage, ob ein umfassendes Wohlbefinden auf allen Ebenen ein Zustand ist, der realistischerweise erreicht werden kann. Neuere Definitionen verstehen die Gesundheit nicht als einen statischen Zustand, sondern eher als ein dynamisches Konzept. Folgende Aspekte spielen eine Rolle bei der Beschreibung von Gesundheit:

- dynamischer Zustand des inneren Gleichgewichts von Risiko- und Schutzfaktoren
- in der Lage sein, die eigenen Fähigkeiten zu nutzen – sowohl zum eigenen Wohl als auch zum Wohl der Gemeinschaft
- die Fähigkeit haben, die eigenen Emotionen zu erkennen und im Einklang mit ihnen zu handeln
- die Fähigkeit, sich empathisch in andere Menschen einzufühlen
- negative Lebensereignisse können angemessen bewältigt und verarbeitet werden
- das Aufrechterhalten eines gesundheitsbewussten Lebensstils
- Aufrechterhaltung sozialer Bedingungen, die der eigenen Entfaltung dienlich sind

- innere Herausforderungen und Anforderungen (in Bezug auf die Psyche, zum Beispiel der Umgang mit der eigenen Persönlichkeitsstruktur, Vulnerabilität und genetischen Dispositionen) können produktiv gemeistert werden
- das Gefühl von Freude und Sinn im Leben
- eine positive und optimistische Lebenseinstellung

Vermutlich ist Ihnen beim Lesen nun aufgefallen, dass die Konzepte Gesundheit und Krankheit keinesfalls klar umrissen sind. Weil der eine oder andere Aspekt dieser Definition nicht auf Sie zutrifft, bedeutet das im Umkehrschluss nicht direkt, dass auch eine psychische Störung vorliegt. Außerdem spielen bei der Einschätzung die Lebensumstände eine Rolle: Wenn jemand sich für Wochen und Monate traurig und niedergeschlagen fühlt, sich kaum aus dem Bett bewegen kann und Schwierigkeiten hat, Nahrung zu sich zu nehmen, könnte man zum Beispiel an eine klinische Depression denken. Hat diese Person allerdings gerade einen geliebten Menschen verloren oder leidet an starkem Liebeskummer, würde man das Verhalten eher im Spektrum des normalen menschlichen Fühlens verorten. Befindet sich eine Person in einem unsicheren Lebensumfeld, ist beispielsweise Opfer häuslicher Gewalt, hat finanzielle Nöte und wenige soziale Kontakte, wäre es für viele Menschen sehr nachvollziehbar, wenn diese Person unter Angstzuständen oder Panikattacken leiden würde. Hätte aber eine Person dieselben Symptome, die sich in einem wertschätzenden, liebevollen Umfeld befindet, finanziell gut abgesichert und körperlich gesund ist, würde man vermutlich eher an eine psychische Störung denken. Eine Schwierigkeit der Einschätzung ist auch, dass viele Symptome psychischer Erkrankungen auch Menschen erleben, die man als „gesund" bezeichnen würde. Jeder kennt es, manchmal mutlos, traurig oder ängstlich zu sein. Ob ein Krankheitswert besteht, ist also eher eine Frage des Ausmaßes dieser Symptome.

Was ist eine psychische Störung?

Ein Hinweis auf eine psychische Erkrankung liegt also dann vor, wenn ein Mensch in seinen Gefühlen, Wahrnehmungen, Gedanken oder in seiner Gedächtnisleistung stark von dem „Gesunden", also der sozialen Norm, abweicht. Wie genau die soziale Norm aussieht, kann je nach Kulturkreis und sozialem Umfeld sehr unterschiedlich sein. Es gibt sogar eine Reihe psychischer Störungen, die kulturspezifisch auftreten. Ein Beispiel dafür ist die sogenannte „Windigo-Psychose". Dabei handelt es sich um eine Störung, die hauptsächlich bei indigenen Völkern in Nordamerika auftritt. Die Betroffenen beginnen dabei zu glauben, dass sie von einem bösartigen Geist („Windigo") besessen sind. Die Hauptsymptome sind psychotischer Natur und umfassen Kannibalismus-Wahn (starker Drang, andere Menschen zu töten und zu essen) und Halluzinationen. Sie hören beispielsweise Stimmen, die ihnen befehlen, gewalttätige Handlungen auszuführen. Davon abgesehen kann aber auch Verhalten, welches in bestimmten Kulturkreisen geduldet oder sogar gefördert wird, in anderen Kulturen als krankhaft gelten. So ist es beispielsweise in unserer westlichen Welt vollkommen akzeptabel, Emotionen wie Traurigkeit oder Wut zu zeigen. Insbesondere im Privatleben wird dies als gesund und sogar wichtig für die mentale Gesundheit angesehen. In einigen ostasiatischen Kulturen hingegen wird in der Öffentlichkeit Zurückhaltung und Selbstkontrolle praktiziert. Ebenso betont unsere Kultur stark den Stellenwert von Autonomie und individueller Entfaltung. In anderen Kulturen hingegen stehen die Gemeinschaft und das Einordnen in gemeinschaftliche Gefüge viel mehr im Vordergrund. Welches Verhalten als „abweichend" gilt, hat also viel damit zu tun, in welchem Teil der Welt und mit welchen Werten man sozialisiert worden ist.

Weitere Hinweise auf eine psychische Erkrankung sind der individuelle Leidensdruck und die Stärke der Symptome. Wie bereits oben beschrieben, sind Stimmungsschwankungen im Leben der meisten Menschen völlig normal, ebenso wie vorübergehende Zustände der Traurigkeit oder Nervosität. Problematisch wird es vor allem dann, wenn diese Zustände lange andauern (über einen Zeitraum mehrerer Wochen), sehr intensiv sind oder dazu führen, dass das Leben keine Freude mehr macht. Wenn es sehr schwer wird, den Alltag zu meistern, oder gar Suizidgedanken auftauchen, dann ist es höchste Zeit, zu handeln.

Nicht alle psychischen Störungen sind mit einem Leidensdruck verbunden. Beispielsweise haben oft Personen, auf welche die Diagnose einer narzisstischen Persönlichkeitsstörung zutreffen würde, nicht unbedingt das Gefühl, an sich selbst zu leiden. Das Gegenteil ist der Fall: Narzisstische Persönlichkeiten weisen zwar oft ein sehr verletztes Selbstwertgefühl auf, kompensieren dies jedoch durch die Entwicklung eines sogenannten „Größen-Selbst". Das bedeutet, dass sie sich selbst eher über- als unterschätzen, sich großartig, genial und besonders fühlen. Die Menschen, die dabei leiden, sind diejenigen, die sich im näheren Umfeld der Personen mit narzisstischer Persönlichkeit befinden. Oft besitzen diese nämlich nur eine eingeschränkte Fähigkeit zur Empathie und haben andere zwischenmenschliche Schwierigkeiten, die den Umgang erschweren.

An dieser Stelle soll betont werden, dass der persönliche Leidensdruck vollkommen ausreichend ist, um psychologische oder psychotherapeutische Hilfe in Anspruch zu nehmen. Zwar ist die mentale Gesundheit glücklicherweise ein geringeres Tabuthema als noch vor einigen Jahren. Mittlerweile ist es weitverbreitet, dass Menschen eine Psychotherapie machen oder sich vom Psychiater Medikamente verschreiben lassen. Dennoch bestehen oft noch Hemmungen. Man fragt sich möglicherweise, ob es einem wirklich „schlecht genug" geht oder ob man von einer Psychotherapie profitieren würde. Dazu ist anzumerken, dass der überwiegende Teil der Menschen – 70 Prozent – die eine Psychotherapie beginnen, im Anschluss berichtet, dass sich das allgemeine Wohlbefinden verbessert hat. Außerdem haben psychische Probleme die Tendenz, sich zu chronifizieren, wenn sie nicht behandelt werden. Aus diesem Grund ist es ratsam, direkt mit einem Arzt oder Psychotherapeuten Kontakt aufzunehmen. Wie man dies am besten bewerkstelligt, wird im Kapitel 5 noch umfangreicher behandelt. Oftmals hilft ein vertrauensvolles Gespräch dabei, die eigenen Symptome und Schwierigkeiten einordnen zu können und sich darüber klarzuwerden, ob eine Psychotherapie eine gute Idee wäre. Darüber hinaus gibt es auch noch andere Gründe, aus denen Menschen psychotherapeutische Hilfe aufsuchen:

- Beziehungsschwierigkeiten und partnerschaftliche Konflikte, die immer wieder auftauchen und sich schlecht in den Griff bekommen lassen
- Lebenskrisen und schwierige Situationen, aus denen man sich allein nicht zu befreien weiß
- persönliches Wachstum und der Wunsch danach, sich weiterzuentwickeln

- Lebensübergänge wie die Jobsuche, eine Scheidung oder der Verlust eines geliebten Menschen

Es muss also nicht immer eine manifeste psychische Erkrankung vorliegen, um von einer Psychotherapie zu profitieren. Damit die Krankenkasse die Kosten einer Psychotherapie übernimmt, muss jedoch eine solche vorliegen.

Dabei gibt es, je nach Störungsbild, konkrete Symptome, die vorliegen müssen, um eine bestimmte Störung zu diagnostizieren. Im Gesundheitswesen existieren zwei Manuale, welche die Kriterien für das Vorliegen psychischer Störungen aufzählen und die genutzt werden, um Diagnosen zu stellen: Das DSM-V und das ICD-11. Das DSM-V ist ein diagnostisches Klassifikationssystem, das von der American Psychiatric Association (APA) entwickelt wurde und von Fachleuten auf dem Gebiet der Psychiatrie und Psychologie weltweit verwendet wird. Es umfasst eine umfangreiche Sammlung von diagnostischen Kriterien für verschiedene psychische Störungen, einschließlich ihrer Symptome, Verlaufsmerkmale und diagnostischen Richtlinien. In Deutschland wird allerdings vorwiegend das von der WHO herausgegebene ICD-11 verwendet. Dieses enthält einen Überblick über sämtliche existente Krankheiten – körperliche und mentale. Den psychischen Störungen wird ein eigenes Kapitel gewidmet.

Wie entsteht eine psychische Störung?

Warum manche Menschen unter psychischen Störungen leiden und andere nicht, ist nicht immer nachvollziehbar. Das Entstehen jeder Art von Krankheit ist ein äußerst komplexer Prozess, der von verschiedenen Faktoren abhängig ist. Man geht bei psychischen Störungen von einem bio-psycho-sozialen Entstehungsmodell aus. Das bedeutet, dass gleichermaßen biologische, psychologische und umweltbedingte Aspekte dabei eine Rolle spielen. Selten gibt es einen einfachen Grund, sondern vielmehr ein Geflecht verschiedener Faktoren sowie Risiko- und Schutzstrategien, Ressourcen und zusätzliche Herausforderungen, die beeinflussen, ob jemand eine psychische Störung entwickelt oder nicht. Viele Betroffene fühlen sich mit ihrer Erkrankung allein, weil es sich immer noch um ein Thema handelt, über das nicht mit der gleichen Selbstverständlichkeit gesprochen wird wie über körperliche Krankheiten. Dabei ist es heutzutage keinesfalls selten, psychische Probleme zu haben – im Gegenteil! Man geht davon aus, dass 80 Prozent der Deutschen mindestens einmal in ihrem Leben vorübergehend an einer psychischen Erkrankung leiden. Es ist also eher die Ausnahme, dass jemand *nie* Probleme hat, als die Regel. Wie genau kann es also dazu kommen, dass wir mental aus dem Gleichgewicht geraten?

Biologische Ursachen sind beispielsweise eine genetische Vorbelastung, Hirnschädigungen durch Unfälle oder Krankheiten sowie Stoffwechselveränderungen im Gehirn. Besonders bei Frauen wirken sich außerdem die Hormone stark auf das seelische Wohlbefinden aus.

Psychologische Ursachen sind, im Sinne der KVT, schädliche Denkmuster, die meist in der frühen Kindheit erlernt worden sind. Ebenso zählt man dazu innere Konflikte, das eigene Temperament und die Verletzbarkeit (manche Menschen sind sensibler als andere) sowie erlebte Traumata oder Phasen von toxischem Stress.

Soziale Ursachen sind die Stimmung in der Ursprungsfamilie, die Beziehung zu den Bezugspersonen, Familien-konflikte und frühe Prägungen. Zu den sozialen Ursachen gehören außerdem Mobbingerfahrungen in der Schule oder am Arbeitsplatz sowie soziale Überforderungssituationen.

Die Ursachen, die das Entstehen psychischer Störungen begünstigen, nennt man „Risikofaktoren". Ebenso gibt es Faktoren, die die schwierigen Umstände „abpuffern" können. Man bezeichnet sie als „Schutzfaktoren". Es kommt also nicht nur auf die Umstände an, sondern auch darauf, ob ein Individuum die nötigen Bewältigungsmechanis-men besitzt, um mit einer schwierigen Situation umgehen zu können. Ein Kind, das in einer Familie mit vielen Konflikten und chaotischen Verhältnissen aufwächst (Risikofaktor), könnte beispielsweise eine Tante oder Groß-mutter als Vertrauensperson haben (Schutzfaktor), zu der es eine sichere Bindung aufbaut. Jemand, der auf der Arbeit gemobbt wird (Risikofaktor), hat vielleicht zu Hause ein unterstützendes und liebevolles Umfeld (Schutz-faktor), das dabei hilft, keinen Schaden zu nehmen. Herausfordernde Situationen erlebt jeder Mensch im Laufe seines Lebens. Meist halten sich Risiko- und Schutzfaktoren aber die Waage. Überwiegen jedoch die Belastungen oder gibt es keine oder wenige schützende Faktoren, kann sich eine psychische Störung entwickeln. So ist es auch bei Peter aus unserem Beispiel der Fall.

Peter ist in einem kleinen Dorf aufgewachsen, in dem es eine starke Gemeinschaft gab. Bei ihm zu Hause herrschte oft eine angespannte Stimmung und er fühlte sich von seinen Eltern sehr unter Druck gesetzt. Allerdings lebten seine Großeltern im Haus nebenan, zu denen er ein liebevolles Verhältnis hatte. Auch in der Schule hatte er gute Freunde. Sein soziales Umfeld stellt also eine wichtige Ressource dar, um mit schwierigen Situationen umzugehen. Die Probleme, derentwegen Peter später psychotherapeutische Hilfe aufsuchte, seine Schlafstörungen und Ver-sagensängste, entwickelten sich erst, als er zum Studieren in eine Großstadt zog und ihm das starke soziale Netz plötzlich nicht mehr zur Verfügung stand.

Mechanismen, die man gezielt nutzt, um besser mit schwierigen Situationen umzugehen, werden auch als Bewäl-tigungs- oder Coping-Strategien bezeichnet. Dabei kann es sich um verschiedene Dinge handeln: soziale Unter-stützung suchen (wie in Peters Fall), Sport treiben, um sich von starken Emotionen abzulenken, oder die eigenen Gefühle durch Schreiben oder Malen ausdrücken. Coping-Strategien wenden wir an, um Stress oder Angst zu reduzieren, unsere Emotionen zu regulieren oder Probleme leichter bewältigen zu können. Allerdings gibt es nicht nur hilfreiche Bewältigungsmechanismen, sondern auch solche, die uns langfristig schaden können. Wenn Peter am Abend zum Alkohol greift, um seine Angst zu besänftigen, dann handelt es sich dabei auch um eine Bewälti-gungsstrategie. Langfristig tut er jedoch seinem Körper und seiner Psyche damit keinen Gefallen. Im schlimmsten Fall können solche dysfunktionalen Coping-Strategien zu neuen Problemen führen, beispielsweise einer Abhän-gigkeit oder gesundheitlichen Problemen.

Bei der Entstehung einer psychischen Störung kommt es also auch immer auf die Art der Erkrankung an. Unterschiedliche Störungen können verschiedene Ursachen oder darunterliegende Konflikte haben. Manche Erkrankungen sind sehr weitverbreitet, andere betreffen eher einen kleinen Personenkreis. Viele lassen sich sehr gut mithilfe einer Psychotherapie behandeln, andere zeigen sich eher hartnäckig. Im nächsten Absatz werden jene psychischen Erkrankungen kurz umrissen, die am häufigsten vorkommen.

Häufige psychische Störungen und ihre Symptome

Jedes Jahr sind in Deutschland etwa 27,8 Prozent der Erwachsenen von einer psychischen Erkrankung betroffen. Das ist also etwa jeder Dritte (Stand 2023). Die Störungen, die am häufigsten auftreten, sind Angststörungen, Depressionen sowie schädlicher Alkohol- und Medikamentenkonsum. Da es kaum möglich ist, sich als Laie mit allen Erkrankungen vertraut zu machen, die es gibt, werden wir uns an dieser Stelle auf diese drei Störungsbilder beschränken.

Angststörungen

Angst ist ein Gefühl, das jeder Mensch kennt. Angst stellt eine natürliche Überlebenshilfe dar: Sie ist ein wichtiger Wegweiser dafür, dass wir uns vor bestimmten Dingen in Acht nehmen sollten, die uns gefährlich werden könnten. Übermäßige Angst kann jedoch einen Krankheitswert haben. Dies ist der Fall, wenn sie in Momenten auftritt, die eigentlich nicht gefährlich sind, sie übermäßig lang anhaltend und intensiv ist und wenn sie das Zurechtkommen im Alltag einschränkt. Zusätzlich zu den Angstgefühlen kommen meist körperliche Reaktionen: Schwitzen, Schwindel, Kurzatmigkeit, Zittern oder ein beschleunigter Herzschlag. Außerdem können Ängste zu einem ausgeprägten Vermeidungsverhalten führen: Natürlich möchte man sich den Dingen, die einem Angst bereiten, nicht ständig aussetzen. Aus diesem Grund werden bestimmte angstauslösende Situationen, Orte oder Personen gemieden, was jedoch langfristig die Ängste verstärkt. Je nachdem, wann, wo, wie oft und in welcher Intensität die Ängste auftreten, unterscheidet man verschiedene Arten der Angststörungen: Generalisierte Angststörungen, Panikstörungen und spezifische Phobien.

Generalisierte Angststörungen äußern sich so, dass die Betroffenen insgesamt ein hohes Maß an Nervosität und Ängstlichkeit zeigen. Dies bezieht sich nicht unbedingt auf konkrete Situationen, sondern ist eher dauerhaft vorhanden. Die Patienten machen sich viele Sorgen um verschiedenste Dinge, was oft auch dazu führt, dass sie schlecht schlafen, sehr müde sind und sich nur schwer konzentrieren können.

Panikattacken sind kurze Phasen von extremer Angst, die häufig sehr plötzlich und unvorhersehbar einsetzen. Diese Attacken gehen mit intensivem körperlichen Erleben einher, beispielsweise starker Atemnot, Herzrasen, Übelkeit, Brustschmerzen oder dem Gefühl des Erstickens, weswegen oft auch zunächst der Verdacht auf einen Herzinfarkt besteht. Treten diese Panikattacken regelmäßig auf, spricht man von einer Panikstörung.

Spezifische Phobien sind anhaltende irrationale Ängste vor verschiedenen Situationen oder Umständen. Dazu zählen die Angst vor Tieren (Zoophobie), Höhenangst (Akrophobie) oder die Angst vor Gewitter (Brontophobie). Viele Menschen, die unter spezifischen Phobien leiden, haben zwei oder mehr Phobien. Unter Umständen verursachen spezifische Phobien im Alltag wenig Probleme, da es möglich ist, die angstauslösenden Situationen einfach zu vermeiden. Jemand, der Höhenangst hat und im Flachland lebt, muss sich möglicherweise mit dieser Angst nur sehr selten konfrontieren. In anderen Fällen beeinträchtigen die Phobien jedoch das Leben sehr stark, beispielsweise wenn man durch eine Flugangst im Freizeitverhalten oder im Arbeitsleben stark eingeschränkt ist oder wenn man in der Großstadt unter einer Hundephobie leidet und deshalb kaum noch aus dem Haus gehen kann.

Angststörungen sind für die Betroffenen oft äußerst belastend, lassen sich jedoch meist gut behandeln. Die Kognitive Verhaltenstherapie erzielt bei Angststörungen gute Erfolge. Bei Bedarf kann diese durch die Einnahme bestimmter Medikamente begleitet werden, beispielsweise Benzodiazepine (Beruhigungsmittel) oder Antidepressiva.

Depressionen

Ähnlich wie die Angst ist auch die Traurigkeit ein Gefühl, das jeder kennt. Es ist normal, dass wir uns nicht immer zufrieden, ausgeglichen und lebensfroh fühlen. Jeder Mensch hat Phasen im Leben, in denen er unglücklich oder resigniert ist, vor allem dann, wenn schwierige Lebensumstände bestehen. Eine Depression kann sich unter anderem entwickeln, wenn die Lebensumstände problematisch oder von einem hohen Stresslevel geprägt sind, bleibt jedoch oft darüber hinaus bestehen und steht in ihrer Intensität in keinem Verhältnis dazu. Oft geht sie einher mit einem Gefühl tiefer Traurigkeit, Taubheit und/oder vollkommener Gefühllosigkeit. Der Antrieb wird immer weniger, das Leben macht keinen Spaß mehr, alles wird anstrengend und schwer. Häufig kommt es auch zu Suizidgedanken oder sogar Suizidhandlungen. Allerdings haben Personen, die sich in einer schweren depressiven Phase befinden, meistens nicht genug Antrieb, um ihre Suizidfantasien in die Tat umzusetzen. Stattdessen fällt es ihnen oft unfassbar schwer, alltägliche Aufgaben wie Duschen, Essen oder Aufräumen zu bewältigen.

Bei der Hälfte der Menschen, die an einer Depression erkranken, spielen genetische Faktoren eine Rolle. Studien zeigen, dass bei Betroffenen häufig die Funktion bestimmter Neurotransmitter beeinträchtigt ist. Neurotransmitter sind Substanzen, die für die Kommunikation zwischen den Nervenzellen zuständig sind. Frauen leiden öfter unter Depressionen als Männer, wobei die Ursachen dafür noch nicht ausreichend geklärt sind. Es liegt die Vermutung nahe, dass Veränderungen des Hormonspiegels Einfluss nehmen. Auch bestimmte körperliche Beeinträchtigungen sind manchmal an der Entstehung beteiligt, beispielsweise Fehlfunktionen der Schilddrüse oder ein Vitamin-D-Mangel im Winter. Eine alternative Erklärung wäre, dass Frauen insgesamt häufiger psychotherapeutische Hilfe in Anspruch nehmen (das Vorkommen daher häufiger registriert wird) und aufmerksamer damit umgehen, wie es ihnen geht.

Menschen, die unter einer Depression leiden, haben mitunter mit starken Schuldgefühlen zu kämpfen. Sie fühlen sich unfähig und schämen sich dafür, dass sie ihr Leben nicht in den Griff zu bekommen scheinen. Diese Selbstanklage wiederum kann die depressiven Symptome noch weiter verstärken. Auch ein Empfinden von Hilflosigkeit und Ausweglosigkeit quält diese Personen.

Depressionen lassen sich nach ihrem Schweregrad in leicht, mittel und schwer unterteilen. Dementsprechend gestaltet sich meist auch die Therapie. Bei der Depression handelt es sich glücklicherweise um eine Störung, die sich gut behandeln lässt. Bei leichteren und mittleren Ausprägungen ist eine Psychotherapie induziert, die bei Bedarf mit verschreibungspflichtigen Medikamenten (Antidepressiva) kombiniert werden kann. Bei leichteren Depressionen kann Johanniskraut als pflanzliche Alternative eine gute Lösung sein. Die Behandlung schwerer Depressionen ist ohne den Einsatz von Medikamenten häufig kaum möglich. Da die Betroffenen oft sehr stark im Alltag eingeschränkt sind, kann außerdem ein stationäres Setting angeraten sein. Dies kann dabei helfen, wieder eine Tagesstruktur aufzubauen und macht insbesondere dann Sinn, wenn auch Suizidgedanken oder -absichten bestehen.

Substanzgebrauchsstörungen

Substanzgebrauchsstörungen oder Substanzmissbrauch findet dann statt, wenn Menschen bestimmte Substanzen zu sich nehmen, obwohl ihnen dadurch Probleme entstehen. Dabei kann es sich um Alkohol oder Nikotin handeln, um Freizeitdrogen wie Cannabis, LSD oder Psilocybin, um angstlösende und beruhigende Medikamente oder um Anabolika. Oft ist es so, dass diese Substanzen bei Menschen, die süchtiges oder abhängiges Verhalten zeigen, das Belohnungszentrum im Gehirn aktivieren. Dabei wird der Neurotransmitter Dopamin ausgeschüttet. Nach einiger Zeit lässt die Ausschüttung nach, was dazu führt, dass die Betroffenen ein starkes Begehren („Craving") nach der Substanz empfinden und sich nur schwer auf etwas anderes konzentrieren können, bis sie erneut konsumieren. Im weiteren Verlauf passiert es öfter, dass alltägliche oder soziale Aufgaben vernachlässigt werden oder man sich nur noch mit Menschen umgibt, die ebenfalls konsumieren. Außerdem fällt es Menschen, die unter einer Substanzgebrauchsstörung leiden, schwer, ihren Konsum zu kontrollieren. Nicht jeder, der eine schädliche Substanz einnimmt, ist jedoch auch abhängig. Es gibt immer Personen, die zum Beispiel regelmäßig Alkohol trinken, jedoch keinerlei Probleme damit haben, mit dem Trinken aufzuhören. Werden illegale Substanzen als Freizeitdrogen genutzt, ist das mitunter bedenklich, weil man sich mit der Beschaffung und dem Konsum strafbar macht. Darüber hinaus werden sie allerdings in der Regel nur in kleinen Mengen und gelegentlich konsumiert, sodass sich keine Abhängigkeit entwickelt. Es kann jedoch auch passieren, dass vermeintlich harmlosere Drogen, wie Marihuana oder halluzinogene Pilze, zu einer Art „Einstiegsdroge" werden, welche die Hemmungen reduzieren, auch „härtere" Substanzen auszuprobieren, die ein deutlich höheres Suchtpotenzial haben.

Theoretisch kann jeder abhängig werden – es gibt keine bestimmte „Sucht-Persönlichkeit", die öfter betroffen ist. Es gibt allerdings Faktoren, welche die Abhängigkeitsentwicklung begünstigen:

- die Substanz gibt einem ein gutes Gefühl und hat eine angenehme Wirkung
- die Substanz ist leicht zugänglich
- man fühlt sich häufiger traurig, einsam oder ängstlich – die Substanz lindert diese Gefühle
- man leidet unter einer psychischen Erkrankung und versucht, sich durch diese Art der Selbstmedikation besser zu fühlen
- man denkt, die Substanz sei ungefährlich
- Freunde oder Angehörige konsumieren auch – besonders Jugendliche und junge Erwachsene sind hier leicht zu beeinflussen

- man leidet unter chronischen Schmerzen, für die man verschreibungspflichtige Medikamente einnimmt, die stark süchtig machen (Opioide zum Beispiel)

Ein weiteres wichtiges Merkmal der Abhängigkeit ist die Toleranzentwicklung. Das bedeutet, dass immer höhere Dosen eingenommen werden müssen, um den gleichen Effekt zu erzielen. Der Organismus gewöhnt sich an den Einfluss der Droge. Einige Substanzen gehen, wenn man sie absetzt, mit starken körperlichen und psychischen Entzugserscheinungen einher, die teilweise zu lebensgefährdenden Zusammenbrüchen führen können. Eine Person, die jahrelang regelmäßig und viel Alkohol getrunken hat und abrupt damit aufhört, erlebt möglicherweise das Delirium tremens (DT), eine gefährliche Komplikation. Dieser Zustand zeigt sich durch starkes Zittern, Verwirrtheit, Halluzinationen, Krampfanfälle und Herzrasen. Die Person muss sofort medizinisch behandelt werden, da dieser Zustand ansonsten zum Tod führen kann. Andere häufige Entzugssymptome sind Ängste, Paranoia, Depressionen, Übelkeit, Schwitzen oder Frieren. Aus diesem Grund ist es wichtig, einen Entzug – vor allem, wenn der Konsum über einen langen Zeitraum stattgefunden hat – niemals auf eigene Faust durchzuziehen. Es gibt spezielle Kliniken und Einrichtungen, in denen man sich medizinisch begleiten lassen kann, um Komplikationen zu vermeiden und die Symptome abzumildern.

Die Begriffe „Abhängigkeit" und „Sucht" werden übrigens oft synonym verwendet, haben jedoch eine leicht unterschiedliche Bedeutung. Von einer Abhängigkeit spricht man, wenn eine Person eine bestimmte Substanz benötigt, um sich körperlich und psychisch wohlzufühlen und zu funktionieren. Abhängigkeit kann sich nicht nur auf Substanzen beziehen, sondern auch auf Verhaltensweisen. Beispiele dafür sind das Glücksspiel, Einkaufen, Stehlen, Brandstiften oder exzessiver Medienkonsum. Eine Sucht hingegen geht über die Abhängigkeit hinaus und beschreibt eine umfassendere chronische Erkrankung, die komplexe physische, psychische und auch soziale Zusammenhänge hat. Sie ist geprägt von zwanghaftem Verhalten, Kontrollverlust und der Fortsetzung des Verhaltens trotz negativer Konsequenzen.

Allgemeine Anzeichen psychischer Störungen

Psychische Erkrankungen können mit einer Vielzahl unterschiedlicher Symptome einhergehen. Neben den oben genannten gibt es noch weitere: organische psychische Störungen (Demenz zum Beispiel), Essstörungen, Schizophrenie und wahnhafte Störungen, Manie oder Persönlichkeitsstörungen. In den Manualen ICD-11 und DSM-V finden Sie eine umfangreiche Klassifizierung dieser Erkrankungen und den dazugehörigen Symptomen. Weil aber die Psyche so komplex ist, ist es manchmal nicht so leicht, deutlich zu benennen, was einem eigentlich fehlt. Allerdings ist es wichtig, so früh wie möglich zu erkennen, dass man möglicherweise psychotherapeutische Hilfe in Anspruch nehmen sollte. Eine zeitnahe Psychotherapie und sorgfältige Diagnosestellung können dazu beitragen, dass das Leiden deutlich eingedämmt und eine Chronifizierung verhindert wird. So haben psychische Krisen nicht nur einen starken Einfluss auf die Wirtschaft, da sie als zweithäufigste Ursache für Krankschreibungen gelten. Sie beeinträchtigen auch das Wohlbefinden der Betroffenen und deren Angehöriger enorm. Die Überforderung, die meist damit einhergeht, führt nicht selten zu Gefühlen großer Hilflosigkeit und Angst. Doch welche allgemeinen Warnzeichen gibt es, die auf eine psychische Erkrankung hindeuten?

Psychische Symptome zeigen sich auf verschiedenen Ebenen: auf der Gefühlsebene, Gedankenebene, Verhaltensebene, sozialen Ebene und körperlichen Ebene.

Gefühle, die mit psychischen Erkrankungen assoziiert werden, sind beispielsweise starke Impulsivität und Wut, Angst, Angespanntheit, innerer Druck und Reizbarkeit, Selbsthass oder Selbstüberhöhung, Depressivität, Libidoverlust, Stimmungsschwankungen oder ausgeprägte Hilflosigkeit.

Auf der **Gedankenebene** kann es zu einem ausgeprägten Schwarz-Weiß-Denken kommen, unlogischen Schlussfolgerungen, Konzentrationsproblemen, verlangsamtem oder schnellem Denken oder dem häufigen Abdriften in innere Traumwelten.

Das **Verhalten** verändert sich mitunter so, dass Personen sich sozial zurückziehen, sehr still oder sehr laut werden, Aggressionen zeigen, ihre Handlungen chaotisch und unlogisch wirken, sie deutlich mehr oder weniger essen als früher, Schlafstörungen entstehen oder sie nachts mit den Zähnen knirschen, der Antrieb fehlt oder Bewegungen verlangsamt wirken. Ebenso könnte es zu selbstverletzenden Verhaltensweisen oder schadhaftem Konsum kommen.

Soziale Beziehungen leiden häufig unter psychischen Störungen – vor allem dann, wenn diese noch nicht diagnostiziert worden sind. Die Betroffenen selbst ziehen sich oft vermehrt zurück, Angehörige haben mitunter das Gefühl, keinen Zugang mehr zu ihnen zu bekommen und sie nicht mehr verstehen zu können.

Auch auf **körperlicher Ebene** zeigen sich psychische Erkrankungen. So gehen damit beispielsweise eine Gewichtszunahme oder -abnahme, Kreislaufprobleme, Schwindel, Herzrasen, Ohrengeräusche, Darmbeschwerden, starke Müdigkeit oder Erschöpfung, Rückenschmerzen, „Hibbeligkeit" oder Kopfschmerzen einher.

Die meisten Menschen kennen, zumindest phasenweise, das eine oder andere dieser Symptome. An welchen Anzeichen kann man also erkennen, dass es wirklich Zeit ist, etwas zu unternehmen?

Die Probleme schränken im Alltag stark ein. Es wird immer schwieriger, die Aufgaben des täglichen Lebens zu bewältigen.

Beziehungen leiden. Der Kontakt zu Partnern, Freunden, Familienmitgliedern ist kaum noch vorhanden oder stark konfliktbehaftet. Das soziale Netzwerk hat sich in der letzten Zeit stark reduziert. Vielleicht machen sich Menschen auch Sorgen und äußern dies.

Die Freude fehlt. Dinge, die man früher gern gemacht hat, machen auf einmal keinen Spaß mehr. Vielleicht fällt einem auch gar nichts mehr ein, was Freude bereiten könnte. Antrieb und Motivation werden immer weniger.

Körperliche Beschwerden, für die es scheinbar keine Ursache gibt. Vor allem kommt es zu diffusen Symptomen und allgemeinen Gefühlen des Unwohlseins, die sich einfach nicht zu bessern scheinen.

Der Versuch, sich selbst zu helfen, ist immer wieder gescheitert. Vielleicht wurden bereits verschiedene Maßnahmen ausprobiert – Selbsthilfebücher, Self-Help-Apps oder Veränderungen des Lebensstils. Leider haben diese Dinge bisher nicht zum Erfolg geführt, was Gefühle von Mutlosigkeit oder Resignation begünstigen kann.

Selbstmedikation. Es wird vermehrt zu legalen oder illegalen Drogen wie Alkohol, Nikotin oder Cannabis gegriffen. Vielleicht besteht auch der Wunsch, sich zu betäuben und nichts mehr fühlen zu müssen.

Stimmungsschwankungen. In einem Augenblick war noch alles in Ordnung, im nächsten scheint die Welt unterzugehen. Es kommt zu extremen Tiefpunkten, starker Wut oder unkontrollierbarem inneren Druck.

Persönlichkeitsveränderungen. Man erkennt sich selbst kaum noch wieder, fühlt sich fremd und seltsam. Das eigene Denken und Handeln ist anders als früher – auch anderen fällt dies auf.

Suizidgedanken oder Suizidphantasien. Es erscheint alles so mühsam, dass es manchmal keinen Sinn mehr zu machen scheint. Das Leben ist so anstrengend geworden, dass sich der Wunsch aufdrängt, dem Leiden ein Ende zu bereiten, weil es sich aussichtslos anfühlt.

Spätestens wenn das Leben selbst infrage gestellt wird, ist es an der Zeit, mit einem Arzt, einem Psychotherapeuten oder einem Psychiater darüber zu sprechen. Suizidgedanken sind oftmals ein Merkmal bestimmter Störungen und können überwunden werden. Zwar gibt es Erkrankungen, die schwer zu behandeln sind oder sogar als unheilbar gelten. Dennoch ist es möglich, auch mit psychischen Erkrankungen ein schönes und erfüllendes Leben zu führen. Oftmals erfordert das jedoch die tiefgreifende Auseinandersetzung mit sich selbst, ebenso wie Hilfe von außen. Ratgeber wie dieser können definitiv dabei helfen, an sich selbst zu arbeiten und Fortschritte zu machen. Viele Therapeuten empfehlen ihren Klienten sogar bestimmte Bücher, mit denen sie arbeiten können. Allerdings kommt oft der Punkt, an dem man selbst festzustecken scheint – egal, wie viele Übungen man gemacht hat, wie viel man meditiert, Sport treibt, liest oder in Online-Seminare investiert. Manchmal benötigt es einfach ein kompetentes und empathisches Gegenüber, um einem die eigenen blinden Flecken aufzuzeigen und bei der Problembewältigung zur Seite zu stehen – dann ist es Zeit, ernsthaft über eine Therapie nachzudenken.

3. Der Ablauf einer Kognitiven Verhaltenstherapie

Je nachdem, für welches Therapieverfahren Sie sich entscheiden, sieht der Ablauf etwas anders aus. Die normale Kognitive Verhaltenstherapie beinhaltet meist fünf probatorische Sitzungen und eine angeschlossene Kurzzeittherapie, die aus 25 Sitzungen zu je 50 Minuten besteht. Bei Bedarf kann auch eine Langzeittherapie über 60 Sitzungen bei der Krankenkasse beantragt werden. Alternativ ist es möglich, zuerst eine Kurzzeittherapie zu beginnen und diese dann zu verlängern. Therapien, die nicht über die Krankenkasse finanziert werden, lassen sich in der Regel flexibler gestalten. In Absprache mit dem Therapeuten können dann beliebig viele Stunden abgehalten werden, solange es eben notwendig und hilfreich ist. Selbstzahler müssen mit etwa 90 Euro pro Therapiestunde rechnen. Dieses Vorgehen kann sinnvoll sein, wenn Sie privat versichert sind oder aus beruflichen Gründen keinen Eintrag in der Krankenakte haben möchten. Lassen Patienten Therapiesitzungen ausfallen, wird ihnen in der Regel ein Ausfallhonorar in Rechnung gestellt, da der Therapeut die Stunde meist kurzfristig nicht anderweitig vergeben kann. Zwischen den einzelnen Sitzungen fallen außerdem „Hausaufgaben" an. Das bedeutet, Patienten arbeiten auch außerhalb der Therapie an ihren Themen weiter. Dieses Engagement macht letztendlich einen großen Teil des Therapieerfolgs aus.

Der Therapieprozess: Von der Erstberatung bis zur Abschlusssitzung

Zwischen der Entscheidung, eine Therapie in Anspruch zu nehmen, bis zum Beginn dieser Therapie, vergeht oft einige Zeit. Zuallererst muss der passende Therapeut gefunden werden. Früher war es so, dass man sich beim Hausarzt vorstellen musste und dieser eine Überweisung für eine Psychotherapie ausstellte. Das ist mittlerweile nicht mehr der Fall: Sie können sich direkt an einen Therapeuten wenden und sich im Rahmen einer psychotherapeutischen Sprechstunde vorstellen. Leider ist es so, dass die meisten Patienten einige Wochen bis Monate auf einen Therapieplatz warten müssen. Viele Therapeuten haben keine freien Termine, da es insgesamt zu wenige Kassensitze gibt. In der Praxis sieht es also so aus, dass Sie vermutlich mehrere Therapeuten anrufen müssen, bis Sie jemanden finden, der Sie behandelt. Manche haben Wartelisten, auf die Sie sich setzen lassen können oder empfehlen Kollegen, die freie Plätze haben. Ein weiterer Tipp ist es, sich an Ausbildungsinstitute zu wenden. Sie werden dort von Psychotherapeuten in Ausbildung (PIAs) behandelt. Diese sind zwar manchmal weniger erfahren als bereits ausgebildete Therapeuten, die schon länger in dem Gebiet arbeiten, nehmen jedoch an regelmäßigen Supervisionen, Intervisionen und Seminaren teil. Die Qualität der Therapie muss daher keinesfalls schlechter sein. Manchmal lernen dort auch Therapeuten, die bereits in einem anderen Therapieverfahren ausgebildet sind und nun noch zusätzlich die Verhaltenstherapie lernen wollen. Außerdem ist es oft möglich, an Ausbildungsinstituten schneller einen Therapieplatz zu bekommen als in niedergelassenen Praxen.

Ist diese Hürde geschafft, folgt die psychotherapeutische Sprechstunde. Diese ähnelt einer Sprechstunde beim Arzt. Sie stellen sich dort vor und haben die Möglichkeit, Ihre Probleme und Schwierigkeiten zu schildern. Das Ziel ist es, herauszufinden, ob eine Psychotherapie sinnvoll ist und das angebotene Verfahren zu Ihnen passt. Therapeuten bieten in der Regel auch Sprechstunden an, selbst wenn sie aktuell keine freien Therapieplätze haben. Das kann auf der einen Seite zwar frustrierend sein, vor allem dann, wenn Sie an jemanden geraten, der Ihnen sympathisch ist und mit dem Sie gern zusammenarbeiten würden. Zum anderen kann die Sprechstunde dennoch sinnvoll sein, um eine erste Einschätzung zu bekommen. Vor allem in akuten Krisen hilft es außerdem kurzfristig, einfach mit jemandem sprechen zu können, der einen ernst nimmt.

Auf die Sprechstunde folgen die sogenannten probatorischen Sitzungen. Dabei handelt es sich in der Regel um fünf Therapiestunden à 50 Minuten, die ohne Antrag unkompliziert über die Krankenkasse abgerechnet werden können. Diese Sitzungen dienen dem gemeinsamen Kennenlernen und Entwickeln eines Behandlungsplans. Sie haben hier die Möglichkeit, Ihre Wünsche und Bedürfnisse zu äußern und gemeinsam die konkreten Zielsetzungen für die Therapie zu erarbeiten. Der Therapeut wird Ihnen etwas über seine Methoden erzählen und sein Vorgehen schildern. Ebenso wird er Informationen über Ihre Lebensgeschichte und die Probleme sammeln, mit denen Sie in die Therapie gekommen sind. Während dieser Sitzungen haben Sie die Möglichkeit, die Therapie relativ unkompliziert wieder zu beenden und sich jemand anderen zu suchen, wenn die Chemie nicht stimmt. Es geht also auch darum, generell in Erfahrung zu bringen, ob man miteinander arbeiten möchte und ein Gefühl dafür zu bekommen, wie diese therapeutische Zusammenarbeit konkret aussehen könnte.

Grundsätzlich lässt sich die Kognitive Verhaltenstherapie in drei Phasen unterteilen:

1. Die Anfangsphase: Erstgespräch und Probatorik, Kennenlernen und Zielsetzung klären.
2. Die Arbeitsphase: Therapeutische Arbeit, um vom Ist-Zustand zum Soll-Zustand zu kommen.
3. Die Schlussphase: Stabilisierung der Verhaltensänderungen und Abschied.

Sind die probatorischen Sitzungen abgeschlossen und Therapeut und Patient haben beide beschlossen, die Therapie miteinander zu gestalten, geht es also in die zweite Phase. Dafür wird zunächst ein bestimmtes Kontingent an Therapiestunden bei der Krankenkasse beantragt. Der Therapeut schreibt dafür einen Bericht, in dem er Ihre Probleme schildert, eine Diagnose stellt und begründet, warum Sie von dieser Art der Therapie profitieren würden. In der Regel benötigt es außerdem noch zusätzlich einen kurzen Bericht, den Sie von Ihrem Hausarzt einholen können. Dieser sogenannte Konsiliarbericht umfasst nur eine Seite und wird generell benötigt, wenn Sie eine Psychotherapie beginnen möchten. Dabei geht es darum, dass die Symptome, die Sie haben, vorab von einem Allgemeinmediziner abgeklärt werden, um auszuschließen, dass organische Probleme dahinterstecken, die anders behandelt werden müssten, als psychische. Sind diese beiden Berichte erstellt, werden sie bei der Krankenkasse eingereicht und dort noch einmal von einem unabhängigen Gutachter geprüft. In den meisten Fällen wird die Therapie nun bewilligt und die Arbeitsphase kann beginnen.

Die Arbeitsphase der Kognitiven Verhaltenstherapie macht den Hauptteil der Behandlung aus. Hier werden Sie verschiedene Übungen machen und Fertigkeiten lernen, die Ihnen dabei helfen, Ihre Therapieziele zu erreichen. Der Therapeut ist dabei während der Sitzungen ein Ansprechpartner für alle Schwierigkeiten und Probleme, die auf diesem Weg auftauchen. Sollten sich die Therapieziele im Verlauf verändern, wird auch dies gemeinsam besprochen. Zwischen den einzelnen Sitzungen sollten Sie dann die neuen Fertigkeiten im Alltag erproben. Viele Therapeuten regen auch an, ein Tagebuch über Gedanken, Gefühle und Handlungen zu führen, um die einzelnen Sitzungen zu reflektieren und den eigenen therapeutischen Fortschritt im Blick zu behalten.

Im Idealfall endet die Verhaltenstherapie, wenn die gemeinsam definierten Therapieziele erreicht worden sind. In den letzten Therapiestunden wird noch einmal reflektiert, was sich im Verlauf verändert hat und welche Handlungen, Verhaltensweisen, Entwicklungen dazu beigetragen haben, dass sich eine Verbesserung eingestellt hat. Außerdem kann man die letzten Sitzungen effektiv nutzen, um eine Rückfallprophylaxe zu betreiben: Was können Sie tun, wenn Sie sich wieder schlechter fühlen? Woran können Sie merken, dass Sie erneut psychotherapeutische Hilfe in Anspruch nehmen sollten? Wie können Sie sich selbst helfen? Welche Lebensweise trägt dazu bei, langfristig das Wohlbefinden zu stabilisieren?

Auch dem Abschied sollte schließlich einige Aufmerksamkeit gewidmet werden. Patient und Therapeut haben mehrere Monate oder sogar Jahre lang in einem sehr persönlichen Verhältnis zusammengearbeitet. Die therapeutische Beziehung ähnelt keiner Beziehung, die sich im „echten" Leben entwickeln würde. Sie ist anders als eine Freundschaft oder ein kollegiales Verhältnis. Dennoch entsteht über die Zeit Vertrauen, Wohlwollen und Wertschätzung. Nicht immer fällt es leicht, sich voneinander zu verabschieden. Vor allem die emotionale Unterstützung und das Gefühl, verstanden zu werden und mit den eigenen Problemen nicht allein zu sein, wird manchmal schmerzhaft vermisst. Umso wichtiger ist es, dass der Übergang von der Therapie zum Alltag ohne Therapie so gestaltet wird, dass der Patient gestärkt und mit neuer Motivation daraus hervorgeht.

Methoden und Techniken in der Kognitiven Verhaltenstherapie

Die Übungen und Fertigkeiten, die im Hauptteil der Therapie vermittelt werden, können sich unterscheiden, je nachdem, welche Therapieziele vorher definiert worden sind. Es würde den Rahmen sprengen, alle Techniken der Verhaltenstherapie an dieser Stelle zu erklären. Um einen Einblick zu bekommen, werden daher einige ausgewählte Methoden im Folgenden vorgestellt.

Situationsanalyse

Die Situationsanalyse ist eine Basistechnik der Kognitiven Verhaltenstherapie. Dabei geht es darum, dass der Patient die Aufmerksamkeit zunächst auf eine konkrete Situation lenkt, die für ihn schwierig oder herausfordernd gewesen ist. In diesem Zusammenhang können bereits kognitive Denkverzerrungen, wie sie von Aaron Beck beschrieben worden sind, in Erfahrung gebracht werden. Beispiel:

„Der Stress beginnt bereits, wenn ich von der Universität nach Hause komme", berichtet Peter. „Ich habe dann oft das Gefühl, der Tag hat nicht mehr genug Stunden, um all den Stoff auswendig zu lernen, den ich wissen müsste. Ich bekomme dann einen großen inneren Druck, weil ich Angst davor habe, das Studium nicht zu schaffen und ein Versager zu sein. Je angespannter ich jedoch bin, umso weniger schaffe ich es, effektiv zu lernen."

In der Situationsanalyse könnte man nun weitere Details der Situation herausarbeiten: Was geht Peter genau durch den Kopf? Welche Konsequenzen hat sein Verhalten in dieser Situation? Ist sein Handeln förderlich, um die Ziele zu erreichen, die er sich durch seine Handlungen erhofft? Vielleicht fällt Peter dabei auf, dass er in Bezug auf sein Studium oft in katastrophisierende Zustände verfällt. Er hat den Eindruck, ein einzelnes Versagen könnte dazu führen, dass er seine Lebensziele nicht mehr erreichen wird. Er fühlt sich dadurch gelähmt. Außerdem könnte Peter in der Analyse herausarbeiten, dass er insgesamt im Studium sehr gute Noten schreibt. Eine einzige Prüfung einmal weniger gut zu bestehen, würde ihn also keinesfalls zu einem „Versager" machen. Die Konfrontation mit Peters dichotomem Denken („Schwarz-Weiß-Denken") könnte ihm dabei helfen, die irrationalen Annahmen, die dabei eine Rolle spielen, infrage zu stellen und künftig nicht mehr als feststehende Fakten anzusehen. Zusätzlich ließe sich gemeinsam überlegen, wie die Situation aussehen könnte, würde sie positiv verlaufen. Möglicherweise entwickelt Peter selbst eine alternative Vorstellung davon:

„Nach dem Nachhausekommen empfinde ich großen Stress. Ich kenne dieses Gefühl und weiß, dass ich ohnehin nicht lernen kann, wenn ich mich so fühle. Aus diesem Grund nehme ich mir erst einmal eine halbe Stunde Zeit, um zu meditieren und eine Atemübung zu praktizieren. Wenn ich wieder ruhiger bin, mache ich mir eine Prioritätenliste mit den Dingen, die ich am Abend noch schaffen möchte. Dabei achte ich darauf, mir realistische und konkrete Ziele zu setzen. Ich mache ausreichend Pausen und höre mindestens zwei Stunden vor dem Schlafengehen mit dem Lernen auf, um mich zu entspannen und meine Abendroutine durchzuführen. Diese Routine hilft mir dabei, den nötigen Abstand zu meinem Studium zu bekommen und schließlich ruhiger und zufriedener einzuschlafen."

In weiteren Therapiesitzungen könnte man außerdem herausarbeiten, welche irrationalen Gedanken den Stress fördern, den Peter empfindet und ob es möglich ist, diese durch angenehmere und hilfreichere Gedanken zu ersetzen. Außerdem hat Peter vor der Situationsanalyse das Gefühl, seinen Ängsten hilflos ausgeliefert zu sein. Durch die Analyse und die schrittweise Veränderung seines Verhaltens macht er die Erfahrung, dass er selbst einen Einfluss auf seine Ängste hat und ein Verhalten wählen kann, welches ihm insgesamt dienlicher ist.

Konfrontationstechniken

Die Konfrontation ist eine äußerst effektive Technik im Umgang mit Ängsten. Häufig ist es so, dass Menschen, die unter Ängsten leiden, ein ausgeprägtes Vermeidungsverhalten entwickeln. Sie gehen – verständlicherweise – den Reizen aus dem Weg, die ihnen Angst machen. Kurzfristig verschafft ihnen das Erleichterung. Langfristig führt es jedoch dazu, dass die Ängste immer stärker werden. Bei der Konfrontation geht es darum, sich den Ängsten zu stellen und dadurch die Erfahrung zu machen, mit ihnen einen Umgang finden zu können. Das bedeutet, dass

Situationen, die Angst auslösen, in Gegenwart des Therapeuten gezielt aufgesucht werden. Dazwischen gibt es die Möglichkeit, die realen Gefahren immer wieder einzuschätzen und zu reflektieren. Die emotionale Reaktion, die diese Konfrontation auslöst, also Angst oder Ekel, wird dabei nicht unterdrückt, sondern bewusst erlebt. Patienten lernen immer mehr, dass sie diesen Situationen nicht aus dem Weg gehen müssen, sondern sie aushalten können. Dadurch machen sie eine neue, positive Erfahrung.

Wichtig ist jedoch, dass die Konfrontation das richtige Maß an emotionaler Forderung trifft. Die Patienten sollen weder über- noch unterfordert werden. Überforderungserfahrungen können dazu führen, dass sie in ihren Grundannahmen („Ich schaffe das nicht", „Die Sache XYZ kann ich nicht aushalten") noch weiter bestärkt werden. Unterforderung hingegen führt dazu, dass es kaum zu innerem Wachstum kommt. Um die unangenehmen Gefühle im Moment der Konfrontation auszuhalten, können außerdem gezielt Entspannungs- oder Atemübungen praktiziert werden, die vorab geübt worden sind.

In der Verhaltenstherapie gibt es verschiedene Arten von Expositionen:

Die **In-sensu-Exposition** arbeitet mit inneren Bildern. Der Patient stellt sich bildhaft eine Situation vor, die Angst in ihm auslöst.

Die **In-vivo-Exposition** hingegen findet mithilfe realer Reize statt. Der Patient setzt sich Situationen oder Dingen aus, die in ihm unangenehme Gefühle hervorrufen. Jemand, der unter Höhenangst leidet, könnte sich beispielsweise einen hohen Turm aussuchen und Tag für Tag ein paar Stufen höher hinaufsteigen.

Interozeptive Expositionen sind Konfrontationen mit ängstigenden inneren Reizen, zum Beispiel Körpersymptomen. Patienten werden angeleitet, durch körperbezogene Übungen bestimmte (ungefährliche) Symptome hervorzurufen und die damit einhergehenden unangenehmen Gefühle bewusst zu erleben. Ein Patient, der unter Panikattacken leidet, hat beispielsweise Angst davor entwickelt, seinen eigenen Herzschlag stark zu spüren, weil dieses Körpersymptom in der Vergangenheit mit der Panik assoziiert war. Er könnte nun dieses Herzklopfen in der Therapie durch körperliche Anstrengung bewusst hervorrufen und sich so damit konfrontieren.

Cue Exposure ist eine Konfrontation mit Reizen, bei denen Patienten die Angst haben, dass sie in ihnen unkontrollierbare Verhaltensweisen auslösen könnten. Jemand, der alkoholabhängig ist, könnte sich beispielsweise im therapeutischen Setting einem Glas Wein aussetzen und dieses anschauen, daran riechen, und so weiter, ohne den Wein zu trinken. Dabei beobachtet die Person ihr Verlangen und beschreibt die Gefühle, die damit einhergehen.

Je nachdem, welche Art der Störung vorliegt, können unterschiedliche Arten der Exposition angezeigt sein. Bei Personen, die hauptsächlich unter quälenden Gedanken leiden, ist beispielsweise eine In-sensu-Exposition sinnvoller, Patienten mit isolierten Phobien profitieren vor allem von der In-vivo-Exposition. Durch die Konfrontation sinkt mit der Zeit die empfundene Angst. Gleichzeitig werden die Patienten toleranter gegenüber Angstsymptomen (Schwitzen, Herzklopfen, Kurzatmigkeit), sodass diese insgesamt besser ausgehalten werden können.

Operante Verfahren

Bei den operanten Verfahren geht es darum, Verhaltensweisen zu belohnen (einen positiven Reiz hinzuzufügen), die künftig häufiger gezeigt werden sollen. Diese positive Verstärkung führt dazu, dass das Verhalten in der Zukunft öfter auftreten wird. Dies kann zum einen im therapeutischen Setting passieren, zum Beispiel durch ein Lob des Therapeuten. Die Patienten können jedoch auch lernen, sich selbst auf diese Weise zu konditionieren.

Peter hat festgestellt, dass ihm Meditation und Atemtechniken unglaublich dabei helfen, seine Anspannung zu reduzieren. Im Alltag fällt es ihm jedoch noch schwer, sich wirklich hinzusetzen, um diese Übungen zu praktizieren. Immer wieder vernachlässigt er seine Meditationspraxis und beginnt stattdessen sofort mit dem Lernen. Peters Therapeutin schlägt vor, dass er sich nach der Meditation selbst belohnen könnte, um sich einen positiven Reiz zu geben. Sie fragt ihn, ob es etwas gibt, was ihm so richtig viel Spaß macht. Manchmal, wenn Peter merkt, dass er vor Aufregung nicht lernen kann, spielt er stattdessen Computer. Das „Zocken" hilft ihm dabei, seine Nerven zu beruhigen. Leider erlaubt er es sich selbst sehr selten, da er immer das Gefühl hat, im Zeitdruck zu sein. Eine positive Verstärkung wäre, nach dem Meditieren eine halbe Stunde Computer zu spielen, bevor das Lernen beginnt.

Entspannungsverfahren

Entspannungsübungen werden vor allem in den letzten Jahren zunehmend öfter in der Kognitiven Verhaltenstherapie eingesetzt. Sie sind wertvolle Tools bei Störungen, die sich durch hohe Anspannungszustände auszeichnen, zum Beispiel Angststörungen oder die Borderline-Persönlichkeitsstörung. Erprobte Entspannungsverfahren sind beispielsweise die Progressive Muskelrelaxation nach Jacobson (PMR) sowie das Autogene Training (AT). PMR beruht auf der Theorie, dass sich ein Muskel besser entspannen kann, nachdem er vorher für einen gewissen Zeitraum angespannt war. Daher spannt man nacheinander sämtliche Körperbereiche an und lässt sie danach gezielt entspannen. Das AT hingegen funktioniert einzig über die Gedanken. Auch hier geht man den ganzen Körper durch, sagt sich jedoch währenddessen Autosuggestionen wie „Mein Bein ist ganz schwer", „Mein Arm ist ganz warm" oder „Mein Atem fließt ruhig und gleichmäßig". Beide Verfahren sind dazu geeignet, tiefe Entspannungszustände zu erzielen. Manchen Personen fällt es leichter, dies über den Körper (PMR) oder über den Geist (AT) zu initiieren.

Kognitive Techniken

Kognitive Techniken arbeiten an der Art und Weise, wie jemand denkt. In der Kognitiven Verhaltenstherapie haben diese Techniken mittlerweile eine große Bedeutung erlangt. Wie bereits an früherer Stelle beschrieben, ist eine der Grundannahmen in der KVT, dass psychische Erkrankungen mit unlogischen oder verzerrten Denkstrukturen zusammenhängen können. Patienten neigen dann dazu, alles schwarz-weiß zu sehen, zum Übergeneralisieren, Katastrophisieren oder dazu, alles auf sich zu beziehen. In der KVT gilt es daher, diese Denkverzerrungen wahrzunehmen und Alternativen zu erarbeiten. Über die Zeit wird es möglich, kognitive Verzerrungen zu erkennen und sich von ihnen zu distanzieren. Starre Grundannahmen und Glaubenssätze können weicher werden. Negative

Annahmen, die Patienten von sich selbst haben, werden umgedeutet oder bestimmte Eigenschaften und Erlebnisse neu bewertet.

Rollenspiele und Hausaufgaben

In der KVT passiert mehr als nur das Sprechen über Probleme. Insbesondere Rollenspiele und Hausaufgaben stellen wichtige Methoden dar, die den Patienten helfen, sich ihrer inneren Lebenswelt auf eine neue Weise zu nähern. Therapeutische Hausaufgaben gibt es in verschiedenen Therapierichtungen. Besonders betont werden sie allerdings in jenen Verfahren, bei denen den Patienten eine sehr aktive Rolle zukommt – so auch in der Kognitiven Verhaltenstherapie. Wenn ein neues Verhalten erlernt und ein altes Verhalten aufgegeben werden soll, dann erfordert das in der Regel auch einiges an Übung und Disziplin. Eine Therapiestunde pro Woche reicht dafür nicht aus – die neuen Verhaltensweisen müssen auch außerhalb des Therapiesettings ausprobiert werden.

Hausaufgaben beinhalten beispielsweise Verhaltensweisen, die im täglichen Leben eingeübt werden und die sich aus den therapeutischen Gesprächen ergeben haben: Der Patient möchte sich in bestimmten Situationen künftig anders verhalten als früher und wird dies nun im Alltag ausprobieren. In den Therapiestunden kann anschließend besprochen werden, inwiefern das neue Verhalten wirksam war und der Patient die Veränderungen umgesetzt hat. Therapeutische Hausaufgaben beinhalten auch Übungen, die gemeinsam in der Therapie entwickelt werden, bei denen es darum geht, neue Handlungsweisen auszuprobieren und sich selbst besser kennenzulernen. Eine Patientin, der es schwerfällt, sich anderen gegenüber durchzusetzen, könnte beispielsweise die Aufgabe bekommen, ein schwieriges, konfliktbehaftetes Problem mit jemandem zu besprechen, anstatt in die Vermeidung zu gehen. In der Therapiestunde wird anschließend evaluiert, wie diese Konfrontation abgelaufen ist und wie es sich angefühlt hat.

Hausaufgaben sind aber auch eine Möglichkeit der Selbstbeobachtung und Selbstkontrolle: Tagebuchaufzeichnungen, bestimmte Handlungen festhalten (zum Beispiel wie oft man Alkohol getrunken hat und in welchen Situationen), auf die eigenen Gedanken achten und verzerrte Denkmuster erkennen. Hausaufgaben in der Therapie sind nicht nur zusätzliche Verpflichtungen, die Patienten eingehen. Es handelt sich mitunter auch um Selbsthilfestrategien, die in herausfordernden Situationen erprobt werden können. So könnte eine Aufgabe darin bestehen, in einer Konfliktsituation ein neues Verhalten auszuprobieren, welches förderlicher ist als dasjenige, welches man normalerweise nutzt.

Dadurch, dass die Inhalte der Therapie auf diese Weise im Alltag angewendet werden, verankern sie sich besser im Gedächtnis und bleiben auch zwischen den Sitzungen präsenter. Man geht davon aus, dass die Therapie insgesamt bessere Erfolge erzielt, wenn neue Verhaltensweisen nicht nur besprochen, sondern auch regelmäßig geübt werden. Therapie-Erfolg wird nicht einzig dadurch gemessen, dass sich Patienten anschließend besser fühlen. Vielmehr ist ein wichtiges Kriterium, dass sich die Inhalte, die in der Therapie erarbeitet wurden, auch auf den Alltag übertragen lassen. Vielleicht hat eine Patientin, die unter einer sozialen Phobie leidet, mühsam gelernt, in den Sitzungen mit ihrem Therapeuten zu kommunizieren und sich ohne Ängste zu öffnen. Das allein ist eine wünschenswerte

Entwicklung. Allerdings wäre es schade, wenn die Therapie endet und die Patientin ihre neu erarbeitete Redegewandtheit außerhalb der Therapie nicht anwenden kann, sodass die Ängste bald wieder die Überhand gewinnen. Therapeutische Hausaufgaben helfen dabei, diese Übertragung in den Alltag zu gewährleisten, noch während die Therapie läuft. Hinzu kommt, dass ein Lernerfolg mit der Anzahl der Wiederholungen steigt, in denen ein neues Verhalten geübt worden ist. Durch das regelmäßige Üben im Alltag verfestigt sich das neue Verhalten und ist mit einer größeren Stabilität abrufbereit.

Bei der Auswahl der konkreten Hausaufgaben sind in der Therapie eigentlich kaum Grenzen gesetzt. Oft ergeben sie sich aus den Therapiezielen und den Gesprächen zwischen Therapeut und Patient. Beispiele für solche Hausaufgaben sind folgende:

- Ein Verhalten, welches in der Therapie im Rollenspiel erprobt wurde, im Alltag ausprobieren
- Eine Annahme, die man über sich selbst hat, in der Realität überprüfen, indem man Freunde/Angehörige/Kollegen dazu befragt
- Ein Protokoll darüber führen, wie häufig ein selbstschädigendes Verhalten aufgetreten ist oder wie häufig man bestimmte Gedanken hatte
- Sich selbst belohnen, indem man etwas Gutes für sich tut, wenn man ein Verhalten geübt hat, das man künftig häufiger zeigen möchte
- Die eigenen Denkverzerrungen beobachten und diese durch neue, realistischere Gedanken ersetzen

Manche Therapeuten empfehlen auch als „Hausaufgabe", sich einen bestimmten Film anzuschauen oder ein Buch zu lesen. Oftmals handelt es sich dabei um Inhalte, die den Patienten dabei helfen sollen, ihre eigenen Probleme besser zu verstehen und sich zum Beispiel mit bestimmten Film- oder Romanfiguren identifizieren zu können. Anschließend werden in der Therapie dann die Gefühle und Gedanken besprochen, welche die Patienten beim Anschauen des Films hatten. Dies kann auch dabei helfen, sich selbst und die eigenen Probleme etwas gnädiger zu betrachten oder einen neuen Zugang zu bekommen.

Ebenso wie Hausaufgaben haben auch Rollenspiele eine lange Tradition in der KVT. Bereits seit der Frühzeit der Verhaltenstherapie werden sie eingesetzt, um Situationen zu erproben, die im „echten Leben" zu angst- oder schambesetzt wären. Nicht umsonst machen auch Kinder in einer bestimmten Phase ihrer Entwicklung Rollenspiele. Sie setzen sich dabei mit verschiedenen Identitäten auseinander und erproben auf spielerische Art Verhaltensweisen von Erwachsenen. Das Rollenspiel in der KVT ist dem gar nicht so unähnlich. Es kann jedoch mehr bewirken, als neue Verhaltensweisen in einem sicheren Rahmen einzuüben. Rollenspiele verbessern die Konfliktfähigkeit, Fähigkeiten des sozialen Miteinanders und die Beziehungsfähigkeit. Durch die bildhafte Darstellung bestimmter Inhalte und die damit verbundene Emotionalität bleiben Rollenspiele außerdem sehr gut im Gedächtnis, was wiederum die Stabilisierung der Therapieinhalte ermöglicht. Außerdem schafft das Rollenspiel eine Distanzierung von der stressbehafteten Situation aus dem täglichen Leben. Die Situationen und Themen, die uns das Leben schwer machen, fühlen sich häufig festgefahren und ausweglos an. Wenn wir uns bereits längere Zeit über eine Sache den Kopf zerbrochen haben, wird es immer schwieriger, zu neuen Gedanken und Lösungsansätzen zu finden. Das Rollenspiel hingegen sorgt dafür, dass wir einen anderen Blickwinkel einnehmen können als den bisher gewohnten. Dadurch dass wir uns in Rollenspielen weniger mit uns selbst identifizieren, ist es auch leichter, die Perspektiven anderer Menschen nachzuvollziehen und uns in diese hineinzuversetzen. Mitunter hilft es dabei, belastende Erlebnisse zu verarbeiten, über die schwer gesprochen werden kann. Durch die verfremdete Darstellung im Rollenspiel nähern sich Patienten der Grundthematik an und können gleichzeitig eine schützende Distanz aufrechterhalten.

Insgesamt ist diese Vielfalt der Methoden einer der Aspekte, der die Verhaltenstherapie so wirksam macht. Aufgrund der Größe des Repertoires an Übungen und Tools kann die Therapie an die individuellen Bedürfnisse, Ziele und Vorlieben der Patienten angepasst werden. Psychische Störungen sind vielfältig – nicht jede Therapiemethode ist für jeden Menschen geeignet. Je breiter die Palette an therapeutischen Interventionen, umso wahrscheinlicher ist es, die Methoden zu finden, die wirklich helfen. Zuletzt ist anzumerken, dass Psychologie und Psychotherapie Disziplinen sind, die sich ständig weiterentwickeln. Die Verhaltenstherapie ist eine Therapierichtung, die (im Gegensatz zu anderen Richtungen, wie zum Beispiel der klassischen Psychoanalyse) relativ offen gegenüber neuen Einflüssen und Entwicklungen ist. Durch die Integration neuer Forschungsergebnisse und Entwicklungen in die Praxis können Therapeuten und Patienten von den Fortschritten in anderen Bereichen der Psychologie profitieren und sich stetig weiterentwickeln.

4. Selbsthilfe-Strategien und Übungen aus der KVT

In den vorherigen Kapiteln haben Sie viel theoretisches Wissen über die KVT erhalten. Sie haben gelernt, woran man eine psychische Störung erkennt und welche Methoden die Verhaltenstherapie nutzt, um Patienten bei ihrer Weiterentwicklung zu unterstützen. Doch theoretisches Wissen ohne praktische Anwendung ist selten von Dauer: Es wird wieder vergessen, bleibt abstrakt und findet keinen Weg ins Alltagsbewusstsein. Das Üben und Ausprobieren sind aber Faktoren, welche die KVT so wirksam machen. Aus diesem Grund finden Sie im Folgenden einen ganzen Blumenstrauß an Übungen, die Sie selbst direkt ausprobieren können. Die Übungen beziehen sich auf verschiedene nützliche Fähigkeiten für den Alltag, für schwierige Situationen, den Umgang mit anderen und den produktiven Umgang mit den eigenen Gedanken oder Gefühlen. Probieren Sie alle Übungen aus oder suchen Sie sich die heraus, die Ihrer aktuellen Lebenssituation am ehesten dienlich scheinen. Sie werden dadurch hoffentlich nicht nur Ihr Wohlbefinden steigern, sondern auch ein Gefühl dafür bekommen, ob eine KVT für Sie grundsätzlich infrage käme.

Negative Gedanken identifizieren und ändern

Ein Grundprinzip der KVT ist es, dass Ihr Denken sich darauf auswirkt, wie Sie sich fühlen und wie Sie handeln. Allerdings sind die meisten Menschen im Alltag relativ unaufmerksam, was die eigenen Gedanken angeht. Uns ist oft nicht bewusst, wie wir tagtäglich mit uns selbst reden. Vielen von uns passiert es, dass wir uns kritisieren und kleinreden, ohne es zu bemerken. Aus diesem Grund nutzen Therapeuten der KVT häufig Techniken, die dabei helfen sollen, Gedanken zu identifizieren, die uns das Leben unnötig schwer machen. Ein Tool, das dabei wirksame Dienste leisten kann, ist das **ABC-Formular.** Im Folgenden werden Ihnen zwei Varianten dieses Formulars vorgestellt: Variante 1 hilft dabei, negative Gedanken zu identifizieren, Variante 2 hat es zum Ziel, diese durch alternative Gedanken zu ersetzen.

ABC-1 umfasst 3 Punkte:

- A: Activating Event (auslösendes Ereignis)
- B: Beliefs and thoughts (Überzeugungen und Gedanken)
- C: Consequences (Konsequenzen)

Die Schritte B und C haben unter anderem das Ziel, Ihnen zu verdeutlichen, dass Ihre Gedanken und Gefühle miteinander zusammenhängen. Die Überzeugungen haben Konsequenzen und führen dazu, dass sich in Ihnen bestimmte Gefühle entwickeln. Die Gefühle entstehen nicht im luftleeren Raum, sie sind nicht „einfach so da" – vielmehr stehen sie häufig in einem klaren Zusammenhang mit Ihren inneren Überzeugungen und Gedanken.

Dies zu begreifen, kann wiederum das Verständnis dafür stärken, warum es wichtig ist, diese Überzeugungen manchmal infrage zu stellen.

Im Folgenden finden Sie eine Vorlage des ABC-Formulars, welche Sie für sich selbst nutzen oder abwandeln können. Schauen wir uns diese Vorlage kurz im Detail an:

Das ABC-Formular (ABC-1)

Datum:

A. Auslösende Situation:	B.1. Überzeugungen und Gedanken:	C. Konsequenzen:
In welcher Situation habe ich mich anders verhalten oder gefühlt, als ich es eigentlich möchte? Welche Situation hat diese unangenehmen Gefühle oder Verhaltensweisen ausgelöst? Notieren Sie dies hier: - - -	Was ist Ihnen dabei durch den Kopf gegangen? Was haben Sie gedacht, das dazu geführt hat, solche Gefühle auszulösen? Überlegen Sie, welche Gedanken Ihr Verhalten begünstigt haben könnten: - - - **B.2. Denkfehler:** Können Sie für die jeweiligen Gedanken Denkfehler oder kognitive Verzerrungen identifizieren? Schreiben Sie mögliche Denkfehler auf, die Sie an sich selbst beobachten können: - - -	Wie haben Sie sich in der Konsequenz gefühlt? Wie hat sich dieses Gefühl in Ihrem Körper manifestiert? Zu welchem Verhalten hat es geführt? Beschreiben Sie: - Gefühle: - Körperempfindungen: - Verhalten:

So füllen Sie das Formular aus: Im ersten Schritt (auslösendes Ereignis) notieren Sie sich, in welcher Situation Sie Gefühle der Aufregung, Angst, Wut, Scham oder Traurigkeit empfunden haben. Sie können hier jede Situation nutzen, in der Sie sich anders gefühlt haben, als Sie es gerne möchten. Auslösende Ereignisse können auch Situationen sein, die noch gar nicht passiert sind, vor denen Sie sich aber beispielsweise fürchten. Auch eigene Körperwahrnehmungen (beschleunigter Herzschlag oder Kurzatmigkeit) können auslösende Ereignisse sein.

Danach macht es Sinn, zum Feld „Konsequenzen" weiterzugehen. Dort notieren Sie zunächst, welches Gefühl Sie gerade empfinden oder – falls die Situation bereits vergangen ist – wie Sie sich gefühlt haben. Das können Gefühle wie Wut, Frustration, Niedergeschlagenheit oder Eifersucht sein. Diese unangenehmen Konsequenzen beinhalten die Gefühle, die Sie künftig lieber verändern würden. Außerdem notieren Sie in diesem Feld, wie Sie sich in der Konsequenz verhalten haben. Welche Verhaltensweisen zeigten Sie als Antwort auf das unangenehme Gefühl? Waren Sie gekränkt (Gefühl) und haben sich in der Folge sozial zurückgezogen (Verhalten)? Waren Sie traurig (Gefühl) und haben Alkohol konsumiert, um die Traurigkeit weniger spüren zu müssen (Verhalten)? Hatten Sie Angst (Gefühl) und haben aus diesem Grund etwas vermieden (Verhalten)? Wie haben sich diese Gefühle in Ihrem Körper angefühlt? Hat sich das Körpergefühl verändert?

Zuletzt wenden wir uns dem Feld der Überzeugungen („Beliefs") zu. Oft erweisen sich die Überzeugungen, die uns unbewusst beeinflussen, bei näherem Hinschauen als irrational. Wenn wir sie schwarz auf weiß vor uns auf einem Blatt aufgeschrieben haben, erkennen wir dies auch. Bleiben die Überzeugungen jedoch nur im eigenen Kopf, ist es deutlich schwerer, sie wirklich zu erkennen und zu hinterfragen. Überzeugungen beinhalten all das, was das auslösende Ereignis für Sie bedeutet hat und was dazu führte, dass Sie die unangenehmen Gefühle empfunden haben. Denken Sie außerdem darüber nach, ob es bestimmte kognitive Verzerrungen gibt, die Sie möglicherweise begehen. Bewerten Sie vielleicht eine Situation deutlich gefährlicher, als sie wirklich ist (Katastrophisieren)? Denken Sie, dass Sie, nur weil Sie einmal einen Fehler gemacht haben, den gleichen Fehler immer wieder machen werden (Übergeneralisieren)? Interpretieren Sie die Unaufmerksamkeit und Gereiztheit von anderen immer wieder so, als wären diese Menschen wütend auf Sie (Personalisierung)?

Im Folgenden möchte ich Ihnen ein Beispiel dafür präsentieren, wie unsere fiktive Figur Peter das ABC-Modell ausfüllen könnte:

A. Auslösende Situation:	**B. Überzeugungen, Gedanken und Denkfehler:**	**C. Konsequenzen:**
Prüfungsvorbereitung. Ich komme nach Hause, setze mich sofort an den Schreibtisch und beginne mit dem Lernen. Ich fühle mich mental bereits erschöpft, weswegen ich einen Energydrink zu mir nehme. Dieser macht mich „hibbelig" und unausgeglichen. Der Stress wird immer größer. Ich zocke am PC, um mich abzulenken. Nach Mitternacht bin ich immer noch aufgeputscht und gleichzeitig nervös. Ich trinke drei Flaschen Bier und falle anschließend betrunken ins Bett.	*- Wenn ich in dieser Prüfung versage, kann ich das Studium gleich abhaken (Alles-oder-nichts-Denken).* *- Ich muss mich jetzt unbedingt beruhigen, ansonsten werde ich so nervös sein, dass ich nichts zustande bekomme und es niemals schaffen werde, erfolgreich zu sein (Katastrophisieren).*	*- <u>Gefühle</u>: Ich fühle mich wie ein Versager. Ich habe Angst, die Prüfung nicht zu schaffen. Ich schäme mich, weil ich meinem Körper durch Schlafentzug und Alkohol schade.* *- <u>Körperempfindungen</u>: Kopfschmerzen, Übelkeit, Aufregung im Bauch*

	- Der Professor hat gestern schon so grimmig geschaut, bestimmt mag er mich nicht und möchte mir eine schlechte Note verpassen (Personalisieren). *- Ich war schon in der Schule schlecht in Mathe, da werde ich in dieser Statistikklausur sicherlich keine gute Note schreiben (Übergeneralisieren).*	*- Verhalten: Hoher Kaffeekonsum, sozialer Rückzug, erlaube mir nichts mehr, was mir Spaß macht.*

Wenn Sie damit anfangen, sich mit Ihren negativen Gedanken zu beschäftigen, reicht es vollkommen aus, dieses erste Formular auszufüllen. Es hilft Ihnen dabei, zu verstehen, dass Ihre Gedanken, Gefühle und Handlungen zusammenhängen, und mögliche Denkfehler zu identifizieren. Fühlen Sie sich mit diesem Blatt sicher, können Sie zu ABC-2 übergehen. Dabei handelt es sich um eine Erweiterung des Modells, die dabei helfen soll, die negativen Gedanken bewusst zu hinterfragen und durch andere, angenehmere Gedanken zu ersetzen. ABC-2 enthält zunächst die gleichen Schritte wie ABC-1, wird dann jedoch um zwei weitere Felder ergänzt. Dabei sollen Sie zum einen Ihre Gedanken hinterfragen und sich Alternativen überlegen, zum anderen die gewünschte Konsequenz dieser alternativen Gedanken notieren.

ABC-Formular (ABC-2)

Datum:

A. Auslösende Situation:	B. Gedanken, Überzeugungen, Denkfehler:	C. Konsequenzen (Gefühle, Körperempfindungen, Handlungen):
- - -	- - -	- - -
	D. Alternative Gedanken und Bewertungen: Sind meine Gedanken logisch und vernünftig? Könnte ich mir in der Situation andere Gedanken machen, die mir dienlicher sind?	**E. Effekt der alternativen Gedanken / erwünschte Konsequenzen:** Wie fühle ich mich, wenn ich mich für die alternativen Gedanken und Bewertungen entscheide? Welche Konsequenzen hätte das auf mein Handeln?

	Notieren Sie Ihre Alternativen hier:	Beschreiben Sie Ihre alternativen Gefühle, Körperempfindungen und Handlungen:
	- - -	- - -

Wenn Sie sich näher mit Ihren Gedanken und Bewertungen auseinandersetzen, dann überlegen Sie sich, ob diese auch aus einer distanzierteren Perspektive sinnvoll sind. Manchmal ist es schwer, sich selbst zu hinterfragen, weil wir mit unseren eigenen Gedanken und Gefühlen sehr identifiziert sind. Daher hilft es, sich vorzustellen, wie eine außenstehende Person (eine Freundin oder ein Freund zum Beispiel) diese Situation bewerten würde. Würde diese Person Ihre Gedanken als produktiv und sinnvoll erachten? Sind sie realistisch oder vielleicht etwas zu extrem? Gibt es Hinweise, die dagegensprechen, diese Gedanken als richtig anzusehen? Im zweiten Schritt machen Sie sich Gedanken darüber, ob Sie die Situation nicht möglicherweise auch anders bewerten könnten. Die alternativen Gedanken sind ein wichtiger Ansatzpunkt, um sich besser zu fühlen. Gibt es eine konstruktivere und hilfreichere Weise, die Situation zu betrachten? Gerade sind Sie möglicherweise sehr aufgewühlt – denken Sie immer noch so, wenn Sie sich gefangen haben und besser fühlen? Bei katastrophisierendem Denken: Finden sich in der Vergangenheit Beweise dafür, dass es doch ganz anders kommen könnte als befürchtet? Manche Gedanken halten sich hartnäckiger als andere. So leiden Personen, die bestimmte psychische Erkrankungen (wie beispielsweise Zwangsstörungen oder Depressionen) haben, unter negativen Gedanken, die sich regelrecht aufdrängen. Nicht immer wird es möglich sein, sich ohne Weiteres von diesen zu befreien.

Falls Sie merken, dass es nicht funktioniert, neue Gedanken zu etablieren, hilft es manchmal, die alten Gedanken einfach vorbeiziehen zu lassen. Dabei ist es wichtig, nicht gegen sie anzukämpfen – Widerstand führt eher zu noch mehr unangenehmen Gedanken. Versuchen Sie stattdessen, nicht alles hundertprozentig ernst zu nehmen, was Sie denken. Etablieren Sie eine innere Haltung der Gelassenheit. Schauen Sie sich die Gedanken an, ohne sich mit ihnen zu identifizieren. Die Gedanken sind keine unbestreitbaren Wahrheiten, sondern Inhalte Ihrer Psyche, von denen es sich lohnt, sie von Zeit zu Zeit zu hinterfragen. Lassen Sie die Gedanken da sein, ohne Ihnen viel Bedeutung beizumessen. Konzentrieren Sie sich auf etwas anderes. Atmen Sie tief durch. Lassen Sie los.

Zuletzt versetzen Sie sich gedanklich in die Situation hinein und stellen sich vor, Sie hätten Ihre alternativen Gedanken und Bewertungen gedacht. Wie würde sich dadurch Ihre Wahrnehmung verändern? Wie würde sich der Körper anfühlen, welche Gefühle hätten Sie stattdessen? Würden Sie sich ganz anders verhalten? Versuchen Sie, diese alternativen Gefühle tief in sich zu verankern. Achtung: Viele Menschen sind so sehr mit ihrem rationalen Geist verankert, dass sie ihre Gefühle eher *denken*, statt sie zu fühlen. Es ist an dieser Stelle nicht ausreichend, zu glauben, dass alternative Bewertungen logisch oder sinnvoll wären. Sie müssen versuchen, diese Erkenntnis mit Ihrem ganzen Körper zu erleben. Je mehr Sie es schaffen, die vorgestellte Veränderung wirklich zu fühlen, umso leichter wird es gelingen, künftig Veränderungen vorzunehmen. Wichtig: Vor allem negative Denkmuster, die schon sehr lange bestehen, möglicherweise seit der Kindheit, halten sich oft hartnäckig. Erwarten Sie nicht, sich in einem Durchgang mit dem ABC-Modell innerlich komplett umzukrempeln. Stattdessen wird es in den meisten Fällen Zeit und Geduld brauchen, eine nachhaltige Veränderung zu erzielen. Machen Sie eine Gewohnheit daraus, in Situationen, in denen Sie sehr aufgewühlt sind oder es Ihnen nicht gut geht, „eine Runde ABC" zu üben und das Formular auszufüllen. Mit der Zeit werden Sie spüren, dass es immer leichter von der Hand geht und sich Veränderungen einstellen. Manchmal geht es schneller, manchmal dauert es länger. Setzen Sie sich damit nicht unter Druck, sondern bleiben Sie dran – es wird sich lohnen.

Umgang mit Emotionen

In der Gesellschaft, in der wir leben, wird den Gefühlen häufig weniger Bedeutung beigemessen als den Regungen unseres rationalen Verstandes. Sie gelten als irrational oder fehlerhaft. Dabei bieten Gefühle wertvolle Informationen aus unserem Inneren. Angenehme Gefühle zeigen uns an, welche Dinge und Aktivitäten uns guttun, Freude bereiten und uns Zufriedenheit schenken. Unangenehme Gefühle wiederum sind ein wertvoller Indikator dafür, dass bestimmte Bedürfnisse nicht erfüllt werden. Wenn Sie sich nicht auch diesen Emotionen zuwenden und sich um die dahinterliegenden Bedürfnisse kümmern, dann werden Sie immer wieder frustriert werden. Gefühle wahrzunehmen und anzunehmen, ist also eine wertvolle Ressource für ein erfülltes Leben.

Allerdings gibt es auch Gefühle, die in bestimmten Situationen nicht angebracht oder zu heftig erscheinen. Das trifft meistens dann zu, wenn es sich um Themen handelt, die in unserer Vergangenheit mit hohem, möglicherweise sogar toxischem Stress verbunden waren. Die aktuelle Situation ist dann nur der Auslöser dafür. Die Heftigkeit der emotionalen Reaktion ist jedoch in der Vergangenheit zu verorten. Ein Beispiel:

Frieda ist eine introvertierte und ruhige Person. In ihrer Schulzeit war sie ein Mädchen, welches nicht viele Freunde hatte und sich stattdessen mit Büchern und ihren eigenen Gedanken beschäftigte. Leider gab es einige Mitschüler, die sie dafür gehänselt haben. Auf der Oberschule wurde Frieda sogar Opfer von Mobbing in ihrer Klasse, was dazu führte, dass ihr Selbstwertgefühl stark darunter litt. Frieda hat später im Rahmen einer Therapie ihre Erlebnisse aufgearbeitet und steht nun fest im Leben. Allerdings fühlt sie sich manchmal immer noch unsicher, weil sie so still und zurückgezogen lebt. Vor Kurzem fand sie nun heraus, dass eine gute Freundin eine Geburtstagsparty veranstaltet und sie nicht eingeladen hat. Als Frieda davon erfährt, kommen all die Erinnerungen an ihre Schulzeit hoch. Sie hat das Gefühl, ausgeschlossen zu sein, fühlt sich eifersüchtig und zurückgewiesen. Da sie außerdem eine eher konfliktscheue Person ist, beschließt sie für sich, dass die Freundin sie wohl einfach nicht mehr mag oder nicht gleichermaßen an einer Freundschaft interessiert ist. Sie zieht sich zurück, gratuliert nicht zum Geburtstag und spricht wochenlang nicht mit ihrer Freundin. Dabei leidet sie jedoch stark unter dem Kontaktabbruch und fühlt sich immer wieder traurig und einsam. Als sie eines Tages ihre Freundin zufällig beim Einkaufen trifft und diese sie fragt, warum sie denn seit Wochen nicht auf ihre Nachrichten und Anrufe reagieren würde, rückt Frieda damit heraus. Die Freundin ist bestürzt: „Aber Frieda", sagt sie, „du hast mir doch so oft erzählt, wie sehr du große Feiern verabscheust und dass du dich mit so vielen fremden Menschen nicht wohlfühlst! Ich hätte dich so gern auf meiner Party gehabt, aber ich wollte nicht, dass du dich verpflichtet fühlst und dann nur mir zuliebe kommst."

Die Gefühle, die Frieda in der Situation empfunden hat, als sie von der Party erfuhr, sind nachvollziehbar. Anstatt jedoch die Freundin einfach direkt zu fragen, warum sie nicht eingeladen worden ist, hat sich Frieda immer mehr zurückgezogen und den Kontakt vermieden. Die Heftigkeit ihrer emotionalen Reaktion schadet ihr und führt zu weiterem Leid. Sie hat wenig mit der aktuellen Situation zu tun und ist hauptsächlich auf die Erlebnisse aus der Vergangenheit zurückzuführen. Achtung: Es gibt keine Gefühle, die „schlecht" sind. Es gibt jedoch solche, die in einer Situation nicht unbedingt zielführend sind und zusätzliche Probleme verursachen. Diesen Emotionen wollen wir uns in der folgenden Übung zuwenden. Wir sind nämlich in den meisten Fällen unseren Gedanken und Gefühlen keinesfalls hilflos ausgeliefert. Vielmehr können wir lernen, sie zu steuern und bewusst zu verändern. Dies wiederum führt zu einem größeren Selbstwirksamkeitsempfinden und insgesamt mehr Lebenszufriedenheit.

Doch wie erkennt man, dass es sich um ein angemessenes, „gesundes" oder um ein unangemessenes, Leid verursachendes, „ungesundes" Gefühl handelt? Auch hier kann es hilfreich sein, den Schritt wieder über das Denken zu gehen. Oft ist es so, dass ungesunde Gefühle eher auf starren, rigiden Denkstrukturen aufbauen, die schwer zu verändern sind. Sie entspringen Grundsätzen, die wir aus der frühen Kindheit mitgenommen haben oder die auf schmerzhaften, manchmal traumatischen Erlebnissen beruhen. Frieda aus unserem Beispiel könnte noch immer die Überzeugung in sich tragen, dass sie irgendwie „nicht richtig" ist und andere Menschen sie nicht mögen. Erlebt sie nun eine Situation, in der sie sich ausgeschlossen fühlt, kommt diese Überzeugung in ihrer ganzen Wucht wieder zum Vorschein, gibt ihr jedoch wenig Raum für alternative Interpretationen (starres Denken). Gesunde Gefühle hingegen basieren meist auf flexibleren Denkstrukturen, die sich an die äußeren Gegebenheiten anpassen können. Beispielsweise könnte Frieda sich zwar zunächst ausgeschlossen fühlen, dann jedoch darauf vertrauen, dass ihre Freundin schon einen guten, vermutlich harmlosen Grund haben wird, sie nicht einzuladen. Sie würde die Freundin möglicherweise einfach anrufen und nach diesem Grund fragen, ohne sich traurig, einsam, allein und ungeliebt zu fühlen. In festgefahrenen Denkstrukturen ist es oft nicht so einfach möglich, über alternative Erklärungen nachzudenken. Dies führt dazu, dass Sie die Möglichkeiten, die Sie haben, um mit schwierigen Situationen fertigzuwerden, oftmals unterschätzen.

Eine andere Möglichkeit, um negative oder ungesunde Gefühle zu identifizieren, ist es, dass Sie sich Ihre Handlungen anschauen. Ungesunde Gefühle führen häufig auch zu ungesunden Handlungen. Dies sehen wir an Peter, der in unserem Beispiel seine Angst in Alkohol ertränkt. Andere Verhaltensweisen, die durch negative Gefühle ausgelöst werden können, enthalten selbstschädigende oder unproduktive Handlungen:

- Sie betäuben sich mit Drogen, Essen oder Fernsehen, anstatt sich Ihren Gefühlen zu stellen.
- Sie vermeiden bestimmte Personen oder Situationen, um unangenehmen Gefühlen aus dem Weg zu gehen.
- Sie stecken in Grübelschleifen fest, ohne jedoch ins Handeln zu kommen.
- Sie kommunizieren Ihre wahren Gefühle nicht und verfallen stattdessen einer Person gegenüber, mit der Sie einen Konflikt haben, in passiv-aggressive Verhaltensweisen.
- Sie verletzen sich selbst, um sich von emotionalen Schmerzen abzulenken oder sich zu bestrafen.

Ein gesunder Umgang mit Gefühlen wäre stattdessen, dass man es schafft, sie wahrzunehmen und annehmen zu können. Ist dies geschehen, kann man immer noch entscheiden, wie man mit einem bestimmten Gefühl verfahren möchte. Manchmal kann das Wahrnehmen als Motor für Veränderung dienen. Manchmal braucht es auch einfach, das Gefühl zu fühlen. Wie man auf ein bestimmtes Gefühl reagiert, hängt außerdem stark davon ab, um welches Gefühl es sich handelt. So ist es hilfreich, sich zu fragen, welches unerfüllte Bedürfnis hinter einem schmerzhaften Gefühl stecken könnte. Wut zum Beispiel könnte ein Indikator dafür sein, dass jemand unsere Grenzen missachtet hat. Die Wut verdeutlicht oft das Bedürfnis, Abstand zwischen uns und eine andere Person zu bringen. Traurigkeit könnte eine Reaktion auf einen Verlust sein. Wenn Sie traurig sind, haben Sie möglicherweise das Bedürfnis, getröstet zu werden oder sich selbst zu trösten. Enttäuschung ist zum Beispiel ein häufig gezeigtes Gefühl, wenn man sich nicht ausreichend anerkannt oder wertgeschätzt fühlt. Um dieses Gefühl zu „befrieden", könnten Sie aktiv um Wertschätzung bitten oder sich mit Menschen umgeben, von denen Sie sich ohnehin wertgeschätzt fühlen. Alternativ könnten Sie üben, sich selbst zu bestärken und auf die eigenen Erfolge stolz zu sein.

Die Rolle der Achtsamkeit in der Gefühlsregulation

Viele Menschen, die unter einer psychischen Erkrankung leiden oder psychische Probleme haben, haben auch Schwierigkeiten damit, ihre Emotionen zu regulieren. In der Folge haben sie entweder starke Gefühlsausbrüche, die unkontrollierbar und teilweise zerstörerisch sind. Oder aber sie fühlen ihre Emotionen kaum noch, sind innerlich taub und unbeweglich. In beiden Fällen hilft Achtsamkeit dabei, einen besseren Umgang mit Emotionen zu finden.

Achtsamkeit ist ein Konzept, welches seinen Ursprung im Buddhismus hat. In den letzten Jahren wurde vermehrt auch in der Psychologie der positive Einfluss erkannt, den Achtsamkeit auf die psychische Gesundheit hat. Sie müssen nicht stundenlang meditieren oder Yoga praktizieren, um achtsam zu leben. Vielmehr geht es dabei um eine bestimmte innere Grundhaltung des wohlwollenden Annehmens und Nicht-Bewertens. Achtsamkeit bedeutet, das Hier und Jetzt mit voller Präsenz und Akzeptanz wahrzunehmen, ohne sich von den Gedanken über die Vergangenheit oder Zukunft ablenken zu lassen. Diese Haltung kann immer und überall geübt werden: bei der Arbeit, beim Spazierengehen, beim Sport oder bei der Hausarbeit. Die folgende Übung können Sie jederzeit durchführen, wenn Sie einen besseren Zugang zu Ihren Emotionen bekommen wollen. Sie hilft dabei, mit starken Gefühlen besser umgehen zu können. Gleichzeitig kann sie auch dazu beitragen, besser zu fühlen, wie es Ihnen gerade geht, wenn Sie eher dazu neigen, mit Ihren Gefühlen zu wenig verbunden zu sein.

Suchen Sie sich einen Ort, der ruhig und möglichst reizarm ist. Setzen Sie sich bequem hin und achten Sie darauf, wie Sie atmen. Je tiefer und ruhiger wir atmen, umso stärker nehmen wir auch unsere Gefühle wahr. Im Umkehrschluss gibt es Menschen, die sich angewöhnt haben, grundsätzlich sehr flach zu atmen, um ihre Gefühle wegzudrücken. Versuchen Sie also, ein paar Augenblicke zur Ruhe zu kommen und sich besonders auf Ihren Atem zu fokussieren. Anschließend konzentrieren Sie sich darauf, welches Gefühl Sie wahrnehmen können. Manchmal sind es auch verschiedene Gefühle, die zur gleichen Zeit präsent sind. Verdrängen Sie diese inneren Wahrnehmungen nicht und sehen Sie auch davon ab, sie zu bewerten. Alles, was jetzt da ist, hat seine Berechtigung und seinen Grund. Nehmen Sie eine interessierte und wohlwollende innere Haltung ein. Sie sind ein Forscher, der ein neues Land entdeckt und sich neue Räume erschließt. Lassen Sie alles da sein, was sich Ihnen zeigt. Beschreiben Sie genau, welche inneren Wahrnehmungen Sie nun haben. Wie würden Sie die Gefühle benennen, die jetzt da sind? Wie fühlen sich diese Gefühle an? Wie und wo spüren Sie sie im Körper? Welche Gedanken, inneren Bilder und Assoziationen gehen damit einher? Wenn Sie sich auf die Gefühle konzentrieren, werden sie dann stärker oder schwächer?

Wichtig bei dieser Übung ist es, dass es nicht darum geht, ein Gefühl zu verändern oder zu beeinflussen. Später können Sie sich einen Stift nehmen und notieren, was sich in dieser Übung gezeigt hat. Möglicherweise fallen Ihnen direkt Konsequenzen ein, die Sie daraus ziehen können. Dies könnte zum Beispiel sein, sich von einer bestimmten Person abzugrenzen oder eine bestimmte Tätigkeit auszuführen. Für den Augenblick geht es jedoch nur darum, die Gefühle zu beobachten. Das ist wichtig, da die Bewertung oft zu einer Einengung der Wahrnehmung führt. Je offener und aufmerksamer Sie Ihren Gefühlen gegenüber sind, umso mehr werden Sie durch diese Übung erfahren.

Achtsamkeitsübungen helfen außerdem dabei, eine gewisse Distanz zu Gefühlen einzunehmen. Sie erleben sich selbst als Beobachter Ihrer Gefühlswelt. Sie sind nicht Ihr Gefühl, sie erleben Ihr Gefühl. Das Gefühl hat nicht die Macht, Sie zu vereinnahmen oder dazu zu bringen, etwas zu tun, was Ihnen schadet. Sie selbst entscheiden, wie Sie auf Ihre Gefühle reagieren und was Sie tun. Sie übernehmen die Verantwortung für Ihr Leben und Ihre Gedanken. Je öfter Sie diese Übung ausführen, umso leichter wird es Ihnen fallen, eine übergeordnete Perspektive einzunehmen und sich weniger mit Ihren Gefühlen zu identifizieren.

Soziale Fertigkeiten und zwischenmenschliche Kompetenzen verbessern

Als soziale Kompetenz bezeichnet man die Fähigkeit, gut mit anderen Menschen umgehen zu können und sich in vielfältigen Alltagssituationen angemessen zu verhalten. Ein Mangel an sozialen Fähigkeiten kann sich wiederum in vielen Lebenssituationen negativ auswirken. Er führt meist dazu, dass man unsicher und schüchtern wirkt, im Berufsalltag weniger erfolgreich ist, unbefriedigende oder konfliktbehaftete Beziehungen führt oder Verhaltensweisen zeigt, die einem insgesamt im Umgang mit anderen Probleme bereiten können. Glücklicherweise kann man Sozialkompetenz – wie die meisten Fähigkeiten – auch im späteren Erwachsenenalter noch lernen. Die Verhaltenstherapie hat diesbezüglich einige Programme in petto. Das bekannteste davon ist das „Gruppentraining sozialer Kompetenzen" (GSK).

Wir Menschen haben uns über die Jahrmillionen hinweg zu einer Spezies entwickelt, die in hochkomplexen sozialen Gefügen zusammenlebt. Das soziale Miteinander in Gemeinschaften sorgte ursprünglich erst dafür, dass wir überleben konnten. Heutzutage geht dieses Miteinander mit einer Vielzahl an unausgesprochenen Regeln einher, die zunehmend auch überfordernd wirken können. Auch in prähistorischen Zeiten waren unsere Vorfahren auf Kommunikation angewiesen. Sie teilten einander mit, wo sie einen Strauch mit essbaren Beeren gefunden hatten, welche Pflanzen giftig sind oder ob sie ein gefährliches Tier gesichtet hatten. Durch Höhlenmalereien (wie den berühmten Kunstwerken in Höhlen wie Lascaux und Chauvet) sowie Skulpturenfunde aus Knochen oder Steinen wissen wir, dass auch Kunst und künstlerischer Ausdruck etwas „typisch Menschliches" ist. Heutzutage benötigt es für gelingende Kommunikation jedoch eine ganze Reihe weiterer komplexer Fähigkeiten:

- Man sollte in der Lage sein, seine eigenen Emotionen zu kennen und verständlich auszudrücken.
- Man sollte andere Menschen mit Respekt behandeln und deren Standpunkte akzeptieren, auch wenn man selbst eine andere Meinung hat.
- Es braucht die Fähigkeit, die eigenen Wünsche und Bedürfnisse zu kommunizieren, ebenso wie es wichtig ist, „NEIN" zu den Dingen zu sagen, die man nicht möchte.
- Genauso wichtig: Die Fähigkeit, Selbstvertrauen zu haben und sich klar auszudrücken, ohne dabei arrogant oder überheblich zu wirken.
- Aktives Zuhören: Die Fähigkeit, aufmerksam zuzuhören und sich auf das Gesagte des Gesprächspartners zu konzentrieren. Aktives Zuhören beinhaltet auch nonverbale Signale wie Augenkontakt und Nicken, um zu zeigen, dass man aufmerksam ist.
- Die Fähigkeit, sich in die Gefühle und Perspektiven des anderen hineinzuversetzen und diese zu verstehen.

Das war nur eine kleine Auswahl – man könnte diese Liste noch um einiges fortführen. Was dadurch vermittelt werden soll: Soziale Kompetenz umfasst viele Bereiche. Es ist keine Selbstverständlichkeit, sie alle zu beherrschen. Das Gegenteil ist der Fall: Die meisten Menschen haben im einen oder anderen Bereich Defizite. Nicht weil sie dumm oder unfähig sind, sondern meist, weil sie es schlichtweg in ihrer Kindheit und Jugend nicht lernen konnten. Dies wiederum ist oft darauf zurückzuführen, dass die Personen, die sie großgezogen und geprägt haben, diese Fähigkeiten ebenso nicht in ihrem Repertoire hatten. Hinzu kommt, dass je nach Kulturkreis und sozialem Umfeld andere soziale Fähigkeiten wichtig sind. Wer in einer Arbeiterfamilie aufwächst, in der es zum Idealbild gehört, fest anpacken zu können, wird natürlich anders geprägt als jemand, dessen Eltern Berufsmusiker im Streichorchester sind. Was hier verdeutlicht werden soll: Fast jedem Menschen tut es gut, sich mit seinen sozialen Fähigkeiten auseinanderzusetzen und die Fähigkeiten gezielt zu stärken, die – warum auch immer – weniger stark ausgeprägt sind als andere.

Unabhängig von konkreten Sozialkompetenz-Trainings spielen soziale Fähigkeiten in der Kognitiven Verhaltenstherapie oft eine Rolle. Das liegt mitunter daran, dass Personen, die an psychischen Erkrankungen leiden, oft Probleme im Miteinander aufweisen. Besonders depressiven Patienten fällt es schwer, den Kontakt zu halten. Die Gründe liegen in den Merkmalen der Depression: Sie haben möglicherweise ein stark gemindertes Selbstwertgefühl und fürchten sich davor, anderen zur Last zu fallen oder glauben, dass ohnehin niemand Zeit mit ihnen verbringen möchte. Depressionen können außerdem dazu führen, dass Betroffene Schwierigkeiten haben, ihre Gefühle angemessen auszudrücken. Das kann es für sie kompliziert machen, in sozialen Situationen angemessen zu reagieren oder sich anderen gegenüber zu öffnen.

Eine hilfreiche Übung, die auch bei der Verbesserung sozialer Fähigkeiten hilft, haben Sie bereits im letzten Kapitel kennengelernt: das achtsame Beobachten. Wenn Sie in der Lage sind, Ihre eigenen Gefühle zu beobachten, wird es Ihnen leichterfallen, diese anderen gegenüber zu kommunizieren. Wer geübt im Umgang mit den eigenen Emotionen ist, kann meist auch besser auf die Emotionen von anderen reagieren. Darüber hinaus reduziert eine achtsame Grundhaltung Stress und verbessert die Schlafqualität – beides gute Ausgangspositionen für angenehme zwischenmenschliche Kontakte. Zuletzt trägt das Wahrnehmen von Bedürfnissen und Gefühlen dazu bei, dass Sie insgesamt klarer in Ihren Entscheidungen sind. Sie spüren, was Sie wollen und was Sie nicht wollen. Diese Klarheit kann wiederum das Miteinander erleichtern, da Ihre Mitmenschen genau wissen, „woran sie sind".

Doch soziale Situationen leben nicht nur davon, dass Sie als „Sender" eine Botschaft schicken und sich dabei möglichst überzeugend und eloquent ausdrücken können. Es geht auch darum, die Botschaften anderer verstehen zu können. Ein großer Teil zwischenmenschlicher Konflikte geschieht nicht, wie man denken könnte, durch Böswilligkeit oder Ignoranz. Viel öfter handelt es sich um Missverständnisse, die daraus resultieren, dass man einander nicht richtig zugehört oder vorschnell ein Verhalten interpretiert hat.

Die Kunst des aktiven Zuhörens

Eine Technik, die dabei helfen kann, derartige Missverständnisse zu verhindern, ist das aktive Zuhören. Beim aktiven Zuhören geht es darum, dass der Zuhörer seine volle Aufmerksamkeit und Konzentration darauf richtet, was der Sprecher sagt. Es geht über das einfache Hören hinaus und beinhaltet eine aktive Beteiligung des Zuhörers, um das Verständnis zu fördern, den Sprecher zu unterstützen und eine tiefere Verbindung herzustellen. Tatsächlich ist es nicht selbstverständlich, aktiv zuzuhören: Die meisten Menschen denken bereits beim Zuhören darüber nach, was sie als Antwort erwidern könnten. Sie sind vor allem daran interessiert, sich selbst zu profilieren und ihr Wissen zur Schau zu stellen. Geht es beiden Seiten so, ist es nicht verwunderlich, dass die Kommunikation nicht gelingt. Aktives Zuhören hingegen führt zusätzlich dazu, dass man wichtige Informationen erhält und sich der Redner gesehen und wertgeschätzt fühlt. Auch wenn man beim aktiven Zuhören selbst gar nicht spricht, handelt es sich um eine Fähigkeit, die auch mit Anstrengung verbunden ist. Es erfordert die Aufmerksamkeit und Bereitschaft, um sich ganz auf sein Gegenüber einzulassen – auch emotional. Genau wie die meisten anderen Fähigkeiten lässt sich das aktive Zuhören zum Glück lernen. Das Gute dabei: Immer wenn Sie in Ihrem Alltag anderen Menschen begegnen, haben Sie die Möglichkeit, diese Fähigkeit zu üben und zu verbessern. Die folgenden Schritte werden Ihnen dabei helfen:

1. **Schaffen Sie Bewusstsein:** Der erste Schritt besteht darin, sich selbst bewusst zu machen, dass Sie nun aktiv zuhören und Ihre Fähigkeit darin verbessern wollen. Erinnern Sie sich daran, dass Sie sich voll auf Ihr Gegenüber konzentrieren wollen und das eigene Geltungsbedürfnis für den Moment zurückstellen.

2. **Minimieren Sie Ablenkungen:** Es ist kaum möglich, aktiv zuzuhören, wenn Sie sich gerade an einer vielbefahrenen Straße oder an einem Ort mit vielen Ablenkungen befinden. Versuchen Sie stattdessen, ein Umfeld zu finden oder zu erzeugen, in dem es relativ ruhig ist und Sie Ihr Gegenüber gut verstehen können. Das Gleiche gilt übrigens auch für innere Ablenkungen. Zuhören ist schwierig, wenn viele eigene

Gedanken, Sorgen oder innere Konflikte präsent sind. Manchmal hilft es bereits, tief durchzuatmen oder vorab für ein paar Minuten zu meditieren.

3. **Blickkontakt und nonverbale Signale**: Kommunikation besteht nicht nur in den Worten, die ausgetauscht werden. Lernen Sie, ein angenehmes Maß an Blickkontakt zu halten. Ist kein Blickkontakt vorhanden, wirken Sie möglicherweise desinteressiert. Zu viel Blickkontakt hingegen ist vielen Menschen eher unangenehm. Ein mittleres Maß jedoch symbolisiert Interesse und zeigt Ihrem Gegenüber, dass Sie nun aufmerksam sind. Dies können Sie außerdem durch nonverbale Signale unterstreichen: Nicken, Gestik oder eine offene Körperhaltung zum Beispiel. Ebenso hilfreich ist es, die Körpersignale des Senders zu beobachten, um weitere wertvolle Informationen über dessen Stimmungslage und aktuellen Zustand zu erfahren.

4. **Offene Fragen**: Es gibt viele Menschen, für die es nicht selbstverständlich ist, den Raum zu haben, dass ihnen einfach wertungsfrei zugehört wird. Aktives Zuhören ist ein Geschenk! Personen, denen es schwerfällt, über sich selbst zu sprechen, haben möglicherweise Probleme, sich den Raum wirklich zu nehmen, den Sie ihnen durch Ihre Präsenz schenken. Bei diesen Personen kann es passieren, dass Fragen, die sich einfach mit einem „Ja" oder „Nein" beantworten lassen, auch auf diese Art beantwortet werden und das Gespräch dann schnell im Sande verläuft. Suggestivfragen, die implizit eine bestimmte Meinung nahelegen („Glaubst du nicht auch, dass [...]?", „Du bist doch sicher auch der Meinung?") sind ebenso wenig geeignet. Diese Fragen führen zu einer indirekten Beeinflussung und sorgen bei manchen Menschen dazu, dass es ihnen schwerfällt, zu widersprechen. Ideal sind daher offene Fragen. Diese ermutigen den Sprecher dazu, frei zu kommunizieren, was ihm durch den Kopf geht und seine Gedanken ausführlicher zu erklären. Hier ein paar Beispiele für offene Fragen:
„Wie hast du dich in der Situation gefühlt?"
„Wie geht es dir damit?"
„Was motiviert dich?"
„Wie würdest du diese Sache angehen?"
„Kannst du mir mehr darüber erzählen?"

5. **Zusammenfassen:** Üben Sie, das Gesagte Ihres Gegenübers in eigenen Worten zusammenzufassen. Auf diese Weise stellen Sie zum einen sicher, dass Sie den Inhalt wirklich richtig verstanden haben. Zum anderen fühlt sich der Sprecher auf diese Weise verstanden und spürt Ihre Motivation, wirklich zuzuhören. Sie könnten Fragen stellen, wie:
„Meinst du das so, dass ...?"
„Habe ich dich richtig verstanden, du findest, dass ...?"

6. **Geben Sie dem Gespräch Zeit:** Oft fühlen wir in Gesprächen den Drang, sofort zu antworten oder einen klugen Kommentar zu machen. Dies nimmt Ihrem Gegenüber jedoch die Möglichkeit, wirklich in sein oder Ihr Thema einzutauchen. Die tiefsten und besten Gespräche brauchen Zeit. Lernen Sie, sich zurückzuhalten und auch Momente der Stille auszuhalten. Geben Sie dem Sprecher Raum, um nachzudenken. Vermeiden Sie es, das Gespräch zu dominieren und dadurch in eine bestimmte Richtung zu lenken.

Das aktive Zuhören ist eine wertvolle Fähigkeit in zwischenmenschlicher Kommunikation. Wenn Sie diese Fähigkeit verbessern möchten, macht es Sinn, regelmäßig zu üben. Nutzen Sie sämtliche Situationen, die sich Ihnen bieten – egal ob mit Freunden, Familienmitgliedern oder auf der Arbeit. Versuchen Sie dabei aber auch, geduldig mit sich selbst zu sein. Eine neue Fähigkeit zu lernen, braucht meist Zeit und Übung. Nicht immer klappt es auf Anhieb und auch das ist in Ordnung – niemand ist perfekt. Die Menschen in Ihrem Umfeld werden dennoch spüren, dass sich Ihre innere Haltung verändert, sodass sich Ihre Beziehungen Schritt für Schritt immer tiefer, vertrauensvoller und wertschätzender entwickeln werden.

Sinnvolle und S-M-A-R-T-E Ziele setzen

Wenn Sie sich an das Einführungskapitel erinnern, dann wissen Sie sicherlich noch, dass sich die Kognitive Verhaltenstherapie unter anderem durch eine stetige konkrete Zielsetzung auszeichnet. In der KVT wollen wir nicht nur verstehen, warum wir bestimmte Probleme haben, wir wollen insbesondere daran arbeiten, diese Probleme zu überwinden und unsere Verhaltensweisen zu verändern.

In der Psychologie gibt es zwei grundlegende Motivationsorientierungen, die bestimmen, warum Menschen sich in Bewegung setzen:

1. Um sich von etwas wegzubewegen
2. Um sich auf etwas zuzubewegen

Die erste Strategie bezieht sich auf die Motivation, eine unangenehme Situation oder ein Gefühl zu vermeiden. Menschen mit dieser Orientierung sind bestrebt, sich von negativen Konsequenzen, Bedrohungen oder Unannehmlichkeiten zu distanzieren. Sie handeln, um sich vor Schaden zu schützen. Ein Beispiel wäre Peter, der überwiegend für die Universität lernt, um nicht „zu versagen" und sich selbst minderwertig zu fühlen.

Die zweite Strategie hingegen bezieht sich auf die Motivation, ein bestimmtes Ziel zu erreichen, welches man als erstrebenswert betrachtet. Hier geht es vor allem darum, positive und angenehme Emotionen zu spüren und schöne Erfahrungen zu machen. Menschen mit dieser Orientierung handeln, um sich persönlich zu verbessern. Ein Beispiel hierfür wäre es, wenn Peter sich bewusst machen würde, was er alles mit seinem Studienabschluss anfangen könnte. Würde er feststellen, dass der Abschluss ihm die Tür zu seinem Traumjob öffnen könnte, erhielte er eine positive Motivation.

Die meisten Menschen kennen beide Arten der Motivation, haben jedoch eine Tendenz zur einen oder anderen Seite. Man kann nicht grundsätzlich sagen, dass eine der beiden Strategien besser und die andere schlechter ist. Vielmehr kommt es bei der Bewertung immer auf die konkrete Situation an. Allerdings ist es bei vielen Personen, insbesondere wenn sie gerade in einer psychischen Krise sind oder unter einer psychischen Erkrankung leiden, so, dass die „Von-etwas-weg-Motivation" überwiegt. Dies führt dazu, dass sie Veränderungen vermeiden, Chancen nicht ergreifen und nicht ihr volles Potenzial ausschöpfen. Die Motivation, positive Ergebnisse und Belohnungen zu erreichen, kann Menschen hingegen dazu ermutigen, ihre Ziele zu verfolgen, sich persönlich weiterzuentwickeln und nach Erfolg zu streben. Es kann zu einem positiven Selbstwertgefühl und einem Gefühl der Erfüllung führen. Aus diesem Grund ist es auch in der Verhaltenstherapie oft ein wichtiger Schritt, sich realistische und erstrebenswerte Ziele zu setzen und anschließend zu planen, was es braucht, diese Ziele zu erreichen. Damit Ziele langfristig umsetzbar sind, sollten sie möglichst präzise formuliert sein und sich leicht im Blick behalten lassen. Um Ziele sinnvoll zu planen, gibt es in der KVT die SMART-Regel.

Jeder Mensch, der sich in Therapie begibt, hat Wünsche und Vorstellungen: Er möchte sich selbst oder etwas in seinem Leben verändern. Oft sind diese Ziele unkonkret, zum Beispiel: „die Depression besiegen", „zufriedener sein", „selbstbewusster werden" oder „weniger Ängste haben". Derartige Ziele können zwar motivieren, lassen sich aber schwer erreichen. Wann wissen Sie zum Beispiel, dass Sie Ihre Depression endgültig hinter sich gelassen haben? Woran erkennen Sie genau, dass Sie am Ziel angekommen sind? Und können Sie diesen Zustand zum jetzigen Zeitpunkt überhaupt visualisieren? Handelt es sich in der tiefsten Lebenskrise nicht auch um ein überforderndes Ziel? An dieser Stelle kommt das SMART-Prinzip zum Einsatz. Ziele, die mit dieser Regel formuliert worden sind, helfen dabei, Patienten zu motivieren und den Fokus immer wieder auf das zu richten, was sie erreichen wollen. Dies funktioniert besonders gut mit sogenannten Annäherungszielen, also Zielen, die aus der Motivation heraus formuliert werden, sich auf etwas zuzubewegen.

Die SMART-Technik zur Formulierung von Zielen ist mittlerweile nicht nur ein wertvolles Tool in der Verhaltenstherapie, sondern wird auch gern im Coaching oder in der Personalentwicklung verwendet. Jeder Buchstabe steht für ein Kriterium guter Zielsetzung:

- **S**: Spezifisch (Was genau möchten Sie erreichen? Je konkreter und präziser Sie Ihr Ziel formulieren, umso besser!)
- **M**: Messbar (Wann haben Sie das Ziel erreicht? Wie können Sie Ihren Fortschritt dorthin im Blick behalten?)
- **A**: Achievable = erreichbar (Ist es realistisch, dass Sie dieses Ziel in der gesteckten Zeit erreichen können? Möchten Sie das überhaupt? Ist das Ziel ausreichend motivierend, um sich dafür anzustrengen?)
- **R**: Realistisch (Können Sie es schaffen, das Ziel in der geplanten Zeit zu erreichen, wenn Sie sich bemühen?)
- **T**: Terminiert (Bis wann möchten Sie Ihr Ziel erreichen? Gibt es einen festen zeitlichen Rahmen?)

Ziele in der Psychotherapie funktionieren besonders gut, wenn sie sich auf ein konkretes Verhalten beziehen, das Sie verändern wollen. Hier zwei Beispiele:

Peter hat es sich zum Ziel gesetzt, entspannter zu werden und sich weniger Sorgen um die Universität zu machen. Ein Ziel, welches er nach der SMART-Regel formuliert hat, das ihm dabei hilft, könnte sein: „Fünfmal pro Woche, nachdem ich heimgekommen bin, setze ich mich für 15 Minuten zum Meditieren hin. Dies übe ich über einen Zeitraum von einem Monat, um auszuprobieren, ob es mir hilft."

Frieda hat beschlossen, dass sie gern wieder mehr unter Menschen wäre und sich selbstbewusster in sozialen Interaktionen fühlen möchte. Außerdem hat sie schon lange den guten Vorsatz, sich sportlich zu betätigen. Aus diesem Grund hat sie sich in einem kleinen und familiären Fitnessstudio in ihrem Wohnort angemeldet. Ihr SMARTes Ziel wäre: „Zweimal pro Woche werde ich nach der Arbeit für mindestens eine halbe Stunde trainieren. Dies mache ich über einen Zeitraum von einem Monat. Dann werde ich mein Ziel neu evaluieren. "

Personen, die unter einem Symptom oder einer psychischen Störung leiden, neigen dazu, vor allem Vermeidungsziele (von etwas weg) zu formulieren. Das ist auch nicht verwunderlich, wenn jemand seit Wochen, Monaten oder Jahren unter etwas leidet. Das Problem mit Vermeidungszielen ist jedoch, dass sie weniger motivierend sind. Wenn Sie also bemerken, dass Sie sich hauptsächlich wünschen, irgendetwas in ihrem Leben wäre weg, dann fragen Sie auch immer weiter: Was möchte ich stattdessen? Anschließend überlegen Sie sich, durch welches konkrete Verhalten Sie dieses Ziel erreichen könnten.

Beispiel: Ein Mitarbeiter leidet unter einer sozialen Phobie und immer, wenn er mit anderen Menschen in Kontakt kommt, beginnt er zu schwitzen und unsicher zu werden. Sein Ziel: Die Angst soll weg sein (Vermeidungsziel). Er fragt sich, was er stattdessen möchte, und formuliert nun ein Annäherungsziel: Ich möchte selbstbewusster werden und mich mit anderen Menschen wohlfühlen. Darauf aufbauend formuliert er ein SMARTes Ziel, das ihm dabei helfen kann: Ich werde mich in den nächsten drei Monaten jede Woche mindestens einmal mit einem Freund oder Bekannten verabreden, um nach der Arbeit gemeinsam etwas zu unternehmen. Darüber hinaus werde ich in diesem Zeitraum auch einmal pro Woche einen Kurs in Autogenem Training besuchen, um meine innere Anspannung zu reduzieren.

Im Rahmen einer Psychotherapie oder eines Coachings haben Sie den Vorteil, dass Sie mit Ihren Fortschritten nicht allein sind. Ihr Therapeut oder Coach wird Sie immer wieder daran erinnern, am Ball zu bleiben und Sie auf Ihre Fortschritte hinweisen. Üben Sie allein für sich, sollten Sie darauf achten, diese Dinge für sich selbst zu tun.

Erinnern Sie sich regelmäßig an Ihre Ziele. Planen Sie so, dass Sie sich feste Termine im Kalender freihalten. Schreiben Sie sich Ihre Termine auf und finden Sie Möglichkeiten, Ihre Ziele immer im Blick zu behalten. Das kann funktionieren, indem Sie sich Notizen in die Wohnung legen oder einen kleinen Gegenstand zur Erinnerung in Ihrer Hosentasche bei sich tragen. Manchen Menschen hilft es auch, sich mit Ihren Zielen jemandem anzuvertrauen und zum Beispiel Freunde einzuweihen, die in regelmäßigen Abständen nachfragen. Auch wichtig: Feiern Sie Ihre Fortschritte! Belohnen Sie sich selbst, wenn Sie Ihr Ziel erreicht haben. Größere Ziele können Sie in kleinere Etappen aufteilen und so überschaubare Zwischenziele formulieren. Sich selbst zu belohnen, schafft eine wirksame Form der Selbstkonditionierung – wenn Sie sich an das Operante Konditionieren aus der Einführung erinnern. Indem Sie sich selbst für ein erwünschtes Verhalten einen angenehmen Reiz setzen, werden Sie künftig motivierter sein, dieses Verhalten öfter zu zeigen.

Ein gesundes Selbstwertgefühl aufbauen

Kaum etwas beeinflusst unser psychisches Wohlbefinden so stark wie unser Selbstwertgefühl. Unter dem Konzept des Selbstwerts versteht man die innere Bewertung, die jemand von sich selbst hat. Es bezieht sich auf das Maß an Selbstakzeptanz, Selbstliebe und Selbstvertrauen, das eine Person sich in Bezug auf ihre eigenen Fähigkeiten, Eigenschaften und Wertvorstellungen entgegenbringt.

Ein starkes und gesundes Selbstwertgefühl führt dazu, dass man sich selbst respektieren und annehmen kann, so wie man ist. Es bedeutet, die eigenen Stärken und Schwächen realistisch einschätzen zu können und in die eigenen Fähigkeiten zu vertrauen. Selbstwertprobleme hingegen können das Wohlbefinden in vielerlei Hinsicht beeinträchtigen. Wer mit sich selbst sehr hart ins Gericht geht, also einen starken und unnachgiebigen „inneren Kritiker" aufweist, leidet meist auch unter einem Mangel an Motivation und Entscheidungsfreudigkeit. Kein Wunder, wenn man das Gefühl hat, ständig etwas falsch zu machen. Hinzu kommen auch Probleme im zwischenmenschlichen Bereich. Personen, die das Gefühl haben, weniger wert zu sein, sind vorsichtiger und scheuer in sozialen Kontakten und fühlen sich insgesamt schneller abgelehnt oder gekränkt. Berufliche oder schulische Leistungen leiden oft unter der Unsicherheit, da diese dazu führen kann, dass man sich selbst weniger zutraut oder aus Nervosität mehr Fehler macht.

Das Selbstwertgefühl ist etwas, was stark mit den Erfahrungen zusammenhängt, die wir in der Kindheit gemacht haben. Zu einem gewissen Grad ist es also relativ willkürlich: Wie sehr wir uns selbst vertrauen, wertschätzen und gut behandeln, hat viel mit dem Ausmaß der elterlichen Fürsorge und Unterstützung zu tun, die uns in jungen Jahren zuteilgeworden ist. Das Selbstwertgefühl hängt also keinesfalls zusammen mit dem *wirklichen Wert*, den ein Mensch hat. Diesen kann man auch kaum mit Worten bemessen oder auf einer Skala bestimmen – jeder Mensch ist unendlich viel wert, egal wie klug, schön, produktiv oder erfolgreich er ist. Jemand, der ein schwaches Selbstwertgefühl hat, hätte vermutlich ein völlig anderes Bild von sich, wenn seine Eltern anders mit ihm umgegangen wären.

Außerdem ist das Selbstwertgefühl kein statisches Merkmal – es verändert sich im Laufe des Lebens. Wer also nicht mit den besten Voraussetzungen für Selbstliebe und Selbstakzeptanz ins Leben gestartet ist, kann diese Dinge sehr wohl im Erwachsenenleben lernen. Durch gezielte innere Arbeit, Coaching und Therapie kann man diesbezüglich viel erreichen.

Jeder Mensch hat verschiedene innere Konzepte, an denen er seinen Selbstwert misst. Man kann diese grob in zwei Kategorien unterteilen: Beliebtheitskonzepte und Leistungskonzepte. Bei den meisten Personen findet man eine Mischung aus beiden.

Wer **Beliebtheitskonzepte** verfolgt, ist in seinem Selbstwert abhängig von anderen: Je nachdem, wie sehr er gemocht, wertgeschätzt und gelobt wird, schätzt er auch sich selbst als eher wertvoll oder wertlos ein. Dies kann jedoch zu Problemen führen: Diese Menschen versuchen, um ihr Selbstwertgefühl zu schützen, stets von anderen gemocht zu werden. Das kann begünstigen, dass man die eigenen Bedürfnisse unterordnet, die eigene Meinung nicht sagt und Wut eher herunterschluckt. Dies wiederum sorgt nicht unbedingt dafür, dass andere einen wirklich mehr mögen – immerhin sehen sie nur eine gut gelaunte Fassade. Das wahre Innenleben bleibt ihnen verborgen. Und der Preis, den man dafür zahlt, ist hoch. Wer seine eigenen Gefühle stets herunterschluckt, um anderen zu gefallen, opfert dafür die eigene Integrität.

Menschen, die **leistungsorientierte Konzepte** verfolgen, müssen stets bestimmte Leistungen erfüllen, um sich wertvoll zu fühlen. Makel und Imperfektion führen sofort dazu, dass der eigene Wert in ihren Augen absinkt. Den hohen Ansprüchen, die diese Menschen an sich selbst stellen, um ihren Selbstwert zu stabilisieren, wird oft mit übermäßig hohem Energieaufwand versucht, gerecht zu werden. Dies führt jedoch leider dazu, dass Genuss, Entspannung und Leichtigkeit zu kurz kommen. Besonders problematisch wird es, wenn die Ansprüche so hoch sind, dass sie eigentlich gar nicht erreichbar sind.

In beiden Fällen ist der Selbstwert an starre Konzepte geknüpft. Beim Versuch, den Selbstwert zu steigern, versucht man – nachvollziehbarerweise – nun in der Regel, diese Maßstäbe mit noch größerem Kraftaufwand zu erfüllen. Das Prinzip „viel hilft viel" trifft jedoch auf den Selbstwert nicht unbedingt zu. Wer erfolgreich, schön und beliebt sein muss, um sich wertvoll zu fühlen, wird sich nicht dauerhaft besser fühlen, wenn er erfolgreicher, schöner und beliebter wird. Das Gegenteil ist oft der Fall: Die Ansprüche werden immer höher und unerfüllbarer, bis man schließlich darunter zusammenbricht.

In der Kognitiven Verhaltenstherapie wird ein anderer Ansatz verfolgt. Hier versucht man, generell darauf zu verzichten, pauschale Werturteile abzugeben. In unseren Beispielen können Sie erkennen, dass der Selbstwert an relativ starre Bedingungen geknüpft wurde. Ich bin viel wert, wenn ich

- von anderen gemocht werde,
- viele Freunde habe,
- dem gängigen Schönheitsideal entspreche,
- xxxx Euro im Jahr verdiene,
- einen guten Job habe.

Doch handelt es sich bei diesen Eigenschaften wirklich um welche, die man in „besser" oder „schlechter" einteilen kann? Introvertierte Menschen fühlen sich beispielsweise meist mit einer Handvoll Freunde wohl, zu denen sie dafür tiefere und engere Bindungen aufbauen. Wie kann man in diesem Fall sagen, dass es pauschal besser wäre, mehr Freunde zu haben als weniger? Ebenso wenig kann man sagen, dass es „besser" sei, 50 Kilogramm zu wiegen als 60, 70 oder 80. Man kann das eigene Gewicht mit einem differenzierteren Blick bewerten. Für eine zierliche Frau, die 1,60 m groß ist, wäre es vermutlich gesünder, wenn sie 50 oder 60 statt 80 oder 90 Kilogramm wiegen würde. Für einen 1,90 m großen Mann sähe dies anders aus. Ein solches Urteil bezieht sich außerdem nur auf einen einzigen Lebensbereich (Sozialleben oder Gewicht) und erlaubt keinesfalls ein umfassendes Werturteil über die gesamte Person. Wenn die introvertierte Person das Gefühl hat, zu wenige Freunde zu haben und sich einsam fühlt, ist das möglicherweise ein Zeichen dafür, dass es gut wäre, in diesem Lebensbereich etwas zu verändern. Man kann jedoch nicht sagen, dass sich der Wert dieser Person ändern würde, wenn sie zufriedener mit ihrem Sozialleben sei.

Der Selbstwert bleibt zwar über einen längeren Zeitraum meist stabil – dennoch handelt es sich immer um eine Momentaufnahme. Je nachdem, in welchen Lebensumständen wir uns befinden und was wir gerade erlebt haben, passiert es, dass wir manchmal zufriedener und manchmal unzufriedener mit uns sind. Das Ziel, sich jeden Tag selbst zu lieben und hundertprozentig mit sich im Reinen zu sein, ist daher eines, welches wenig realistisch und in vielen Fällen überfordernd ist. Stattdessen geht es in der KVT darum, ein insgesamt differenzierteres Bild von sich selbst zu bekommen und auch die jeweiligen Umstände mit einzubeziehen. Das, was Ihnen heute an sich gefällt, mögen Sie möglicherweise morgen nicht mehr an sich. Eigenschaften, die Ihnen in manchen Lebensbereichen weiterhelfen, sind in anderen eher hinderlich. Außerdem gibt es eine ganze Reihe an Eigenschaften, die schlichtweg nicht veränderbar sind. Diese Eigenschaften gilt es, anzunehmen, zu akzeptieren und das Beste daraus zu machen. In der KVT werden Sie also lernen, sich nicht aufgrund einzelner isolierter Eigenschaften zu verurteilen oder abzuwerten, sondern vielmehr, sich in Ihrer Komplexität mit allen Stärken und Schwächen annehmen zu können.

Die vier Säulen des Selbstwerts

Friederike Potreck-Rose und Gitta Jacob haben ein Modell entwickelt, welches vier Bereiche aufzeigt, die das Selbstwertgefühl maßgeblich beeinflussen. Im Modell werden diese Bereiche auch als „vier Säulen" bezeichnet. Diese Bereiche sind bei jedem Menschen unterschiedlich stark oder schwach ausgeprägt. Sind einer oder mehrere der Bereiche besonders geschwächt, kann es zu Selbstwertproblemen kommen. Daher macht es Sinn, diese Säulen im eigenen Leben regelmäßig zu evaluieren und gegebenenfalls zu überprüfen, ob man Veränderungen vornehmen kann oder sollte.

Diese vier Bereiche tragen laut Potreck-Rose und Jacob zu einem starken Selbstwertgefühl bei:

1. Selbstakzeptanz: Die Wertschätzung und Achtung, die man sich selbst gegenüber empfindet. Selbstakzeptanz ist unbeeinflusst von Leistungen oder Erfolgen. Sie umfasst alle positiven und negativen Eigenschaften.
2. Selbstvertrauen: Die eigenen Fähigkeiten und Leistungen kennen und zum eigenen Nutzen einsetzen können. Selbstvertrauen bedeutet ebenso, die eigenen Grenzen zu kennen und zu akzeptieren.
3. Sozialkompetenz: Die Fähigkeit, mit anderen Menschen umgehen zu können. Sowohl Nähe und Distanz aushalten und regulieren zu können sowie herausfordernde soziale Situationen zu meistern.
4. Soziales Netzwerk: Eingebunden sein in wertschätzende soziale Beziehungen (wie eine stabile Partnerschaft oder starke Familienbande). Aber auch tiefe Freundschaften sind wichtig für das soziale Eingebundensein. Hierzu gehört die Fähigkeit, sich auf andere verlassen zu können sowie für andere da zu sein.

Nehmen Sie sich einen Augenblick Zeit, um sich diese vier Aspekte anzuschauen. Wie ist es um diese Bereiche in Ihrem Leben bestellt? Wenn Sie mit einem oder mehreren Bereichen unzufrieden sind: Fällt Ihnen etwas ein, was Sie machen können, um diese Säulen zu stärken?

Drei Techniken für ein besseres Selbstwertgefühl

Wie bei den meisten Techniken und Übungen aus diesem Buch gilt: Das Selbstwertgefühl verändert sich nicht über Nacht. Es wird Zeit und Aufmerksamkeit brauchen, um eine Entwicklung anzustoßen und beizubehalten. Die Arbeit an sich selbst ist niemals abgeschlossen – aber das macht das Leben auch interessant. Im Folgenden finden Sie drei Techniken, die Ihnen dabei helfen können, Ihr Selbstwertgefühl zu stärken.

Selbstfürsorge

Wenn Sie sich selbst schlecht behandeln, dann vermitteln Sie sich im Grunde immer wieder die Botschaft, dass Sie es nicht wert sind, dass es Ihnen gut geht. Kümmern Sie sich jedoch um sich selbst und um ihr körperliches sowie physisches Wohl, zeigen Sie sich selbst: Ich achte auf meine Bedürfnisse und mich. Selbstfürsorge im Alltag kann sich in vielerlei Hinsicht zeigen:

- regelmäßig Pausen einlegen und sich ausruhen,
- sich gesund ernähren und den Körper gut versorgen,
- ausreichend Bewegung,
- genug Schlaf,
- Grenzen setzen und auf die eigenen Belastungsgrenzen achten,
- sich Zeit nehmen für Hobbys und Aktivitäten, die einem Erfüllung bringen,
- soziale Kontakte pflegen,
- Zeit zum Nichtstun.

In Bezug auf das Vier-Säulen-Modell kann man sagen: Selbstfürsorge ist gelebte Selbstakzeptanz. Versuchen Sie daher, sich regelmäßig etwas Gutes zu tun und das zu einer Gewohnheit zu machen.

Der positive Tagesrückblick

Den meisten Menschen fallen auf Anhieb verschiedene Dinge ein, die am Tag nicht gut gelungen sind. Die Aufgaben, die man schlecht erledigt hat, die Freundin, die man nicht zurückgerufen hat oder der Augenblick, als man gestresst war und sein Kind zu forsch angefahren hat. Viele von uns haben einen strengen inneren Kritiker, der schnell dabei ist, sich in Selbstkritik zu üben. Dabei ist es jedoch wichtig, auch die positiven Aspekte nicht aus dem Blick zu verlieren. Hierbei hilft es bereits, den Fokus bewusst auch auf das zu lenken, was gut funktioniert hat. Nehmen Sie sich dafür jeden Abend fünf Minuten Zeit, um sich drei Dinge aufzuschreiben, die Sie gut gemacht haben. Diese Liste bewahren Sie auf und führen Sie sich an Tagen vor Augen, an denen Sie kein gutes Haar an sich lassen können.

Die Stärken in den Schwächen finden

Keine Eigenschaft, die wir haben, ist nur gut oder schlecht. Manche Eigenschaften und Fähigkeiten, die in einem bestimmten Umfeld hilfreich und wertvoll sind, sind andernorts störend oder nutzlos. Eine Person, die gerne zuhört und eher still ist, wird vermutlich weniger glänzen, wenn sie vor anderen eine Rede halten muss. Dafür kann ihre ruhige Art dazu führen, dass andere sich gut öffnen können und sich in der Gegenwart dieser Person wohlfühlen. Jemand, der sehr aktiv ist und nicht still sitzen kann, hat große Konzentrationsprobleme in einem Vollzeitjob am Schreibtisch. In einer Tätigkeit, in der er stets in Bewegung ist und andere motivieren und mitreißen kann, fühlt er sich jedoch pudelwohl. Vergessen Sie daher nicht, dass fast jede negative Eigenschaft auch eine andere Seite der Medaille hat. Wenn Sie sich unzufrieden mit sich selbst fühlen, dann schreiben Sie alle Dinge auf, die Ihnen gerade auf die Nerven gehen:

- Ich bin so unsicher, wenn ich auf der Arbeit etwas präsentieren muss.
- Ich bin ständig mit dem Kopf in den Wolken und schmiede Ideen, anstatt mich auf meine Arbeit zu konzentrieren.
- Ich halte mich nicht zurück, sondern platze einfach mit meiner Meinung heraus – mir fehlt einfach die Selbstkontrolle.

Danach überlegen Sie sich zu jedem Punkt, ob es nicht auch positive Aspekte gibt, die mit dieser Eigenschaft einhergehen:

- Ich präsentiere nicht gern, aber ich bin dafür eine gute Zuhörerin.
- Ich träume zwar viel, habe aber auch viele kreative Ideen und innovative Lösungen für Arbeitsprobleme.
- Ich sage meine Meinung, was auch bedeutet, dass andere immer wissen, woran sie bei mir sind.

Sie werden bald sehen – keine Eigenschaft ist schwarz-weiß. Jeder Mensch ist ein äußerst komplexes Wesen mit vielen Stärken und vielen Schwächen. Beides gehört zu uns dazu. Oft geht es vor allem darum, ein Lebensumfeld zu finden, in dem wir möglichst viele unserer Stärken einsetzen können.

Die Rolle kleiner Gewohnheiten

An sich selbst zu arbeiten und tiefgreifende Veränderungen herbeizuführen, ist eine Herausforderung und braucht seine Zeit. Manchmal scheint man auf diesem Weg gar nicht voranzukommen und bisweilen macht man sogar Rückschritte. All das gehört dazu. Jeder, der sich schon einmal eine schlechte Angewohnheit abgewöhnen wollte, kann ein Lied davon singen. Nicht umsonst verlaufen viele Neujahrsvorsätze im Sand. Auch wenn die Gewohnheiten und Handlungen, die man mithilfe einer Verhaltenstherapie verändern möchte, in der

Regel Leid verursachen, halten sie sich oft hartnäckig. Tatsächlich geht man davon aus, dass 8 von 10 guten Vorsätzen für das nächste Jahr nicht in die Tat umgesetzt werden können. Doch warum ist es so schwer, an den eigenen schlechten Angewohnheiten zu arbeiten und diese abzulegen? Dafür kann es verschiedene Gründe geben.

Grund Nummer 1: Sie versuchen, Ihr ganzes Leben auf einmal umzukrempeln

Sie möchten Ihre Angst besiegen, mehr mit Menschen unternehmen, Sport machen, öfter in die Natur gehen und haben sich vorgenommen, jeden Tag um 5 Uhr morgens aufzustehen und kalt zu duschen? All diese Dinge können sich positiv auf die mentale Gesundheit auswirken, keine Frage. Alles auf einmal zu verändern, wird jedoch für die meisten Menschen eine Überforderung darstellen. Ein altes Verhalten abzulegen und dafür etwas Neues zu lernen, kostet Anstrengung, Aufmerksamkeit und Fokus. Bis das neue Verhalten wirklich zur Gewohnheit geworden ist, müssen Sie immer wieder neu Kraft investieren, um sich in Bewegung zu setzen. Vor allem das Erlernen neuer Denkmuster erfordert Übung und Konzentration. Versuchen Sie also nicht, innerhalb einer Woche alles zu verändern, was Sie in Ihrem Leben stört. Nicht umsonst dauert eine Psychotherapie in der Regel mehrere Monate, manchmal Jahre. Nehmen Sie sich stattdessen lieber ein Ziel nach dem anderen vor – und seien Sie geduldig mit sich, wenn es manchmal mehrere Anläufe braucht.

Grund Nummer 2: Sie wollen es allein mit Disziplin schaffen

Man kann alles schaffen, wenn man es nur genug will? Man muss sich nur anstrengen, dann wird man auf jeden Fall zum Ziel kommen? Nein – Disziplin ist wichtig, um im Leben etwas zu verändern. Allein auf die Disziplin verlassen sollte man sich jedoch nicht. Stellen Sie sich vor, Sie hätten jeden Tag ein gewisses Kontingent an Selbstdisziplin. Bei den meisten Menschen umfasst dieses Kontingent etwa 15 Minuten. Wenn Sie sich nun beispielsweise vorgenommen haben, weniger Schokolade zu essen und auf Ihrem Küchentisch eine Tafel Ihrer Lieblingsschokolade liegt, dann verlieren Sie jedes Mal ein wenig Ihres Kontingents, wenn Sie daran vorbeigehen und sich dazu zwingen, nicht zuzugreifen. Irgendwann wird die Disziplin aufgebraucht sein und Sie werden sich über die Schokolade hermachen. Hinzu kommt, dass es im Leben der meisten Erwachsenen ohnehin alle möglichen Dinge gibt, die Disziplin erfordern: morgens früh aufstehen, um zur Arbeit zu fahren, die Steuererklärung machen, Rechnungen bezahlen, zum Sport gehen und allerlei andere Aufgaben. Je weiter der Tag vorangeschritten ist, umso weniger Disziplin ist noch vorhanden. Verlassen Sie sich also bei der Umsetzung Ihrer Pläne nicht darauf, dass Sie ausreichend Willenskraft aufbringen werden können.

Eine denkbare Lösung wäre es stattdessen, es sich so einfach wie möglich zu machen. Sie haben sich vorgenommen, morgens zum Sport zu gehen? Dann legen Sie sich bereits am Vortag alles bereit, was Sie dafür benötigen, sodass Sie möglichst wenig Aufwand haben. Sie möchten sich gesünder ernähren? Sorgen Sie dafür, dass Sie so viele gesunde Lebensmittel wie möglich im Haus haben. Sie wollen mehr mit Menschen unternehmen? Melden Sie sich in einem Verein an oder suchen Sie sich einen regelmäßigen Termin, sodass Sie sich nicht jede Woche neu verabreden müssen. Je weniger Schritte sich zwischen Ihnen und Ihrem erwünschten Verhalten befinden, desto weniger Energie braucht es, um sich in Bewegung zu setzen.

Grund Nummer 3: Sie stecken sich zu hohe Ziele

Erinnern Sie sich an die Aspekte, die ein SMARTes Ziel ausmachen. Einer davon ist, dass das Ziel realistisch sein sollte. Das bedeutet, dass es Sie im Alltag nicht überfordert, regelmäßig etwas für die Erreichung dieses Ziels zu tun. Die meisten Menschen neigen dazu, zu unterschätzen, wie weit man kommt, wenn man kleine Schritte geht. Wer sich überwiegend von Fast Food ernährt, wird es kaum schaffen, künftig nur noch selbst gekochte, frische Mahlzeiten zu sich zu nehmen. Wer nie Sport gemacht hat, wird nicht jeden Tag die Laufschuhe schnüren. Sich vorzunehmen, eine Mahlzeit pro Tag selbst zuzubereiten, ist hingegen deutlich realistischer. Statt einen Marathon zu laufen, ist es im Alltag vermutlich umsetzbarer, regelmäßig die Treppen statt den Aufzug zu nehmen. Diese kleinen Dinge klingen möglicherweise nicht weltverändernd. Sie schaffen jedoch einen Anfang, auf den Sie aufbauen können. Das Wichtigste beim Etablieren neuer Gewohnheiten ist es, regelmäßig etwas für sein Ziel zu tun – egal, wie klein der Schritt ist. Ist die Gewohnheit erst Teil Ihres Lebens geworden, wird es viel leichter sein, sie Stück für Stück auszubauen und zu erweitern.

5. Wie man einen Therapeuten findet und was man von der Therapie erwarten kann

Durch die Lektüre von psychologischen Ratgebern und die Anwendung verschiedener vorgestellter Übungen gelingt es vielen Menschen, ihr Wohlbefinden zu verbessern. Vielleicht haben Sie einige der beschriebenen Übungen ausprobiert und daraus bereits einen Nutzen gezogen. Möglicherweise sind Sie schon an einen Punkt gelangt, an dem es Ihnen deutlich besser geht und Sie sich selbst gut helfen können. Umso besser! Herzlichen Glückwunsch. Vielleicht haben Sie aber auch festgestellt, dass Sie ohne professionelle Hilfe nicht weiterkommen, dass Sie feststecken oder nicht so recht wissen, was die nächsten Schritte sein könnten. Möglich ist auch, dass Sie sich schlichtweg wünschen, jemanden an Ihrer Seite zu haben, der Sie auf Ihrem Weg begleitet. Es gibt viele gute Gründe dafür, eine Psychotherapie zu beginnen. Nicht immer schafft man es allein, sich aus dem Sumpf zu ziehen und der „eigene Therapeut" zu sein. Viele Patienten berichten außerdem, dass sie mit professioneller Hilfe deutlich schnellere und nachhaltige Fortschritte gemacht haben als in der Zeit, in der sie es allein versucht haben. Doch wie gelingt es, den passenden Therapeuten zu finden? Was gibt es auf der Suche zu beachten? In welchen Fällen bezahlt die Krankenkasse eine Behandlung? Geht Psychotherapie immer mit der Einnahme von Medikamenten einher? All das werden Sie im folgenden Kapitel erfahren.

Wer darf psychische Störungen behandeln?

Mittlerweile gibt es eine Vielzahl an Berufsgruppen, die sich mit mentalen Problemen beschäftigen und – mehr oder weniger wirksam – Betroffenen dabei helfen, ihre Lebensqualität zu verbessern. So findet man vor allem in den sozialen Medien eine Vielzahl an Coaches, Beratern und Heilern. Dabei gibt es zu beachten, dass diese Berufsbezeichnungen in Deutschland nicht geschützt sind. Das bedeutet, dass sich jeder beispielsweise „Coach" nennen darf – unabhängig von Fähigkeiten und Qualifikationen. Das bedeutet nicht, dass diese Personen pauschal keine hilfreichen Angebote machen würden oder nicht kompetent sind. Informieren Sie sich jedoch vorab besser über die konkreten Qualifikationen und hören Sie auf Ihre Intuition, bevor Sie eine derartige Behandlung beginnen. Coaches und Berater können mit vielen Lebensthemen weiterhelfen – psychische Störungen dürfen sie jedoch nicht behandeln. Dies ist in Deutschland nur einer ausgewählten Gruppe an Berufen erlaubt. Diese beinhaltet psychologische Psychotherapeuten, Psychiater und psychotherapeutische Heilpraktiker.

Psychologische Psychotherapeuten haben ursprünglich Psychologie studiert und anschließend eine Weiterbildung in einem (oder mehreren) psychotherapeutischen Verfahren absolviert. Sind sie approbiert, dürfen sie über die gesetzlichen Krankenkassen abrechnen. Psychologische Psychotherapeuten bieten Psychotherapie an, verschreiben jedoch keine Medikamente.

Psychiater haben ein Medizinstudium absolviert und zusätzlich eine fachärztliche Weiterbildung angehängt. Sie tragen häufig auch den Titel *Neurologe* und dürfen Psychopharmaka, also Medikamente zur Behandlung psychischer Störungen, verschreiben. Eine Gesprächstherapie führen sie allerdings nicht durch, es sei denn, sie haben sich auch psychotherapeutisch weiterqualifiziert. In diesem Fall bezeichnet man sie auch als **ärztliche Psychotherapeuten**.

Heilpraktiker für Psychotherapie haben eine deutlich kürzere Grundausbildung durchlaufen, die meist ein halbes bis ein Jahr dauert und mit einer Prüfung vor dem Gesundheitsamt abgeschlossen wird. Mit Erlangen der „Heilerlaubnis" können sie sich in psychotherapeutischen Verfahren ausbilden lassen und anschließend auch Patienten behandeln. Psychotherapeutische Heilpraktiker dürfen keine Medikamente verschreiben und rechnen auch in der Regel nicht über die gesetzliche Krankenversicherung ab (hier gibt es jedoch wenige Ausnahmen).

Die Kognitive Verhaltenstherapie darf theoretisch jeder Angehörige dieser drei Berufsgruppen anbieten, der in diesem Verfahren ausgebildet worden ist.

Welcher Therapeut passt zu mir?

Bevor Sie sich auf die Suche nach einem passenden Therapieplatz begeben, gilt es, zu entscheiden, welche Art der Therapie Sie machen möchten. Die Kognitive Verhaltenstherapie ist bei einer Vielzahl an psychischen Störungen und Problemen gut erprobt. Wenn Sie jedoch eher die tiefgreifenden Zusammenhänge verstehen möchten, die zu Ihren Problemen geführt haben oder es Ihr Ziel ist, die Vergangenheit aufzuarbeiten, dann passt möglicherweise eine tiefenpsychologisch fundierte Psychotherapie oder eine Psychoanalyse besser zu Ihnen. Bei Problemen innerhalb der Familie oder eines anderen sozialen Gefüges kann eine systemische Therapie indiziert sein. Die Verhaltenstherapie empfiehlt sich vor allem dann, wenn Sie proaktiv Ihre Probleme angehen und Ihre Denk- und Verhaltensweisen verändern wollen. Steht das Verfahren fest, gilt es, den passenden Therapeuten zu finden. Dies ist besonders wichtig, da die Beziehung zwischen Therapeut und Patient ein maßgeblicher Faktor für das Gelingen einer Psychotherapie ist. Neben der zwischenmenschlichen „Chemie" gibt es aber noch andere Aspekte, über die Sie sich vorher Gedanken machen sollten:

- Sprechen Sie lieber mit einer Frau oder einem Mann? In vielen Fällen ist es relativ unerheblich, welches Geschlecht Ihr Therapeut hat. Manche Menschen besprechen allerdings einige Themen, sexuelle Probleme zum Beispiel, lieber mit jemand Gleichgeschlechtlichem.
- Haben Sie ein besseres Gefühl bei einem älteren oder jüngeren Therapeuten? Auch dies wirkt sich nicht per se auf die Qualität der Therapie aus. Manche Patienten haben allerdings das Gefühl, eine Person in ihrem eigenen Alter würde ihre Situation besser nachvollziehen können (was nicht unbedingt der Fall sein muss).
- Wünschen Sie sich, dass Ihr Therapeut weitere Zusatzqualifikationen hat und beispielsweise auch in körperorientierten oder achtsamkeitsbasierten Verfahren ausgebildet ist?

- Ist der Therapeut möglicherweise auf die psychische Erkrankung spezialisiert, die Sie bei sich vermuten oder die Ihnen bereits diagnostiziert worden ist?

All diese Fragen können Ihnen vorab dabei helfen, zu reflektieren, was für Bedürfnisse und Ziele Sie bezüglich des passenden Therapeuten haben. Noch wichtiger ist jedoch, auf das eigene Gefühl zu vertrauen. Sie sollten sich bei einem Therapeuten gut aufgehoben fühlen, sodass ein vertrauensvolles Verhältnis entstehen kann. Ob dies der Fall ist, lässt sich oft bereits früh in der Therapie beurteilen. Zu genau diesem Zweck sind die fünf probatorischen Sitzungen gedacht, die Sie vor Beginn einer jeden Therapie in Anspruch nehmen können.

Medikamente

Psychopharmaka, also Medikamente, die für die Behandlung von psychischen Erkrankungen eingesetzt werden, spielen heutzutage eine kaum wegzudenkende Rolle in der Therapie. Die meisten Medikamente wirken auf bestimmte Botenstoffe im Gehirn und verändern auf diese Weise die psychische Verfassung. Sie sind in der Lage, bei Depressionen und Ängsten zu helfen, ebenso manische oder wahnhafte Episoden bei Menschen mit bipolaren Störungen oder Schizophrenie zu verhindern. Vor allem bei der Behandlung schwerer depressiver Episoden sind Psychopharmaka oft nötig, um überhaupt eine Gesprächstherapie möglich zu machen. Wie jedes andere Medikament haben Psychopharmaka jedoch auch Nebenwirkungen, weswegen viele Menschen lieber darauf verzichten. Die Angst, unter Einfluss der Medikamente zu einer völlig anderen Person zu werden, ist jedoch unbegründet. Die Stimmung kann sich zwar stabilisieren und verändern, die Persönlichkeit bleibt jedoch die gleiche. Dennoch ist es wichtig, dass Psychopharmaka nur in enger Absprache mit einem behandelnden Arzt eingenommen und deren Wirkung vor allem anfangs engmaschig überwacht wird. Hierbei gilt es stets, Nutzen und Risiken gut abzuwägen. Außerdem ist es so, dass Medikamente in Verbindung mit einer Psychotherapie in der Regel die besten Erfolge erzielen. Allein die medikamentöse Behandlung ist weniger erfolgversprechend als die Kombination aus Psychopharmaka und Psychotherapie. Ob es Sinn macht, Medikamente einzunehmen, ist immer eine individuelle Entscheidung, die vom Schweregrad der Störung, den Nebenwirkungen der Medikamente und individuellen Vorlieben abhängig ist.

Kostenerstattung durch die Krankenversicherung

Psychotherapeuten haben einen langen Ausbildungsweg und eine äußerst verantwortungsvolle Arbeit – da ist es nicht verwunderlich, dass eine Psychotherapie nicht ganz günstig ist. In der Regel kostet eine Einzelstunde zwischen 80 und 100 Euro. Wenn man bedenkt, dass eine Kognitive Verhaltenstherapie mehrere Monate, manchmal sogar Jahre dauert, kommt da so einiges an Kosten zusammen. Glücklicherweise ist es in vielen Fällen möglich, sich diese Kosten von der Krankenversicherung erstatten zu lassen.

Menschen, die privat versichert sind, sollten vorab in ihrer Versicherungspolice nachlesen, ob Psychotherapie eine Kassenleistung ist. Auf jeden Fall ist zu beachten, dass nur Therapien erstattungsfähig sind, die von einem approbierten Psychotherapeuten durchgeführt wurden, der also über einen Eintrag im Arztregister und eine Kassenzulassung verfügt. Letzteres gilt auch für die gesetzlichen Krankenkassen. Um die Therapie von der gesetzlichen Krankenkasse finanziert zu bekommen, ist außerdem eine weitere Bedingung nötig: Es muss eine psychische Störung mit behandlungsbedürftigem Krankheitswert vorliegen. Sind diese beiden Kriterien erfüllt, wird die Therapie in den meisten Fällen von der Kasse übernommen. Dabei gilt jedoch, dass in der Regel nur Einzel- und Gruppentherapie bezahlt werden. Paartherapie, Familientherapie oder Erziehungsberatungen sind davon ausgenommen.

Eine zusätzliche Hilfeleistung können sogenannte Digitale Gesundheitsanwendungen (DiGA) darstellen. Dabei handelt es sich um Apps und Programme, die bei der Förderung und Wiederherstellung der mentalen Gesundheit eingesetzt werden. Um diese Apps nutzen zu können, benötigen Sie eine ärztliche Verordnung, die schließlich bei Ihrer Krankenkasse eingereicht wird. Allerdings ist dabei zu beachten, dass Apps und Websites niemals eine Therapie ersetzen. Möglicherweise können sie allerdings dabei helfen, die lange Wartezeit auf einen Therapieplatz zu überbrücken.

Grenzen und Potenziale der Kognitiven Verhaltenstherapie

Die KVT hat eine Reihe von Vorteilen, die sie so wirksam machen. So zeichnet sie sich durch ein breites Anwendungsspektrum aus. Sowohl Menschen mit Depressionen als auch solche, die von Angststörungen, Zwängen, Essstörungen, Suchterkrankungen oder posttraumatischen Belastungsstörungen (PTBS) betroffen sind, können von der KVT profitieren. Außerdem handelt es sich um eines der am besten erforschten Verfahren überhaupt: Ihre Wirksamkeit wurde durch zahlreiche klinische Studien und Metaanalysen umfassend belegt. Es gibt wissenschaftliche Beweise dafür, dass KVT bei vielen psychischen Problemen effektiv ist. Als Kurzzeittherapie kann sie außerdem, verglichen mit anderen therapeutischen Schulen, relativ schnell Besserung herbeiführen. Dadurch gelingt es Patienten, die gut mitarbeiten, meist in kurzer Zeit, signifikante Unterschiede in ihrem Leben zu erfahren. Dies liegt mitunter daran, dass sich die KVT nicht nur auf die Vergangenheit, sondern insbesondere auch auf aktuelle Belastungen und Probleme fokussiert. Durch die praktischen Werkzeuge, die dabei an die Hand gegeben werden, erleben Patienten ein Gefühl der Selbstwirksamkeit: Sie lernen, dass sie ihren Problemen nicht mehr hilflos ausgeliefert sind, sondern selbst etwas an ihrem Zustand verändern können. Zuletzt haben Studien gezeigt, dass die Vorteile der KVT auch nach dem Ende der Therapie anhalten. Die erlernten Bewältigungsstrategien können von den Patienten weiter angewendet werden, um auch in Zukunft mit Herausforderungen besser umzugehen.

Es ist jedoch wichtig zu beachten, dass nicht jeder gleich gut auf jede Therapieform reagiert. Jeder Mensch ist einzigartig, und die Wirksamkeit der KVT kann von Person zu Person variieren. Davon abgesehen hat die KVT, wie andere Verfahren auch, natürlich einige Grenzen. So ist es bei tieferliegenden Problemen oder Traumafolgestörungen manchmal nicht möglich, ohne Weiteres eine Veränderung des Denkens, Fühlens und Handelns herbeizuführen. In diesem Fall sind eher tiefenpsychologisch fundierte Verfahren oder konkrete Traumatherapien angebracht. Mitunter dauert die Therapie dann auch deutlich länger. Die Behandlung von Menschen mit akuten psychotischen Symptomen (wie Wahnvorstellungen oder Halluzinationen) ist zudem nicht möglich. Außerdem handelt es sich bei der KVT um eine sehr strukturierte Therapie, was sowohl Vor- als auch Nachteile mit sich bringt. Viele Patienten haben das Gefühl, in ihrem Alltag stets funktionieren zu müssen und Anforderungen zu erfüllen. Sie erlauben es sich kaum, krank zu sein oder „schlechte Gefühle" zu haben. Diese Grundsätze können den Behandlungserfolg verschlechtern. Um kompetent mit den eigenen Gefühlen umgehen zu können, ist es nicht nur wichtig, konkrete Handlungen zu verfolgen und Übungen zu machen. Es braucht auch den Raum, um die eigenen Gefühle wirklich zu fühlen und zu verarbeiten. Dieser Raum ist in der Verhaltenstherapie nicht immer ausreichend gegeben, da sie sehr auf das Tun fokussiert ist. Hier ist es mitunter auch die Aufgabe eines guten Therapeuten, dennoch einen Raum zu halten, in welchem sich Patienten selbst erfahren dürfen und angenommen fühlen.

Ich komme mit meinem Therapeuten nicht klar: Was tun?

Es kann passieren, dass Patient und Therapeut nicht optimal zusammenpassen. Immerhin sitzen sich keine zwei Maschinen, sondern zwei Menschen gegenüber. Teilweise gehört es zu einer Therapie dazu, dass es auch Phasen gibt, in denen man stagniert und nicht vom Fleck zu kommen scheint. Wenn Sie jedoch längerfristig das Gefühl haben, dass die Therapie bei Ihnen nicht anschlägt oder Sie Probleme mit Ihrem Therapeuten haben, dann ist es wichtig, zu handeln. Therapeuten können immerhin keine Gedanken lesen – umso wichtiger, dass man sich als Patient mit all den Fragen offen zeigen kann, die einen beschäftigen. Das gilt auch dann, wenn es ein Problem mit der Therapie selbst zu geben scheint. Der erste Schritt sollte daher sein, das Problem offen anzusprechen. Erzählen Sie Ihrem Therapeuten, wie Sie sich fühlen – auch wenn das bedeutet, Kritik zu äußern oder Unzufriedenheit anzusprechen. Versuchen Sie, zu erklären, warum Sie das Gefühl haben, dass möglicherweise die Chemie nicht stimmt oder die Therapie nicht anschlägt. Ein offenes Gespräch kann, wie in jeder Konfliktsituation, dazu beitragen, dass Missverständnisse ausgeräumt werden. Möglicherweise haben Sie auch unrealistische Erwartungen oder Vorstellungen von der Therapie, die Ihnen im Weg stehen. Vielleicht ist es auch möglich, gemeinsam eine neue Herangehensweise zu entwickeln, die sich als wirksamer erweist. Außerdem ist ein klärendes Gespräch hilfreich, um in Erfahrung zu bringen, worin genau Ihr Störgefühl besteht:

Liegt es daran, dass es menschlich schlichtweg nicht passt? In diesem Fall wäre es möglich, den Therapeuten zu wechseln.

Oder ist der Grund eher, dass Sie grundlegende Differenzen bezüglich der therapeutischen Philosophie oder Technik spüren? Dann ist vielleicht die KVT einfach weniger für Sie geeignet und Sie könnten von einer anderen Therapieform besser profitieren.

Es könnte auch sein, dass Sie grundsätzlich eine Person sind, der es sehr schwerfällt, Vertrauen zu fassen und sich anderen zu öffnen? Dieses Problem haben Sie in vielen zwischenmenschlichen Beziehungen und es zeigt sich nun auch in der Therapie? Umso besser, wenn es „auf den Tisch kommt", denn innerhalb der Therapie kann man gemeinsam daran arbeiten.

Zuletzt ist es natürlich auch nicht auszuschließen, dass Sie an einen Therapeuten geraten sind, der überfordert oder nicht ausreichend kompetent ist, um mit Ihnen zu arbeiten. Es gibt einige Anzeichen, die dafür sprechen, dass Sie besser wechseln sollten:

Sie fühlen sich nicht ernst genommen: Ein wichtiger Erfolgsfaktor einer gelingenden Therapie ist es, dass Sie für 50 Minuten die volle Aufmerksamkeit Ihres Therapeuten bekommen. Wirkt dieser ständig abgelenkt, scheint nicht richtig zuzuhören oder stellt die gleichen Fragen immer wieder? Ein Therapeut muss nicht jedes Problem selbst erfahren haben oder verstehen können – dennoch ist es wichtig, dass er sich Mühe gibt, den Patienten wirklich zu sehen und dessen Schwierigkeiten nachzuvollziehen.

Sie haben nicht die Möglichkeit, Kritik zu äußern oder Feedback zu geben: Jede zwischenmenschliche Beziehung birgt das Potenzial für Konflikte. Auch die therapeutische Beziehung ist davon nicht ausgenommen. Uneinig zu sein oder gar aneinanderzugeraten (sachlich!) ist nicht unbedingt ein Zeichen für eine schlechte Therapie. Es ist jedoch wichtig, dass Ihr Therapeut sich wohlwollend anhört, was Sie zu sagen haben – vor allem auch, wenn Sie Kritik äußern oder ein Feedback geben wollen. Beleidigt zu sein, Konflikte unter den Tisch zu kehren oder kleinzureden deutet hingegen auf Inkompetenz hin.

Monologe des Therapeuten: In der Therapie geht es um den Patienten. Natürlich ist es in Ordnung, wenn Therapeuten auch ab und zu eine persönliche Anekdote einstreuen oder etwas aus Ihrem persönlichen Leben erzählen. Das kann sie nahbarer machen und die therapeutische Beziehung stärken. Es sollte jedoch niemals so sein, dass der Therapeut selbst den Raum „dominiert", nur von sich erzählt oder gar seine eigenen psychischen Probleme auf Patienten abwälzt.

Autoritärer Therapiestil: Wenn Sie in Therapie gehen, dann gibt es zwischen Ihnen und Ihrem Therapeuten natürlich eine Art Gefälle: Sie machen sich sehr verletzlich und sind auf der Suche nach Hilfe. Dennoch ist eine Therapie, besonders eine KVT, immer auch eine Zusammenarbeit. Der Therapeut kann Ihnen Hinweise geben oder Übungen anleiten – sollte Ihnen jedoch niemals vorschreiben, was Sie zu tun haben oder wie Sie Ihr Leben führen sollten.

Unrealistische Versprechungen: Therapeuten dürfen niemals „Heilversprechen" geben. Natürlich können sie die Vermutung äußern, dass Sie von einer Therapie sehr profitieren und sich vermutlich besser fühlen würden. Das genaue Resultat kann jedoch niemand kennen und es wäre unprofessionell, zu versprechen, dass sich ein Problem innerhalb von fünf oder zehn Therapiestunden aufgelöst hätte. Es gibt keine Garantie. Wie erfolgreich eine Therapie ist, hängt von vielen verschiedenen Faktoren ab und kann nicht immer vorausgesagt werden.

Wenn Sie also spüren, dass Sie mit dem Therapeuten, den Sie ausgewählt haben, nicht klarkommen – selbst wenn die Probatorik bereits abgeschlossen ist – müssen Sie die Therapie nicht auf Biegen und Brechen durchziehen. Kommunizieren Sie Ihre Bedenken und schauen Sie, ob es möglich ist, eine gemeinsame Lösung zu finden. Es ist jedoch auch vollkommen in Ordnung, wenn Sie merken, dass eine Weiterführung der Therapie nicht sinnvoll ist. In diesem Fall ist ein Therapeutenwechsel möglich. Die bereits von der Krankenkasse bewilligten Therapiestunden können in diesem Fall von Ihrem neuen Therapeuten übernommen werden, sodass Sie die Therapie mit jemand anderem weiterführen können.

6. Fallbeispiele und Erfahrungsberichte

Um zu verdeutlichen, auf welche Weise und bei welchen Problemen eine Kognitive Verhaltenstherapie helfen kann, finden Sie an dieser Stelle drei Erfahrungsberichte. Dabei handelt es sich um Erfahrungen von echten Menschen, die sich im Internet, per E-Mail oder im persönlichen Gespräch zu ihren Therapieerfahrungen geäußert haben. Aus Gründen des Datenschutzes wurden ihre Namen geändert.

Martina, 29: „Mein Weg aus der Angst"

Vor drei Jahren hatte ich eine sehr schwierige Phase, als meinem damaligen Partner ein aggressiver Hirntumor diagnostiziert wurde. Ich machte mir sehr große Sorgen, verdrängte jedoch lange, wie ernst sein Zustand war. Stattdessen hatte ich das Gefühl, immer für gute Laune sorgen zu müssen. Ich stürzte mich in die Arbeit, versorgte uns beide, um die gemeinsame Wohnung zu bezahlen und begleitete meinen Partner zu seinen Behandlungen. Das ging ein paar Monate gut, bis ich plötzlich extreme Angstzustände bekommen habe. Wie aus dem Nichts begannen meine Hände zu zittern und zu schwitzen, mein Herz raste und ich fühlte mich komplett ausgelaugt und erschöpft. Noch dazu gab es kaum jemanden, dem ich mich anvertrauen konnte, da wir beide wenig Kontakt zu unseren Familien hatten und erst vor Kurzem in eine neue Stadt gezogen waren. Ich fühlte mich überfordert und einsam. Der Höhepunkt meiner Anspannung war, als mein Partner sich einer Gehirnoperation unterziehen musste, die riskant war. Glücklicherweise ging alles gut und er erholte sich auch schnell. Die Angst blieb jedoch: Ständig hatte ich das Gefühl, dass jeden Moment etwas Schreckliches passieren könnte. Immer wieder wurde mir vor Angst übel oder schwarz vor den Augen, sodass ich mich irgendwann kaum noch aus dem Haus traute. Als ich meiner Hausärztin davon erzählte, schrieb sie mich krank und empfahl mir eine Kognitive Verhaltenstherapie, um besser mit meinen Ängsten umgehen zu können. Nach einer Wartezeit von drei Monaten erhielt ich endlich einen Therapieplatz. Mittlerweile sehe ich meine Therapeutin einmal in der Woche.

Zu Beginn der Therapiestunden berichtete ich meiner Therapeutin oft, wie meine Woche gelaufen war und welche Schwierigkeiten und Herausforderungen es gegeben hatte. Manchmal besprachen wir auch, inwieweit ich mich mit den „Hausaufgaben" beschäftigt hatte, die ich zwischen den Sitzungen erledigen sollte. Ich hatte die Möglichkeit, mit ihr viel über die Situationen zu sprechen, die zur Entstehung meiner Angststörung geführt hatten: die Sorge um meinen Freund, die Isolation, die Überforderung auf der Arbeit und die fehlende soziale Unterstützung. Außerdem ermutigte sie mich dazu, Stück für Stück wieder mehr von den Dingen zu tun, die ich in meiner alten Heimat gern gemacht habe. Ich meldete mich wieder im Fitnessstudio an und begann, in einem Chor zu singen, um neue Menschen kennenzulernen. Am Anfang fielen mir diese Aktivitäten sehr schwer. Ich spürte jedoch schnell, dass ich mich nach Kontakten sehnte, sodass ich motiviert war, mich zu überwinden. Tag für Tag wurde es für mich wieder selbstverständlicher, mich im öffentlichen Raum zu bewegen. Manchmal vereinbarten wir auch, dass ich mich konkreten Situationen stellen sollte, die ich vorher vermieden habe. Stück für Stück arbeitete ich mich so ins Leben zurück.

Jetzt, gegen Ende der Therapie, fühle ich mich wieder mutiger und selbstbewusster. Die Erkrankung meines Partners und meine Angststörung haben sich für mich wie ein totaler Kontrollverlust angefühlt. Mittlerweile habe ich mein Leben aber wieder in der Hand: Ich habe begriffen, dass ich meiner Angst ins Auge blicken kann, anstatt mich vor ihr wegzuducken. Sie wird immer ein Teil von mir sein – beherrscht mich jedoch nicht.

Besonders hilfreich für den Erfolg meiner Therapie war, dass ich ein sehr gutes Verhältnis zu meiner Therapeutin aufbauen konnte. Ich erlebte sie stets als wertschätzend und wohlwollend. Sie nahm mich ernst und gab mir nie das Gefühl, dass meine Probleme nichtig oder unbegründet seien. Wenn ich aufgewühlt war, strahlte sie Ruhe aus. Die Therapie war für mich wie ein sicherer Hafen. Manchmal übten wir auch bestimmte Alltagssituationen in Form von Rollenspielen. Meine Therapeutin stellte meinen Freund oder meinen Arbeitgeber dar und ich sollte mir überlegen, was ich zu ihnen sagen würde.

Ebenso wichtig war es aber auch, dass ich mich von Anfang an auf die Therapie einlassen konnte. Ich habe aktiv mitgearbeitet und mich darum bemüht, die Übungen umzusetzen, die meine Therapeutin mir vorgeschlagen hat. Dadurch, dass ich schnell Verbesserungen sehen konnte, war ich motiviert, mich immer weiter zu fordern. Es gab auch Phasen, in denen ich mich mutlos und erschöpft gefühlt habe. Zwischendurch kann ich mich an Momente erinnern, in denen ich mir einfach nur gewünscht habe, dass meine Angst weg sein würde. Ich fand alles so schwierig und überfordernd, hatte keine Energie mehr. Doch auch diese Phasen gingen vorbei und irgendwie ging es immer weiter. Die Tiefphasen wurden immer weniger und es ging mir, Stück für Stück, immer besser. Jetzt, nach der Therapie, würde ich nicht sagen, dass ich der Mensch bin, der ich vorher war. Ich bin innerlich gewachsen.

Es ist nicht nur so, dass ich weniger Angst habe. Ich bin auch insgesamt durchsetzungsfähiger, mutiger und aktiver geworden. Ich habe verstanden, wie wichtig ein gutes soziales Netz für mein Wohlbefinden ist, weswegen ich meine neuen Freundschaften pflege und hege wie einen Schatz. Auf der Arbeit kann ich mich besser durchsetzen und öfter auch Grenzen setzen, wenn mir einmal wieder zu viel aufgehalst wird. Dadurch habe ich mehr Energie in meiner Freizeit und insgesamt mehr Lust, Dinge zu tun, die gut für mich sind. Die Therapie ist zwar fast zu Ende, doch ich bin sicher, dass ich viele Dinge, die ich gelernt habe, auch weiterhin in meinem Leben umsetzen kann. Mich mit unangenehmen oder angstauslösenden Dingen zu konfrontieren, ist für mich nicht mehr – wie das früher der Fall war – ein unüberwindbares Hindernis. Stattdessen nehme ich es immer öfter als Herausforderung an und schätze die Möglichkeit, zu wachsen.

Timo, 22: „Wieder Licht ins Dunkel bringen"

Ich war schon als Kind jemand, der viel nachgedacht hat. Ich war relativ in mich gekehrt, schüchtern und habe viel mit mir selbst ausgemacht. Wenn ich in der Schule Probleme hatte, habe ich diese selten mit meinen Eltern besprochen. Sicherlich lag das auch daran, dass ich oft den Eindruck hatte, dass sie mich als störend oder lästig empfanden, wenn ich Bedürfnisse zeigte oder um Hilfe fragte.

Als ich in die Pubertät kam, trennten sich meine Eltern und ich blieb mit meiner Mutter und meinem Bruder allein. Da meine Mutter viel arbeitete, um uns finanziell zu versorgen, kümmerte ich mich zu dieser Zeit um meinen kleinen

Bruder und den Haushalt. Anstatt wie meine Freunde um die Häuser zu ziehen, musste ich Verantwortung übernehmen und für die Familie da sein. Ich fühlte mich sehr unzufrieden, hatte Angst, etwas zu verpassen. Gleichzeitig hatte ich große Schuldgefühle, wenn ich etwas für mich tun wollte, da ich wusste, wie hart meine Mutter für uns arbeitete. Immer wieder gab es Phasen, in denen ich völlig antriebslos war und am liebsten im Bett geblieben wäre. Meine Schulnoten wurden schlechter und ich isolierte mich zunehmend von meinen Mitschülern, die meine Situation ohnehin nicht zu verstehen schienen.

Richtig schlimm wurde es jedoch, als ich zu Hause auszog, um mit meiner ersten Freundin zusammenzuleben. Ich war überfordert damit, mir eine Arbeit oder einen Studienplatz zu suchen, da ich einfach nicht wusste, was ich wollte. Nachts konnte ich nicht mehr schlafen, weil ich darüber nachgrübelte, wie ich mich entscheiden sollte. Außerdem hatte ich große Angst, zu versagen und einfach nicht gut genug für meine Freundin zu sein. Jeder Tag kam mir nur noch als eine riesige Überforderung vor, aus der ich keinen Ausweg zu finden schien. Ich wurde immer müder und hatte einfach keine Kraft mehr. Alles strengte mich unfassbar an. Als ich es kaum noch schaffte, aus dem Bett aufzustehen und mein Leben in Angriff zu nehmen, beschloss ich, mir professionelle Hilfe zu suchen.

Anfangs war ich ziemlich nervös und skeptisch, ob mir eine Therapie helfen könnte. Im Nachhinein finde ich, dass ich damit viel zu lange gewartet habe. Es war definitiv ein Schritt ins Ungewisse – in meinem Umfeld hatte noch nie jemand eine Therapie gemacht, zumindest nicht, dass ich davon wusste. Gleichzeitig fühlte ich mich von der Last meiner negativen Gedanken und Gefühle regelrecht erdrückt und konnte selbst keinen Ausweg finden. Nach einiger Überlegungszeit entschied ich mich für die Kognitive Verhaltenstherapie, da ich gelesen hatte, dass sich dieses Verfahren bei der Bewältigung von Depressionen bewährt hat. Ich begann, bei einigen Therapeuten in meiner Umgebung anzurufen und nach einem Termin zu fragen. Glücklicherweise ergab sich innerhalb weniger Tage etwas, sodass ich mich bald schon in der psychotherapeutischen Sprechstunde wiederfand.

Mein Therapeut stellte einige Fragen zu mir und meiner Krankheitsgeschichte. Obwohl ich normalerweise sehr ruhig bin und vor allem in der letzten Zeit wenig gesprochen hatte, prasselten die Wörter plötzlich nur so aus mir heraus. Es tat sehr gut, offen reden zu können, ohne verurteilt oder bewertet zu werden. In den ersten Therapiestunden fokussierten wir uns darauf, jene Denk- und Handlungsmuster zu identifizieren, die für mich problematisch waren. Hier ging es auch viel um meine Schuldgefühle und Selbstzweifel. Mir wurde mehr und mehr klar, wie mich meine eigenen Gedanken in diesem inneren Teufelskreis aus Scham, Schuld, Selbstvorwürfen und Selbstzweifeln gefangen hielten. Die KVT half mir dabei, meine eigenen negativen Denkmuster zu hinterfragen und neue, realistischere Perspektiven zu entwickeln. Ich fing an, immer häufiger Verständnis und Mitgefühl für mich aufzubringen, anstatt mich ständig selbst zu kritisieren.

Auch in Bezug auf meine Unsicherheit bezüglich der Arbeitssuche half mir die KVT weiter. Mein Therapeut ermutigte mich dazu, in kleinen Schritten, Stück für Stück daran zu arbeiten. Je mehr ich es schaffte, mich meinen Ängsten zu stellen, umso selbstbewusster fühlte ich mich. Oft spürte ich sogar Vorfreude und positive Aufregung in Bezug auf meine berufliche Zukunft. In dem Maße, in welchem die Versagensängste weniger wurden und ich das Problem anging, freute ich mich auf neue, spannende Wege, die ich würde beschreiten können. Ich besuchte öfter Messen und Events und nahm mir schließlich vor, mich zum nächsten Semester an der Uni einzuschreiben. Ich setzte mir wieder Ziele im Leben und begann damit, auf diese Ziele hinzuarbeiten. So fing ich zum Beispiel einen kleinen Nebenjob an, der mir eine sinnvolle Beschäftigung und etwas Geld einbrachte. Außerdem half mir die Arbeit, morgens besser aus dem Bett zu kommen, da ich wieder das Gefühl hatte, eine Aufgabe zu haben.

Die Kognitive Verhaltenstherapie war auch dafür gut, dass ich meine zwischenmenschlichen Beziehungen verbessern konnte. Indem ich meine negativen Denkmuster veränderte, konnte ich meine Kommunikation und mein Verhalten gegenüber anderen Menschen positiver gestalten. Ich begann damit, meiner Mutter gegenüber öfter Grenzen zu setzen und mein eigenes Leben zu leben. Gleichzeitig vertiefte sich die Beziehung zu meiner Freundin mehr, als ich es jemals gedacht hätte.

Meine Depression verschwand nicht vollständig, wurde aber viel erträglicher für mich. Heute weiß ich, was mir gut-tut, wenn ich merke, dass es mir wieder schlechter geht. Ich ziehe mich nicht mehr zurück, sondern versuche, offen zu kommunizieren, wie es mir geht. Da sich auch meine Freundin ein wenig mit meiner Erkrankung beschäftigt hat, kann auch sie meine Symptome besser einschätzen, was ich als sehr entlastend erlebe. Ich habe weniger das Gefühl, mich selbst immer „im Griff haben" zu müssen und meine Gefühle zu verdrängen. Stattdessen kann ich mich viel mehr öffnen und zulassen, dass ich auch schlechte Phasen habe. Ich habe gelernt, dass es normal ist, Höhen und Tiefen im Leben zu haben, und dass ich nicht immer perfekt sein muss.

Heute, da ich auf meine Zeit mit der Kognitiven Verhaltenstherapie zurückblicke, bin ich dankbar für die Unterstüt-zung und die Werkzeuge, die ich erhalten habe. Die Therapie hat mein Leben nachhaltig verändert und mir geholfen, ein erfüllteres und glücklicheres Leben zu führen. Wenn jemand mit Depressionen zu kämpfen hat, würde ich ihn ermutigen, professionelle Hilfe zu suchen und die Kognitive Verhaltenstherapie in Betracht zu ziehen. Es ist zwar keine magische Lösung, aber es kann der erste Schritt auf dem Weg zu einem Lichtblick in der Dunkelheit sein.

Maya, 17: „Wie ich meine Essstörung besiegte und wieder glücklich wurde"

Bereits mit 13 Jahren fühlte ich mich in meinem Körper unwohl. Ich konnte nie so richtig sagen, woran genau das lag. Ich kam jedoch sehr früh in die Pubertät und hatte bereits früher als die meisten meiner Klassenkameradinnen und Freundinnen einen sehr fraulichen Körper. Es war mir unangenehm, dass mir plötzlich erwachsene Männer auf der Straße hinterherschauten. Gleichzeitig kamen mir die anderen Mädchen in meinem Alter viel zierlicher und leichter vor. Ich beschloss daher, eine Diät zu machen. Vorher hatte ich eigentlich ein relativ gesundes Verhältnis zum Essen. Ich aß das, was mir schmeckte und hatte weder Über- noch Untergewicht. Mein Körper war immer stark und gesund.

Heute bin ich mir nicht sicher, an welchem Punkt das kippte. Ich erinnere mich jedoch daran, dass ich immer größere Angst davor hatte, Gewicht zuzulegen und ungesunde Lebensmittel zu essen. Ich schränkte mich immer weiter ein und machte jeden Tag Sport. Irgendwann erlaubte ich mir nur noch, einen Apfel pro Tag zu essen. Meine Eltern machten sich sehr große Sorgen, da ich auf diese Weise viel Gewicht verlor. Ich begann zu lügen und sagte beispielsweise, dass ich schon gegessen hatte oder nahm Essen mit in mein Zimmer und warf es schließlich heimlich weg. Irgendwann wog ich nur noch 35 Kilogramm, was dazu führte, dass ich in eine Klinik für Essgestörte kam. Da ich es dort schrecklich fand und unbedingt wieder zurück nach Hause wollte, nahm ich schnell wieder zu. Mein Körper konnte sich in der Klinik zwar erholen, die tieferliegenden Gründe für meine Essstörung verstand ich jedoch leider nicht. Wieder zu Hause wurde alles nur noch schlimmer.

Ich lernte, wie ich mich übergeben konnte und wurde schnell zu einer Expertin, dies an den unmöglichsten Orten zu tun. Bald war ich gefangen in einem Strudel aus Hungern, Fressen, Kotzen und übermäßigem Sport. Ich spürte, dass ich Hilfe brauchte und allein nicht weiterkam mit meinen Problemen. Wieder in die Klinik gehen wollte ich aber auf keinen Fall, sodass ich mich schließlich für eine Kognitive Verhaltenstherapie entschied. Die Therapie war meine letzte Hoffnung, um aus meinem selbstzerstörerischen Verhalten auszubrechen. Zum Glück war die Therapeutin, der ich bald gegenübersaß, sehr verständnisvoll. Ich fühlte mich sicher, ihr meine tiefsten Ängste und Geheimnisse anzuvertrauen und es tat gut, dass sie mich zu verstehen schien. So öffnete ich mich auch in Bezug auf meine unkontrollierten Fressattacken, die anschließenden Schuldgefühle und das unbändige Verlangen, alles wieder aus meinem Körper herauszubekommen.

Wir begannen damit, meine Essstörung näher zu betrachten und die dahinterliegenden Gedanken und Gefühle zu erkunden. Es wurde schnell klar, dass meine Essstörung ein Bewältigungsmechanismus für tieferliegende emotionale Probleme war: Konflikte in meiner Familie, eine Unsicherheit mit meinem Körper, die Angst davor, wirklich erwachsen zu werden. Ich hatte gelernt, meine Emotionen zu unterdrücken und meine Unsicherheiten mit Essen oder Hungern zu betäuben. Meine Therapeutin half mir dabei, diese Verbindung zu verstehen und gemeinsam versuchten wir, neue und gesündere Bewältigungsstrategien für schwierige Gefühle zu finden. So begann ich wieder damit, regelmäßig Sport zu treiben, jedoch nicht mit dem Ziel, abzunehmen. Stattdessen eignete ich mir das Mindset an, meinem Körper etwas Gutes zu tun und mich wieder wohler in meiner eigenen Haut zu fühlen. Ebenso lernte ich Autogenes Training, was mir sehr dabei half, hohe Anspannungszustände zu regulieren.

Mir wurde klar, dass ich außerdem Standards an mich stellte, die vollkommen unrealistisch waren. Es kam mir immer so vor, als müsste ich perfekt sein, um geliebt oder überhaupt gemocht zu werden. Erst im Rahmen der Therapie wurde mir klar, dass es so viele Eigenschaften an mir gibt, die mich liebenswert machen, die überhaupt nichts mit meinem Körpergewicht zu tun haben. Ich realisierte außerdem, wie stark ich in meinem Schönheitsideal von sozialen Medien und unrealistischen gesellschaftlichen Standards geprägt wurde. In diesem Zusammenhang meldete ich mich von Medien wie Instagram und Facebook ab, da ich spürte, dass es mir nicht guttat, mich ständig mit anderen zu vergleichen. Ich habe es geschafft, mein Selbstwertgefühl immer mehr von meinem äußeren Erscheinungsbild abzukoppeln und mich als ganze Person, mit allen Stärken und Schwächen, die ich habe, schätzen zu lernen.

Ebenso wie an meinen inneren Themen arbeiteten wir jedoch auch konkret an meinem gestörten Essverhalten. Dazu gehörte es, dass wir gemeinsam ausgewogene Mahlzeitenpläne entwickelten, an die ich mich an vielen Tagen halte. Diesbezüglich setze ich mir realistische Ziele, die dazu beitragen, meine Essanfälle zu reduzieren und meine Essensregulierung wiederzuerlangen. Natürlich gab es auch Rückfälle und Phasen, die für mich sehr schwierig waren. Insgesamt ermutigte meine Therapeutin mich jedoch immer wieder, dranzubleiben und auch Rückschläge als einen Teil des Prozesses zu sehen. Ich verurteile mich nicht mehr so sehr dafür, weil ich weiß, dass ich jeden Tag mein Bestes gebe.

Mittlerweile bin ich nicht mehr von meinem Essverhalten besessen. Die Essstörung ist natürlich im Hinterkopf noch da, aber sie beherrscht mich nicht mehr. Meine Gedanken kreisen nicht mehr nur ums Essen, sondern ich habe auch wieder Spaß an sozialen Aktivitäten. Endlich kann ich auch wieder meinem liebsten Hobby, dem Reiten, nachgehen – lange hatte ich körperlich keine Kraft dazu. Es gibt immer noch Nahrungsmittel, bei denen ich Angst habe, sie zu essen. Das betrifft hauptsächlich Süßigkeiten oder hochkalorische Lebensmittel. Dennoch überwinde ich mich immer mehr und beobachte an mir, dass es leichter wird, mich mit meinen Ängsten zu konfrontieren.

Heute kann ich sagen, dass die Kognitive Verhaltenstherapie einen bedeutenden Einfluss auf die Heilung meiner Essstörung hatte. Sie half mir, mich selbst besser zu verstehen und gesündere Wege zu finden, mit meinen Emotionen umzugehen. Ich bin sehr stolz auf mich, dass ich es geschafft habe, das Leben und das Essen wieder genießen zu können. Von meinem Perfektionszwang konnte ich mich größtenteils lösen. Stattdessen entscheide ich mich jeden Tag dafür, glücklicher zu sein und wohlwollender mit mir und meinem Körper umzugehen.

7. Abschluss

L iebe Leserin, lieber Leser,

Sie haben es geschafft! Sie haben sich durch die Geschichte und Theorie der Kognitiven Verhaltenstherapie gelesen, etwas über psychische Erkrankungen erfahren, praktische Übungen kennengelernt und hoffentlich den einen oder anderen Aha-Moment erlebt. Vielleicht haben Sie sich selbst und Ihre eigenen Probleme aus einer neuen Perspektive wahrnehmen und anders verstehen können als bisher. Sie haben einen Eindruck über die Grundlagen der KVT erhalten und können nun hoffentlich einschätzen, ob diese Art der Therapie für Sie selbst geeignet ist. Möglicherweise haben Sie sich sogar bereits in Ihrer Stadt nach Therapeuten umgeschaut oder zumindest darüber nachgedacht.

Leider ist es immer noch so, dass Menschen zögern, eine Psychotherapie zu beginnen. Sie fürchten sich davor, stigmatisiert zu werden oder glauben, andere würden sie künftig als „verrückt" oder „kaputt" ansehen. Manche trauen sich auch nicht, den ersten Schritt zu machen, weil sie die tief verwurzelte Angst in sich tragen, dass man ihnen ohnehin nicht helfen könne. Damit konfrontiert zu werden, erscheint dann als viel zu schmerzhaft und gefährlich. Diese Ängste sind verständlich – in vielen Fällen jedoch unbegründet. Natürlich wird es immer Personen geben, die damit nicht umgehen können, dass jemand eine psychische Erkrankung hat. Es stellt sich jedoch die Frage, ob man es zulassen will, dass die Meinung dieser Menschen schwerer wiegt als die Möglichkeit der eigenen Heilung.

Zum anderen gibt es tatsächlich Fälle, in denen sich eine Therapie sehr schwierig gestaltet oder gar misslingt. Dies kann verschiedene Gründe haben. Bestimmte psychische Erkrankungen sind schwerer zu behandeln als andere. Wenn man eine Krankheit oder ein Thema bereits sehr lange mit sich herumträgt, kann es zu einer Chronifizierung kommen. Manchmal stimmt auch einfach die Chemie zwischen Therapeut und Patient nicht. Alle diese Fälle sind jedoch keineswegs ein Grund, um keine Therapie zu beginnen! Oftmals kann ein Therapeutenwechsel oder ein Wechsel in ein anderes Therapieverfahren eine Lösung sein.

Darüber hinaus dauert die Bearbeitung psychischer Probleme manchmal seine Zeit. Ein Problem, das über Jahre oder Jahrzehnte bestanden hat, wird sich nicht innerhalb weniger Monate in Luft auflösen. Doch selbst bei psychischen Störungen, die als sehr schwer zu behandeln gelten – Persönlichkeitsstörungen oder Essstörungen zum Beispiel –, ist es möglich, eine Verbesserung der Lebensqualität zu erwirken. Sich mit den eigenen Themen und Problemen auseinanderzusetzen ist ein Weg – einer, auf dem man ab und zu eine Pause machen muss, um sich auszuruhen, von dem man bisweilen abkommt und der auch ein ganzes Leben dauern kann. Die Kognitive Verhaltenstherapie kann dabei eine wertvolle Ressource sein. Sie hilft insbesondere da weiter, wo man ins Handeln kommen, wo man seine Themen auf praktische und lebensnahe Weise angehen und das Leben zum Besseren wandeln möchte. Eines ist nämlich wichtig zu verstehen: Die KVT ist keine Therapieform, in der man „nur" redet. Vielmehr ist es für den Therapieerfolg wichtig, die Übungen, die man in der Therapie gelernt hat, auch wirklich anzuwenden und im Alltag zu praktizieren. Das gilt für die Zeit während der Therapie ebenso wie für die Zeit danach.

Dieses aktive „An-sich-Arbeiten" und immer wieder Ausprobieren neuer Verhaltensweisen sorgt dafür, dass sich die Inhalte der Therapie wirklich verfestigen. Wissen, das mit dem rationalen Verstand aufgenommen worden ist, reicht nicht aus, um langfristig eine Verbesserung herbeizuführen. Vielmehr geht es darum, mit dem ganzen Körper in Aktion zu treten und am Ball zu bleiben.

Dies hat einen weiteren Vorteil: Patienten, die bereits während der Therapie in Veränderungsprozesse kommen, erleben meist ein Gefühl der Selbstwirksamkeit. Sie fühlen sich ihren Problemen nicht hilflos ausgeliefert, sondern spüren, dass sie selbst etwas verändern können, wenn sie Aufmerksamkeit und Energie in ihre Prozesse geben. Auch das Ablösen und Verabschieden von dem Therapeuten nach abgeschlossener Behandlung fällt so leichter: Die Patienten fühlen sich nicht abhängig von ihren behandelnden Therapeuten oder kommen sich ohne deren Hilfe und Rat nicht verloren vor. KVT ist nicht gedacht als ständige Lebenshilfe. Stattdessen sollen Patienten das Handwerkszeug erhalten, sich selbst aktiv im Leben einzubringen, ebenso wie das Selbstvertrauen in die eigenen Fähigkeiten. So ist die KVT mehr als nur eine Therapiemethode, die in einer schwierigen Phase Hilfestellung leistet: Sie ist ein lebensverändernder Ansatz zur Förderung psychischer Gesundheit und Entwicklung.

Der Prozess, den Sie während einer Kognitiven Verhaltenstherapie durchlaufen, mag bisweilen herausfordernd, schwierig und beängstigend sein. Vergessen Sie jedoch nicht, dass die KVT Ihnen ermöglicht, sich selbst auf tiefgreifende Weise kennenzulernen und zu wachsen. Dieses Wachstum ist nicht immer einfach – dafür aber umso lohnender. Sie werden auf diesem Weg nicht nur Dinge über sich herausfinden, die Ihnen gefallen. Auch das gehört zum Prozess dazu: zu lernen, mit den Eigenschaften, die man an sich selbst ablehnt, in einen Frieden zu kommen. Wenn Sie die Werkzeuge der KVT in Ihren Alltag integrieren, werden Sie Schritt für Schritt ein erfüllteres Leben gestalten.

In diesem Sinne: Möge dieses Buch Ihnen nicht nur Wissen vermittelt haben, sondern auch die Inspiration und das Vertrauen, um die Veränderungen anzugehen, die Sie sich wünschen. Ihre Reise zu einem positiveren Denken, einem gesünderen Umgang mit Emotionen und einer gestärkten psychischen Gesundheit hat gerade begonnen. Ich wünsche Ihnen, dass sie von Freude, Erfolg, Veränderung, Selbsterkenntnis und auch in schwierigen Zeiten von einer großen Prise Leichtigkeit geprägt sein wird!

8. Glossar

<u>Achtsamkeit</u>: Form der mentalen Aufmerksamkeit, bewusste, nicht wertende Wahrnehmung des gegenwärtigen Moments. Es geht darum, den gegenwärtigen Augenblick mit voller Präsenz und Offenheit zu erleben, ohne sich von Gedanken über die Vergangenheit oder die Zukunft ablenken zu lassen.

<u>Alzheimer-Demenz</u>: neurodegenerative Erkrankung des Gehirns, die am häufigsten bei älteren Menschen auftritt. Sie ist die häufigste Form der Demenz und verursacht fortschreitende kognitive Beeinträchtigungen, hauptsächlich des Gedächtnisses, sowie Veränderungen im Verhalten und der Funktionsfähigkeit.

<u>Antipsychotika</u>: Klasse von Medikamenten, die hauptsächlich zur Behandlung von psychotischen Störungen eingesetzt werden, insbesondere von Schizophrenie. Antipsychotika wirken, indem sie die Wirkung von Neurotransmittern im Gehirn beeinflussen.

<u>Autogenes Training</u>: Entspannungsverfahren, welches mit Autosuggestionen arbeitet, um den gesamten Körper systematisch zu entspannen.

<u>Benzodiazepine</u>: Beruhigungsmittel, die helfen, Angstzustände zu reduzieren, Muskelverspannungen zu lösen, Schlaf zu fördern und Krampfanfälle zu kontrollieren. Haben ein hohes Suchtpotenzial.

<u>Coping-Strategien</u>: Verhaltensweisen, Denkmuster oder Handlungsstrategien, die Menschen anwenden, um mit belastenden oder stressigen Situationen umzugehen.

<u>Delirium tremens</u>: schwerwiegender und potenziell lebensbedrohlicher Zustand, der bei Menschen auftritt, die einen langen und intensiven Alkoholmissbrauch pflegen und plötzlich mit dem Trinken aufhören oder ihren Alkoholkonsum stark reduzieren, schwere Form des Alkoholentzugssyndroms.

<u>Depression</u>: weitverbreitete psychische Störung, die sich durch anhaltende und tiefe Gefühle von Traurigkeit, Niedergeschlagenheit, Hoffnungslosigkeit und Interessenverlust auszeichnet.

<u>Dopamin</u>: Neurotransmitter im Gehirn, der eine wichtige Rolle bei Prozessen der Belohnung und Motivation, Bewegungskontrolle, Kognition und Aufmerksamkeit sowie Emotionen spielt. Dopamin ist außerdem ein wichtiger Faktor bei der Entstehung von Suchterkrankungen, da viele suchterzeugende Substanzen das Dopamin-System im Gehirn aktivieren und damit eine starke Belohnungsreaktion auslösen können.

<u>DSM-V</u>: diagnostisches Klassifikationssystem für psychische Störungen, das von der American Psychiatric Association (APA) entwickelt wurde.

<u>Expositionstherapie</u>: spezifische Form der Verhaltenstherapie, die bei verschiedenen Angststörungen und traumabedingten Störungen eingesetzt wird. Ihr Ziel ist es, Menschen schrittweise und kontrolliert den Situationen oder Objekten auszusetzen, die ihre Angst oder ihre traumabedingten Reaktionen auslösen. Der Gedanke hinter dieser Therapieform ist, dass durch wiederholte und kontrollierte Exposition gegenüber den angstauslösenden Reizen eine Verringerung der Angstreaktion erreicht wird.

<u>Freies Assoziieren</u>: Technik, die in der von Sigmund Freud entwickelten Psychoanalyse eine wichtige Rolle spielt. Das Ziel dabei ist, alle Gedanken ungefiltert mitzuteilen, die in den Kopf kommen, um auf diese Weise einen Zugang zum Unbewussten zu erhalten.

<u>Generalisierte Angststörung</u>: psychische Störung, die durch anhaltende, übermäßige und unkontrollierbare Sorge und Angst gekennzeichnet ist, auch wenn keine offensichtliche Bedrohung besteht.

<u>Gruppentraining sozialer Kompetenzen (GSK)</u>: spezifische Therapieform der Verhaltenstherapie, die darauf abzielt, die sozialen Fähigkeiten und die soziale Kompetenz von Menschen zu verbessern, insbesondere wenn sie Schwierigkeiten im Umgang mit anderen haben.

<u>ICD-11</u>: weltweit anerkanntes Klassifikationssystem für medizinische Diagnosen, das von der Weltgesundheitsorganisation (WHO) entwickelt wurde.

<u>Klassische Psychoanalyse</u>: Therapieverfahren, das auf Sigmund Freud zurückgeht. Die Therapie wird dabei liegend auf einer Couch durchgeführt. Methoden sind freies Assoziieren und Traumdeutung.

<u>Klassisches Konditionieren</u>: Lerntheorie des Behaviorismus. Geht davon aus, dass Lebewesen bestimmte Reize miteinander verknüpfen und darauf konkrete Reaktionen zeigen. Das bekannteste Beispiel dafür ist der Pawlowsche Hund.

<u>Kognition</u>: Gesamtheit aller geistigen Prozesse, die mit dem Erwerb, der Verarbeitung und dem Verständnis von Informationen zusammenhängen. Es ist ein Begriff aus der Kognitionspsychologie, der das Denken, Wahrnehmen, Erinnern, Problemlösen, Lernen und andere mentale Aktivitäten umfasst.

<u>Kognitive Verzerrungen</u>: Denkfehler, die dazu beitragen, psychische Störungen entstehen zu lassen oder aufrechtzuerhalten. Konzept des US-amerikanischen Psychologen Aaron Beck, einem der Wegbereiter der Kognitiven Verhaltenstherapie. Beispiele: dichotomes Denken, Übergeneralisierung, Katastrophisierung.

<u>Kognitive Wende</u>: Paradigmenwechsel in der Psychologie, der in den 1950er- und 1960er-Jahren stattfand. Vorher dominierte eine behavioristische Perspektive, bei der hauptsächlich beobachtbares Verhalten im Vordergrund stand. Nach der kognitiven Wende spielten auch Prozesse wie Wahrnehmung, Gedanken, Aufmerksamkeit, Gedächtnis und Problemlösung eine Rolle in der Verhaltenstherapie.

<u>Korsakow-Syndrom</u>: neurologische Störung, die in der Regel aufgrund eines langfristigen und schweren Vitamin-B1-Mangels (Thiaminmangel) und einer damit verbundenen Schädigung des Gehirns auftritt. Das Korsakow-Syndrom ist eng mit dem Alkoholismus verbunden und tritt häufig bei chronischem Alkoholmissbrauch auf. Hauptmerkmale sind Gedächtnisstörungen und Konfabulationen (Erfinden oder Füllen von Gedächtnislücken mit erfundenen Informationen).

<u>Narzisstische Persönlichkeitsstörung</u>: psychische Störung, die durch ein lang anhaltendes Muster von übertriebener Selbstverliebtheit, einem überhöhten Bedürfnis nach Bewunderung und einem Mangel an Empathie für andere gekennzeichnet ist.

<u>Neurotransmitter</u>: chemische Botenstoffe, die eine wesentliche Rolle bei der Kommunikation zwischen Nervenzellen (Neuronen) im Nervensystem spielen. Sie übertragen Informationen und Signale von einer Nervenzelle zur nächsten oder von Nervenzellen zu Zielzellen (wie Muskelzellen oder Drüsen).

<u>Operantes Konditionieren</u>: Lerntheorie des Behaviorismus, die auf dem Klassischen Konditionieren aufbaut. Geht davon aus, dass ein Tier oder ein Mensch ein bestimmtes Verhalten häufiger zeigen wird, wenn er dafür belohnt und seltener zeigen wird, wenn er dafür bestraft wird.

<u>Panikstörung</u>: psychische Erkrankung, die durch wiederkehrende Panikattacken gekennzeichnet ist. Panikattacken sind plötzliche und intensive Episoden intensiver Angst oder Furcht, die von körperlichen und psychischen Symptomen begleitet werden.

<u>Phobie</u>: übermäßige und irrationale Angst vor einem bestimmten Objekt, einer bestimmten Situation oder einem bestimmten Ereignis.

<u>Probatorik</u>: Prozess der diagnostischen Abklärung und der ersten therapeutischen Sitzungen, Phase zu Beginn der Therapie, in der Therapeut und Klient zusammenarbeiten, um die passende Therapieform und -strategie zu ermitteln.

<u>Progressive Muskelrelaxation</u>: Entspannungsverfahren, bei dem alle Körperteile nacheinander angespannt und entspannt werden. Das Grundprinzip ist, dass ein Muskel besser entspannen kann, nachdem er für einen gewissen Zeitraum angespannt war.

<u>Psychoanalyse</u>: Psychologische Theorie und eine Form der Psychotherapie, die von Sigmund Freud entwickelt wurde. Die Psychoanalyse zielt darauf ab, unbewusste psychische Prozesse und Konflikte zu erkunden und zu verstehen, um psychische Probleme zu behandeln.

<u>Risiko- und Schutzfaktoren</u>: Faktoren, welche die Auftretenswahrscheinlichkeit von psychischen Erkrankungen erhöhen oder verringern können. Risikofaktoren sind Merkmale oder Umstände, die die Wahrscheinlichkeit erhöhen, dass eine Person ein bestimmtes Problem entwickelt (genetische Veranlagung, traumatische Ereignisse, ungünstige familiäre oder soziale Umstände, Missbrauch von Substanzen, chronischer Stress oder ein Mangel an sozialer Unterstützung). Schutzfaktoren hingegen sind Merkmale oder Ressourcen, welche das Risiko für das Auftreten eines Problems reduzieren oder abpuffern können (eine positive familiäre Unterstützung, gute soziale Beziehungen, ein gesundes Selbstwertgefühl, Bewältigungsstrategien, gute Bildungsmöglichkeiten, Zugang zu Gesundheitsdiensten oder eine stabile wirtschaftliche Situation).

<u>Selbstwirksamkeit</u>: Vertrauen in die eigenen Fähigkeiten, Aufgaben zu bewältigen, Ziele zu erreichen und Herausforderungen zu meistern. Das Konzept wurde maßgeblich von dem Psychologen Albert Bandura entwickelt. Es betont die Bedeutung des Selbstvertrauens für Motivation, Verhalten und die psychische Gesundheit einer Person.

<u>Serotonin</u>: Neurotransmitter im Gehirn, der eine Rolle bei der Stimmungsregulation, dem Schlaf-Wach-Rhythmus, Angst und Stress, Essverhalten und der Schmerzwahrnehmung spielt. Serotonin ist wichtig für die Aufrechterhaltung des seelischen Gleichgewichts. Bei Menschen, die unter Depressionen oder Angststörungen leiden, findet man oft einen disbalancierten Serotonin-Haushalt.

<u>Systematische Desensibilisierung</u>: Verfahren der Verhaltenstherapie zur Reduktion von Angst. Verbindet angstauslösende Situationen mit Entspannung, um neue, angstfreie Konditionierungen zu erzeugen.

<u>Systemische Therapie</u>: Form der Psychotherapie, bei der psychische Probleme nicht isoliert in Individuen, sondern im Kontext ihrer sozialen Beziehungen und Umwelt betrachtet werden.

<u>Tiefenpsychologisch fundierte Psychotherapie</u>: Form der Psychotherapie, die auf den Grundlagen der Tiefenpsychologie basiert. Sie wurde von Sigmund Freud und seinen Schülern entwickelt und hat sich in den folgenden Jahren weiterentwickelt. Die tiefenpsychologisch fundierte Psychotherapie ist eng mit der Psychoanalyse verbunden. Im Gegensatz zur klassischen Psychoanalyse, die oft eine längere und intensive Behandlung erfordert, ist die tiefenpsychologisch fundierte Psychotherapie in der Regel zeitlich begrenzter und fokussiert sich mehr auf aktuelle Probleme und Symptome.

<u>Toleranzentwicklung</u>: Anpassung des Körpers an die Wirkung einer bestimmten Substanz, wie beispielsweise bei Medikamenten. Es werden dann immer höhere Dosen der Substanz benötigt, um die gleiche Wirkung zu erzielen.

<u>Windigo-Psychose</u>: seltene kulturell gebundene psychotische Störung, die hauptsächlich bei einigen indigenen Völkern Nordamerikas beobachtet wurde. Die Windigo-Psychose wird als ein Zustand betrachtet, in dem eine Person glaubt, von einem Windigo (einem böswilligen Geistwesen) besessen zu sein oder Windigo-Eigenschaften zu haben.

9. Notrufnummern für akute Krisen

Deutschland

Rettungsdienst: 112

Telefonseelsorge: 0800 1110111

Opfernotruf: 01803 343434

Österreich

Rettungsdienst: 114

Ärztefunkdienst: 141

Telefonseelsorge: 142

Psychosozialer Notdienst: 310 87 80

Schweiz:

Notarzt-Auskunftsdienst: 1811

Sanitätsnotruf: 144

Die dargebotene Hand: 143 (Telefonseelsorge)

10. Quellen und weiterführende Literatur

Batr, A., Wassmann, R., & Buchkremer, G. (Hrsg.). (2013). Verhaltenstherapie: Grundlagen –Methoden – Anwendungsgebiete. Thieme.

Beck, J. S. (2013). Praxis der kognitiven Therapie. Beltz Psychologie Verlags Union.

Beck, J. S. (2013). Praxis der kognitiven Verhaltenstherapie: Mit Online-Materialien. Beltz.

Benker, O. (2021). Pocket Guide Psychopharmaka von A bis Z. Springer.

Brakemeier, E.-L., & Jakobi, F. (Hrsg.). (2017). Verhaltenstherapie in der Praxis. Beltz.

Branch, R., & Willson, R. (2023). Kognitive Verhaltenstherapie für Dummies. Wiley-VCH.

Branch, R., & Willson, R. (2023). Übungsbuch Kognitive Verhaltenstherapie für Dummies. Wiley-VCH.

Branden, N. (2019). Die 6 Säulen des Selbstwertgefühls. Erfolgreich und zufrieden durch ein starkes Selbst. Piper.

Brockert, S. (2000). Praxisführer Psychotherapie. Droemer-Knaur.

Deutsche Gesellschaft für Psychiatrie und Psychotherapie, Psychosomatik und Nervenheilkunde e.V. (2023). Basisdaten psychische Erkrankungen.

Dumpert, H.-D., & Schaller, R. (2017). Rollenspiel. Techniken der Verhaltenstherapie. Beltz.

Elliott, C. H., & Smith, L. L. (2012). Depressionen überwinden für Dummies. Wiley-VCH Verlag.

Elliott, C. H., & Smith, L. L. (2022). Angstfrei leben für Dummies. Wiley-VCH Verlag.

Freeman, A., & DeWolf, R. (2008). Die 10 dümmsten Fehler kluger Leute. Wie man klassischen Denkfallen entgeht. Piper.

Gillihan, S. J. (2021). Kognitive Verhaltenstherapie leicht gemacht: Strategien und Übungen zur Bewältigung von Depressionen, Ängsten, Panik und Sorgen. Junfermann.

Güroff, E. (2018). Das Training sozialer Kompetenzen (TSK) in der stationären Praxis. Klett-Cotta.

Hanning, S., & Chmielewski, F. (2019). Ganz viel Wert. Selbstwert aktiv aufbauen und festigen. Beltz.

Hautzinger, M. (2011). Kognitive Verhaltenstherapie: Behandlung psychischer Störungen im Erwachsenenalter. Mit Online-Materialien. Beltz.

Hautzinger, M. (2021). Kognitive Verhaltenstherapie bei Depressionen. Mit E-Book inside und Arbeitsmaterial. Beltz.

Hinsch, R., & Pfingsten, U. (2023). Gruppentraining sozialer Kompetenzen GSK. Beltz.

Hoffmann, N., & Hofmann, B. (2021). Wenn Zwänge das Leben einengen. Der Klassiker für Betroffene – Zwangsgedanken und Zwangshandlungen. Springer.

Hoyer, J., Beesdo-Baum, K., & Becker, E. S. (2016). Ratgeber Generalisierte Angststörung: Informationen für Betroffene und Angehörige. Hogrefe Verlag.

Kanfer, F. H., & Schmelzer, D. (2001). Wegweiser Verhaltenstherapie. Springer-Verlag.

Laux, G., & Dietmaier, O. (2018). Psychopharmaka: Ratgeber für Patienten und Angehörige. Springer.

Lazarus, A. A., & Lazarus, C. N. (2020). Der kleine Taschentherapeut. In 60 Sekunden wieder o. k. Klett-Kotta.

Lindenmeyer, J. (2022). Lieber schlau als blau. Entstehung und Behandlung von Alkohol- und Medikamentenabhängigkeit. Beltz Psychologie Verlags Union.

Möller, H.-J., Laux, G., & Deister, A. (2009). Psychiatrie und Psychotherapie. Thieme.

Potreck-Rose, F., & Jacob, G. (2007). Selbstzuwendung, Selbstakzeptanz, Selbstvertrauen. Psychotherapeutische Interventionen zum Aufbau von Selbstwertgefühl. Klett-Cotta.

Reddemann, L., & Wetzel, S. (2018). Der Weg entsteht unter deinen Füßen. Achtsamkeit und Mitgefühl in Übergängen und Lebenskrisen. Herder.

Ronen, T. (2000). Kognitive Verhaltenstherapie mit Kindern. Wege zur Selbstkontrolle bei Störungen der sozialen und emotionalen Entwicklung. Hans Huber.

Schug, S. (2022). Therapie-Tools Achtsamkeit. Beltz.

Siewert, A. M. (2015). Natürliche Psychopharmaka: Ganzheitliche Medizin für die Seele. GRÄFE UND UNZER Verlag.

Stangl, W. (2023). Stichwort: Katastrophisieren. Pädagogik - Lexikon der Psychologie. https://lexikon.stangl.eu/14091/katastrophisieren/

Stavemann, H. H. (2008). KVT-Praxis. Strategien und Leitfäden für die Kognitive Verhaltenstherapie. Beltz Psychologie Verlags Union.

Stavemann, H. H. (2023). Im Gefühlsdschungel. Emotionale Krisen verstehen und bewältigen. Beltz Psychologie Verlags Union.

Voß, B. (2020). Psychopharmaka und Drogen: Fakten und Mythen in Frage und Antwort. Kohlhammer.

Young, J. E., & Klosko, J. S. (2006). Sein Leben neu erfinden. Wie Sie Lebensfallen meistern. Junfermann.

DIALEKTISCH BEHAVIORALE THERAPIE

Soforthilfe für den Alltag

Effektive Techniken zur Selbstregulation von
Stress und Emotionen.

Inhaltsverzeichnis

1 Einleitung

Nahezu jeder Mensch kennt Phasen, in denen er nicht so recht weiß, wohin mit sich und seinen Gefühlen. Womöglich ist gerade eine solche Phase der Auslöser für Sie gewesen, dieses Buch in die Hand zu nehmen. Manchmal scheinen die eigenen Gefühle einen zu überwältigen – oder man kann gar nicht eindeutig sagen, wie es einem geht. Zur menschlichen Erfahrung gehört es dazu, sich manchmal innerlich aufgewühlt, gereizt oder überfordert zu fühlen. Befindet man sich aber in einem solchen Zustand, können einen selbst kleine Vorfälle auf die Palme bringen. Alles scheint zu entgleiten. Man hat den Eindruck, sich selbst nicht mehr im Griff zu haben. Halten derartige Stimmungsschwankungen länger an, kommt es dazu, dass man sich von Freunden und Familienmitgliedern isoliert. Man hat das Gefühl, sich selbst nicht mehr vertrauen zu können und sich unangemessen zu verhalten. Eventuell gehen damit auch Gefühle der Selbstablehnung sowie des Selbsthasses einher, ebenso wie der Wunsch, „doch einfach normal zu sein". Andere Menschen scheinen im Alltag mühelos zu funktionieren und ihr Leben zu leben – umso frustrierender, wenn es einem selbst nicht gelingen mag.

Personen, die unter der Borderline-Persönlichkeitsstörung (BPS) leiden, kennen diese Phasen oft im Extrem. Borderline ist unter anderem gekennzeichnet durch starke Impulsivität, ein instabiles Selbstbild, quälende Gefühle innerer Leere sowie häufig zudem suizidale Tendenzen. Dies macht den Umgang mit der Störung sowohl für Betroffene als auch für deren Angehörige und Therapeuten nicht einfach. Ursprünglich für Borderline-Betroffene hat die US-amerikanische Psychologin Marsha Linehan die Dialektisch-Behaviorale Therapie (DBT) entwickelt. Kernaspekte der Therapie umfassen das Erlernen von Emotionsregulation, Stresstoleranz und zwischenmenschlichen Fähigkeiten. Die DBT soll dabei helfen, Zustände hoher innerer Erregung auf eine gesunde Weise zu kanalisieren sowie dysfunktionale und selbstzerstörerische Verhaltensmuster abzubauen. Dabei spielt für Marsha Linehan, die selbst stark vom Zen-Buddhismus geprägt wurde, unter anderem Achtsamkeit eine zentrale Rolle. Ein wichtiger Aspekt der DBT ist es, zunächst zu lernen, das anzunehmen, was ist. So wird davon ausgegangen, dass jedes Verhalten und jede innere Dynamik einen Grund haben. Auch dysfunktionale Muster sind häufig als Schutzstrategien aufgrund schwieriger Lebensumstände entstanden. Im zweiten Schritt geht es darum, die Muster, die einem das Leben erschweren, konsequent zu verändern und alternative Handlungsweisen einzuüben. Dies geschieht sowohl in einzel- als auch in gruppentherapeutischen Settings.

Aber nicht nur Menschen, die unter Borderline leiden, profitieren von der DBT. Mittlerweile wird sie in der psychotherapeutischen Arbeit für die Behandlung einer Vielzahl an psychischen Problemen eingesetzt. Dazu zählen Posttraumatische Belastungsstörungen, Depressionen, Ängste, Essstörungen oder ADHS. Auch für Menschen, die unter leichteren psychischen Symptomen leiden, bietet die DBT eine Vielzahl hilfreicher Methoden und Tools für das alltägliche Leben.

In unserem Kulturkreis ist es keine Seltenheit, dass es Menschen schwerfällt, ihre Gefühle adäquat zu regulieren oder überhaupt zu benennen. Nicht immer liegt die Ursache dafür in schwerwiegenden Erfahrungen der Vernachlässigung oder des Missbrauchs. Viele von uns sind es gewohnt, in einem stressigen Arbeitsleben funktionieren sowie diverse Aufgaben unter einen Hut bekommen zu müssen. Gefühle haben dabei häufig keinen Platz. Vielleicht sind wir zudem in Familien aufgewachsen, in denen unsere Bezugspersonen in der Kindheit – oft aufgrund ihrer eigenen Geschichte – nicht angemessen auf unsere Bedürfnisse und Emotionen reagieren konnten. So passiert es bisweilen schon früh, dass Kinder ihre wahren Gefühle als falsch oder unangemessen einordnen und schlichtweg nie einen richtigen Umgang damit lernen. Außerdem geht man davon aus, dass bei der Entstehung psychischer Probleme auch biologische und genetische Komponenten eine Rolle spielen.

Niemand sucht sich seine psychische Verfassung, sein Temperament oder seine Gefühle aus, weshalb sich auch niemand für eine psychische Erkrankung schämen muss. Gleichzeitig ist es für unser Wohlbefinden wichtig, dass wir als erwachsene Personen lernen, Verantwortung für die eigenen Verhaltensweisen zu übernehmen. Jedoch ist es nie zu spät, an sich selbst zu arbeiten, zu wachsen und etwas zu verändern. Mit den richtigen Methoden ist es ebenfalls im Erwachsenenalter möglich, sich auf einen Entwicklungsweg hin zu einem freieren, selbstbestimmteren und glücklicheren Leben zu begeben.

Als eine Etappe dieses Weges soll dieses Buch verstanden werden. Was können Sie dafür in den folgenden Kapiteln erwarten?

- Einen Überblick über die Grundlagen der Dialektisch-Behavioralen Therapie (DBT), deren Entstehungshintergründe und das zugrunde liegende Menschenbild.
- Praktische Techniken und Tools, die Sie direkt selbst einüben und im täglichen Leben anwenden können.
- Ein besseres Verständnis für die DBT, sodass Sie einschätzen können, ob diese Therapieform und ihre Methoden für Sie geeignet sind.
- Anstöße dazu, eigene Verhaltensmuster zu reflektieren und zu verändern sowie dysfunktionale Verhaltensmuster bei sich zu erkennen und einzuordnen.
- Hilfestellung bei der Suche nach einem Therapieplatz sowie die Bereitstellung weiterer Ressourcen.

Das Buch ist so konzipiert, dass man es am besten von vorn nach hinten durchliest. Einige Informationen bauen aufeinander auf, sodass Sie nur so einen umfassenden Eindruck über die DBT erhalten. Es ist weniger empfehlenswert, sich allein die Tools und Übungen am Ende anzuschauen, ohne das entsprechende Grundlagenwissen zu besitzen, das in den ersten Kapiteln vermittelt wird. Dennoch ist es definitiv sinnvoll, die praktischen Hilfestellungen in Kapitel 5 als eine Art Übungsbuch zu verstehen. Womöglich möchten Sie, wenn Sie das Buch gelesen haben, an der jeweiligen Stelle ein Lesezeichen einfügen, um auch später etwas nachzuschlagen oder eine bestimmte Übung auszuprobieren. Grundsätzlich gilt: Achten Sie beim Lesen darauf, dass Sie gut für sich sorgen! Falls es Kapitel gibt, die bei Ihnen starke Gefühle oder Spannungen auslösen, dann nehmen Sie diese Empfindungen bitte ernst. Überspringen Sie im Zweifel einige Seiten, machen Sie eine Pause oder kochen

Sie sich einen Tee! Möge dieses Buch auch Ihnen wertvolle Erkenntnisse bringen, wohltuende Entwicklungen anstoßen und Ihnen so manches Aha-Erlebnis bescheren.

An manchen Stellen wurden zum besseren Verständnis Erfahrungsberichte eingefügt. Diese stammen teilweise von realen Personen, teilweise wurden sie so konstruiert, als würden sie von realen Personen stammen. Alle Namen wurden geändert, um die Anonymität und Privatsphäre derer zu wahren, die sich online oder im direkten Kontakt zu ihren Erfahrungen mit psychischen Erkrankungen und Psychotherapie geäußert haben.

Um Männer und Frauen gleichermaßen zu repräsentieren, wurde außerdem anstatt des generischen Maskulinums die männliche und weibliche Form (Patientinnen und Patienten, Ärzte und Ärztinnen) abwechselnd verwendet. Das erfolgte zugunsten der Lesbarkeit auf diese Weise. Selbstverständlich werden jederzeit alle Geschlechter gemeint und mitbedacht.

Achtung: Ein Ratgeber ersetzt keine Therapie
Die Psyche des Menschen ist komplex. Verständlicherweise ist es da nicht immer leicht, die eigenen Denk- und Verhaltensmuster zu verändern. Innere Strukturen, die seit Jahren und Jahrzehnten Bestand haben, lassen sich in der Regel nicht innerhalb weniger Tage oder Wochen verändern. Entwicklungsprozesse sind zwar überaus lohnend, häufig aber auch mühsam und anstrengend. Manchmal hat man das Gefühl, sich einen Schritt nach vorn zu bewegen und zwei Schritte zurück. Geduld, Selbstmitgefühl und eine wohlwollende Haltung sind gute Wegbegleiter.

Vor allem, wenn Sie das Gefühl haben, einfach nicht voranzukommen, oder wenn der Leidensdruck hoch ist, erweist es sich als sinnvoll, sich eine psychotherapeutische Begleitung zu suchen. Denn ein Buch kann zwar wertvolle Impulse geben, ersetzt jedoch niemals eine professionelle Psychotherapie. Hinzu kommt, dass ein wichtiger Aspekt der DBT die Arbeit in der Gruppe ist. Zwischenmenschliche Fähigkeiten lassen sich kaum allein trainieren. Sich gemeinsam in der Gruppe weiterzuentwickeln und im Austausch mit Menschen zu sein, die ähnliche Schwierigkeiten, Erfahrungen und Ziele haben, kann ein äußerst wertvolles und heilsames Erlebnis sein.

Deshalb möchte ich Sie dazu ermutigen, sich im Zweifelsfall an eine professionelle Fachperson zu wenden. Zu zweit oder in einer Gruppe gelingt vieles leichter, was im Alleingang nur schwer gelingen mag. Der Frage, wie man die passende Therapie findet, ist übrigens das gesamte Kapitel 8 dieses Buches gewidmet.

2 Grundlagen der Dialektisch-Behavioralen Therapie (DBT)

Die DBT existiert seit den 1980er-Jahren, als sie in den USA entwickelt wurde. Auch in Deutschland wird sie seit Mitte der 1990er-Jahre erfolgreich angewandt. Die US-amerikanische Psychologin Marsha Linehan, die Pionierin dieser therapeutischen Richtung, sah bei der Behandlung von Borderline-Patientinnen und -Patienten die dringende Notwendigkeit, einen neuen psychotherapeutischen Methodenkatalog zu entwickeln. In ihrem Werk „Dialektisch-Behaviorale Therapie der Borderline-Persönlichkeitsstörung" beschreibt sie detailliert ihre Herangehensweise. So berichtet sie, dass die Anzahl der Personen, die Symptome dieser Persönlichkeitsstörung zeigen – zumindest zum Zeitpunkt des Bucherscheinens in den 1990er-Jahren – stetig zunahm: Auf 11 Prozent der ambulant sowie 19 Prozent der stationär behandelten Patientinnen und Patienten träfe diese Diagnose zu. Gleichzeitig schienen ihr die Behandlungsmöglichkeiten, die zu diesem Zeitpunkt zur Verfügung standen, unzureichend zu sein. Fortschritte zeigten sich manchmal erst nach Jahren der Therapie. Hinzu kommt, dass bei diesem Störungsbild der Leidensdruck extrem hoch ist. Aufgrund der hohen Suizidrate sowie der schwierigen Behandlung zeigten auch Kliniker sich oftmals überfordert. Marsha Linehan, die eben jene Patientinnen häufig in ihrer Praxis erlebte, begann also, ein eigenes Konzept zu erstellen.

Die Basis der DBT bildete die Kognitive Verhaltenstherapie. Jedoch schien die klassische Verhaltenstherapie aufgrund der Komplexität des Störungsbildes lediglich bedingt zu funktionieren. Eine Schwierigkeit ist hier, dass Menschen mit BPS oft große Schwierigkeiten damit haben, Beziehungen aufrechtzuerhalten. Dies ist auch bei einer therapeutischen Beziehung nicht anders. So nahm Linehan bestimmte Anpassungen vor, die dazu beitragen sollten, Therapieabbrüche zu vermeiden. Gleichsam entwickelte sie Methoden, mit denen die selbstzerstörerischen und suizidalen Tendenzen so weit in Schach gehalten werden sollen, dass ein Arbeiten an tieferliegenden Themen funktionieren kann. Mit Erfolg: So erwies sich die DBT insbesondere in der Arbeit mit Borderline-Betroffenen in mehreren Studien als äußerst effektiv.

Im folgenden Kapitel werden die Grundlagen der DBT näher beschrieben. So wird es um deren Entstehungsgeschichte gehen, um ihre Grundprinzipien sowie das dahinterliegende Menschenbild. Nicht nur die angewandten Techniken und Methoden spielen nämlich eine wichtige Rolle in der Therapie, sondern insbesondere auch die von Therapeuten verkörperte innere Haltung. Ziel dieses Abschnittes ist es, Ihnen einen umfassenden Eindruck von der DBT zu vermitteln. Dies ist nicht zuletzt hilfreich, um die Übungen und Tools im hinteren Teil des Buches im Kontext zu verstehen und eigenständig anzuwenden.

Ursprung der DBT: Marsha Linehan und ihre Geschichte

Marsha Linehan, die Begründerin der DBT, wurde 1943 in Tulsa, Oklahoma, geboren. Als sie Professorin der Psychologie wurde, blickte sie bereits auf eine bewegte Vergangenheit zurück. Wie sie Jahre später berichtete, litt sie einen großen Teil ihres Lebens selbst an einer psychischen Erkrankung. So wurde sie mit 17 Jahren in eine psychiatrische Einrichtung eingeliefert, wo sie mehr als zwei Jahre lang lebte und als besonders schwerer Fall galt. Ihre Entlassung erfolgte schließlich nicht, weil die Ärzte sie als geheilt betrachteten, sondern weil ihr Vater die teure Privatklinik nicht mehr bezahlen wollte. Man prognostizierte ihr, dass sie außerhalb des schützenden Klinik-Umfeldes nicht würde überleben können. Doch Marsha gab nicht auf: Sie schwor sich, ein lebenswertes Leben für sich zu schaffen und auch andere auf diesem Weg zu begleiten.

Getragen wurde sie dabei durch ihre enge Bindung zu Gott und durch ihre Erfahrungen mit fernöstlichen Philosophien wie dem ZEN-Buddhismus. Später sollte sie eine der Ersten ihres Faches sein, die die wissenschaftliche Philosophie und Konzepte des Buddhismus miteinander verbanden. Der Weg dorthin war jedoch lang und steinig. So holte sie zunächst ihren Highschool-Abschluss auf der Abendschule nach und studierte schließlich neben der Arbeit Psychologie. Dabei verbrachte sie selbst nahezu 20 Jahre mit der Suche nach einem Spezialisten, der sie und ihre Erkrankung verstand und ihr würde helfen können. In dieser Zeit unternahm sie mehrere Suizidversuche. Über die Jahre lernte sie jedoch zunehmend, ihre eigenen überwältigenden Emotionen zu verstehen, zu akzeptieren und damit einen Umgang zu finden. 1971 promovierte sie schließlich im Fach Psychologie.

Marsha Linehan weiß also selbst aus erster Hand, wie schwierig es ist, mit BPS umzugehen und geeignete Therapiemöglichkeiten zu finden. Sie selbst wünschte sich daher, als Therapeutin verständnisvoller zu sein als jene Menschen, die sie damals behandelt hatten. Das, was ihr gefehlt hat, möchte sie anderen ermöglichen. Diesbezüglich ist es ihr besonders wichtig, eine wohlwollende therapeutische Beziehung auf Augenhöhe zu erschaffen. So wird sie als eine warmherzige Therapeutin beschrieben, die ihren Patientinnen tiefes Mitgefühl entgegenbringt. Manche Menschen lernen in ihrer Praxis das erste Mal in ihrem Leben, wie es ist, Wertschätzung für ihr So-Sein zu erleben.

Im Jahr 2011 bekennt sich Marsha Linehan schließlich in einem Interview zu ihrer eigenen Geschichte als Betroffene. Ihre Worte dabei: „I cannot die a coward." – *Ich kann nicht als Feigling sterben.* Zuvor fürchtete sie, durch das Stigma, das Betroffenen von psychischen Erkrankungen leider immer noch häufig anhaftet, ihre wissenschaftliche Karriere allzu schnell beenden zu müssen. Doch es kam der Zeitpunkt, an dem sie spürte, dass ihr eigenes Outing wichtig war – nicht zuletzt, um all jenen Mut zu machen, die selbst lernen mussten, mit BPS sowie anderen Erkrankungen zu leben. Und um zu zeigen, dass es möglich ist, trotz solcher Schwierigkeiten ein gutes und erfülltes Leben zu führen.

Grundprinzipien, Begrifflichkeiten und Philosophie der DBT

Jeder psychologischen Disziplin liegt ein bestimmtes Menschenbild zugrunde. So geht Carl Rogers in seiner Klientenzentrierten Therapie davon aus, dass der Mensch von Grund auf gut ist und aus sich selbst heraus nach Selbstverwirklichung und Weiterentwicklung strebt. Sigmund Freud, der Begründer der Psychoanalyse, sieht den Menschen vorrangig als ein Wesen, das Lust sucht und Schmerz vermeidet. Auch die DBT hat ein bestimmtes Bild vom Menschen und von der Welt. Im Zentrum steht dabei: die Dialektik.

Die dialektische Betrachtungsweise zeichnet sich durch drei Prinzipien aus:

1. Das **Prinzip der wechselseitigen Beziehung und der Ganzheit**. Die Realität setzt sich aus verschiedenen komplexen Systemen zusammen und auch die eigene Identität kann stets nur in Beziehung zum Ganzen verstanden werden. Das Selbst existiert niemals isoliert, sondern in verschiedenen sozialen Rollen, die von äußeren Systemen abhängig sind und von ihnen geprägt werden.
2. Das **Prinzip der Polarität**. Die Realität ist kein statisches Konstrukt, sondern sie bildet sich aus entgegengesetzten Kräften, die es stets miteinander in Einklang zu bringen gilt. Jedes dysfunktionale Muster trägt auch Aspekte der Funktionalität in sich, jedes Ende einen Neubeginn und jede Verzerrung auch eine Art der Wahrheit.
3. Das **Prinzip des kontinuierlichen Wandels**. Das Ganze befindet sich immer in Bewegung. Entwicklung und Wandel werden ausgelöst durch Spannungen, die in jedem System vorliegen. Das Wesen des Lebens ist der Wandel, nicht eine festgefahrene Struktur. Die Entwicklung des Selbst wird als lebenslanger Transformationsprozess verstanden.

Ursprünglich wurde die Dialektik aus der Philosophie entlehnt und ist vor allem von Georg Wilhelm Friedrich Hegel geprägt worden. Im Verlauf dieses Kapitels werden wir uns genauer damit beschäftigen, wie sich die Dialektik auf die DBT anwenden lässt. Diese drei Grundprinzipien werden Ihnen dabei immer wieder begegnen.

Was bedeuten die drei Prinzipien für die konkrete Umsetzung in der DBT?

Die BPS wird von Betroffenen als ein Leben in Extremen erlebt. Intensivste Gefühle, heftige Wutausbrüche, schwere Krisen – ein ständiges Auf und Ab zwischen Schwarz und Weiß, ein Leben am Abgrund. Dialektik bedeutet unter anderem, verschiedene Gegensätze, die unvereinbar scheinen, als nebeneinander existent zu erleben. Ein Beispiel:

Menschen, die Borderline-Symptome zeigen, weisen häufig ein instabiles Selbstbild auf. Dieses Symptom kommt auch bei anderen psychischen Störungen vor, etwa bei Depressionen oder Angststörungen. Machen Borderliner einen (vermeintlichen) Fehler (bei der Arbeit, in der Ausbildung oder im Privatleben), können sie sofort in tiefste Verzweiflung und Selbsthass stürzen.

Jemand, der – im Sinne der Dialektik – verschiedene Realitäten miteinander vereinbaren kann, wird eine solche Situation vermutlich wie folgt interpretieren: „Ich habe einen Fehler gemacht – ich bin nicht perfekt. *Und* ich bin dennoch ein wertvoller Mensch mit vielen Talenten und Fähigkeiten."

Der Person mit Borderline ist diese Interpretation aber nicht möglich. Für sie gibt es keine Graustufen, ausschließlich das Denken in Schwarz-Weiß. Für sie könnte es heißen: „Ich habe einen Fehler gemacht, ich bin nichts wert, ich bin ein Versager, ich werde nie etwas im Leben hinbekommen." Oder die Wut schlägt auf andere Personen um, beispielsweise die Vorgesetzte, die eine Aufgabe unklar formuliert oder so gewählt hat, dass sie nicht erfüllbar war. Dann bleibt man selbst fehlerfrei und über jede Kritik erhaben, das Gegenüber hingegen wird als klein und unfähig aufgefasst.

Die Vereinbarung der Gegensätze – „Ich mache Fehler *und* ich bin kompetent!" – ist für Borderlinerinnen äußerst schwierig. Jedoch ist die Realität, wie die meisten Menschen sie wahrnehmen, voller solcher Gegensätze:

- Ich bin manchmal von jemandem genervt *und* mag die Person trotzdem.
- Menschen sind mitunter schlecht *und* gleichzeitig im Herzen gut.
- Meine Arbeit macht mir heute keinen Spaß *und* insgesamt passt dieser Job aber gut zu mir.

Das ist das Prinzip der Polarität: Gegensätze sind Teil des Lebens und unserer menschlichen Existenz, es kann eine Sache wahr sein und gleichzeitig auch ihr Gegenteil.

<u>Was bedeuten diese Prinzipien bezogen auf den therapeutischen Dialog?</u>

Marsha Linehan sieht in der Borderline-Störung den Ausdruck eines Scheiterns an der Dialektik. Ist das Nebeneinander verschiedener vermeintlich unvereinbarer Realitäten nicht begreifbar, wird das Leben wahrgenommen als ein ständiger und abrupter Wechsel unvereinbarer Gegensätze, die einen innerlich zu zerreißen drohen. Dieses verzerrte Bild der Realität lässt sich in der DBT auflösen, indem man – insbesondere auch – in einer vertrauensvollen therapeutischen Beziehung daran arbeitet.

Dabei spielt die Theorie des *Wise Mind* eine essenzielle Rolle. Der weise Verstand – oder *Wise Mind* – ist eine Kombination aus emotionaler Intelligenz und rationaler Klugheit. Hier handelt es sich um einen Zustand, in dem man sowohl auf die eigenen Emotionen als auch auf logische Überlegungen achtet, um fundierte Entscheidungen zu treffen sowie angemessen auf eine gegebene Situation zu reagieren. Gleichzeitig steht der weise Verstand dafür, dass es in jedem Menschen eine innewohnende Kraft gibt, die stets danach strebt, das Bestmögliche für die Person zu erreichen. Diese Kraft gilt es zu entdecken und zu fördern. Auch jemand, der große Probleme hat, besitzt in sich einen weisen Verstand, mit dem er wieder in Kontakt kommen kann. Im Sinne des Prinzips der Ganzheit hat die DBT dabei stets den gesamten Menschen im Blick. Die Patientin ist mehr als ihre Symptome und ihre Schwierigkeiten, sie besitzt immer auch gesunde Anteile, die bei der Stabilisierung helfen können.

Die Basis, auf der die Dialektisch-Behaviorale Therapie aufbaut, ist die Kognitive Verhaltenstherapie. Die Kognitive Verhaltenstherapie (Cognitive Behavioral Therapy, CBT) ist eine Form der Psychotherapie, die darauf abzielt, negative Denkmuster und Verhaltensweisen zu identifizieren und zu verändern. Sie basiert auf der Annahme, dass unsere Gedanken, Gefühle und Verhaltensweisen miteinander verbunden sind und sich gegenseitig beeinflussen.

Die DBT beinhaltet eine Reihe an Grundannahmen, die die praktizierenden Therapeuten verinnerlichen sollten:

- Das Verhalten von Borderline-Patienten ergibt im Kontext ihrer subjektiven Lebensrealität Sinn.
- Sie geben ihr Bestes und versuchen, sich zu verändern und zu verbessern.
- Um eine langfristige Veränderung zu erzielen, müssen Borderline-Patientinnen sich stärker anstrengen als andere Menschen.
- Sie müssen lernen, ihre Probleme selbst zu lösen, auch wenn sie diese nicht selbst verursacht haben.
- Die aktuelle Lebensrealität der Borderline-Patienten ist beinahe unerträglich.
- In den meisten Situationen des täglichen Lebens müssen Borderline-Patienten neue Verhaltensmuster lernen.
- Es gibt immer Hoffnung, dass die Therapie erfolgreich ist.
- Es gilt, die subjektive Wahrheit der Betroffenen anzuerkennen, egal wie leicht oder schwer diese nachzuvollziehen ist.
- Therapeutinnen, die mit Borderline-Patientinnen arbeiten, benötigen selbst Unterstützung.

Die Komponenten der DBT

Die DBT weist grundsätzlich eine Behandlungsstruktur auf, die durch Flexibilität und regelmäßige Anpassbarkeit geprägt ist. Im Leben der Patientinnen gibt es, wie im Leben jedes Menschen, immer wieder neue Herausforderungen. Daher ist es besonders wichtig, in der Therapie einen gewissen Spielraum zu haben, um auf die Gegebenheiten sowie Ereignisse des Lebens außerhalb der Therapie zu reagieren. Gleichzeitig beinhaltet die DBT auch feste Ziele, Strukturen und Strategien. Wie bereits beschrieben, bedient sie sich diesbezüglich einer Reihe an Methoden, die aus der Kognitiven Verhaltenstherapie abgeleitet sind. Dies beinhaltet beispielsweise die Bestimmung von krankheitsauslösenden Faktoren sowie von Verhalten, was die Beschwerden verbessern oder verschlimmern kann. Eine tiefgreifende Veränderung von innerem Erleben und Verhalten, wie sie das Ziel der DBT ist, erfordert auch tiefgehende Maßnahmen. Dabei ist es von Mensch zu Mensch verschieden, welche Maßnahmen, Übungen und therapeutischen Interventionen gut funktionieren. So ist es sinnvoll, verschiedene Übungen auszuprobieren und regelmäßig anzupassen. Die DBT beinhaltet vier Komponenten, die Teil einer jeden Therapie sind sowie grundlegende Fähigkeiten für den Alltag vermitteln. Diese Komponenten sind:

- Achtsamkeit
- Gefühlsregulation

- Stresstoleranz
- zwischenmenschliche Fähigkeiten

Als fünften Punkt könnte man noch die Stärkung des Selbstwertes hinzufügen. In ihrer Gesamtheit können diese Komponenten den Betroffenen dabei helfen, besser mit ihren Symptomen zurechtzukommen. Marsha Linehan schreibt in ihrer Autobiografie „Building a Life Worth Living", dass einer der Kernaspekte der DBT darin besteht, innere Spannungen zu tolerieren und zu akzeptieren. Die Fertigkeiten sind als eine Art Grundausstattung gedacht, auf die – insbesondere in hoch spannungsgeladenen Situationen – zurückgegriffen werden kann. Durch langfristiges Üben entsteht so mit der Zeit ein Blumenstrauß aus mentalen Hilfsmitteln und Fertigkeiten, die man idealerweise bei Bedarf anwenden kann, um sich selbst zu helfen. Im Folgenden wird nun näher auf diese vier Komponenten eingegangen. Das Ziel ist es, dass Sie sich am Ende dieses Unterkapitels unter jeder der vier Komponenten konkret etwas vorstellen können. Womöglich kommen Ihnen dabei bereits Einfälle und Ideen, wie Sie diese Komponenten in den Alltag integrieren können.

Achtsamkeit

Achtsamkeit ist eine Praxis, die auch im Zen-Buddhismus eine Rolle spielt. Wenn Sie sich erinnern: Marsha Linehan ist nicht nur Psychotherapeutin, sondern auch Zen-Meisterin. Aber auch in anderen spirituellen Praktiken hat die Achtsamkeit einen festen Platz.

Was ist Achtsamkeit?

Achtsamkeit bedeutet, grob gesagt, präsent zu sein im Hier und Jetzt. Dabei richtet man die Aufmerksamkeit bewusst auf innere oder äußere Vorgänge – Handlungen, Gedanken oder Gefühle. Das Ziel ist es jedoch, sich auf das zu konzentrieren, was man wahrnimmt, ohne es zu bewerten oder, zumindest für den Augenblick, verändern zu wollen. Das lässt sich beispielsweise im Rahmen einer Meditation üben, während man sich an einen ruhigen Ort zurückzieht. Ohne die Ablenkung von außen fällt es den meisten Menschen leichter, sich auf ihre inneren Vorgänge zu fokussieren. Alternativ lässt sich Achtsamkeit im Alltag üben, indem man auf Multitasking verzichtet und sich auf jede Tätigkeit, die man ausübt, voll konzentriert. Zuletzt stellt Achtsamkeit in der Gruppentherapie eine zentrale innere Haltung dar. Auch dort sind die Gedanken und Gefühle der anderen Teilnehmenden – ebenso wie die eigenen Gedanken und Gefühle – möglichst respektvoll und wertungsfrei anzunehmen.

Welche Vorteile hat Achtsamkeit in der Therapie?

Indem man die eigenen Gedanken und Gefühle aufmerksam beobachtet, kommt man sich selbst näher. Insbesondere Menschen mit einer Borderline-Diagnose sind häufig stark davon beeinflusst, was andere von ihnen denken. Eine regelmäßige Achtsamkeitspraxis hilft dabei, zu lernen, wer man selbst ist und wie man innerlich funktioniert. Außerdem wird man präsenter im gegenwärtigen Moment. Auch für Personen, die viel über die Vergangenheit grübeln oder sich Sorgen um die Zukunft machen, bieten Achtsamkeitstechniken wertvolle Übungen. Ist man jemand, der die eigenen Gefühle sehr intensiv empfindet, kann Achtsamkeit ebenso helfen. Anstatt von den Gefühlen überwältigt zu werden, lernt man mit der Zeit, sie da sein zu lassen sowie mit einer gewissen Distanz zu betrachten. Dies schafft einen Raum zwischen Reiz und Reaktion, der auch Impulsivität leichter handhabbar macht. Achtsamkeit schafft einen Abstand zwischen dem ICH und den Gedanken und Gefühlen, die mitunter sehr quälend sein können. Die Gedanken sind dann nicht mehr die absolute Realität – sondern vielmehr Konstrukte der eigenen Psyche. Wenn man sich nicht mit ihnen identifiziert, fällt es leichter, diese mit einer wohlwollenden und neugierigen inneren Haltung zu betrachten.

Gefühlsregulation

Unter *emotionaler Regulation* versteht man die Fähigkeit einer Person, ihre eigenen Gefühle angemessen zu erkennen, zu verstehen und zu beeinflussen. Emotionale Regulation beinhaltet es, Gefühle klar benennen und einordnen zu können, ebenso wie sie in einer Weise auszudrücken, die für die jeweilige Situation angemessen ist. Jedoch erleben viele Menschen, insbesondere jene mit Borderline, häufig *emotionale Dysregulation*. Damit ist gemeint, dass sie Schwierigkeiten damit haben, ihre Emotionen zu verstehen, geschweige denn sie zu kontrollieren. In der Folge kommt es dann zu den charakteristischen starken, überwältigenden Gefühlsausbrüchen und dem hohen Stressempfinden. Auch impulsives Verhalten wie aggressive Ausbrüche oder Selbstverletzung sind oft eine Folge mangelnder emotionaler Regulation. Die Gefühle kommen den Betroffenen dann so übermächtig vor, dass sie keine angemessenen Strategien haben, um damit umzugehen. Selbstverletzendes Verhalten wird manchmal als einzige Möglichkeit gesehen, den inneren Druck zu reduzieren.

In der Regel entwickelt sich die Fähigkeit zur emotionalen Regulation im Laufe des Lebens. Es gibt verschiedene Faktoren, die darauf einen Einfluss nehmen – beispielsweise, ob die Eltern ihre eigenen Emotionen regulieren können und ob sie die Fähigkeit haben, angemessen auf die Emotionen ihrer Kinder einzugehen. Aber auch wenn Sie in der Kindheit nicht gelernt haben, Ihre Gefühle zu regulieren – keine Sorge. Das Gehirn ist plastisch und diese Fähigkeit lässt sich auch im Erwachsenenalter noch lernen. Es gibt verschiedene Techniken, insbesondere auch in der DBT, die hier behilflich sein können.

Ein erster Schritt für eine erfolgreiche Emotionsregulation ist es, die Gefühle, die man fühlt, klar benennen zu können. Menschen, die von negativen Gefühlen überflutet werden, fällt dies oft schwer – die Gefühle kommen ihnen dann wie ein riesiger unaushaltbarer Wust vor. Doch jedes Gefühl, das da ist, hat einen Grund. Manchmal ist die Intensität bestimmter Gefühle eher in der Vergangenheit verortet und die gegenwärtige Situation ist lediglich der Auslöser. In diesem Fall ergibt es Sinn, sich in Ruhe damit auseinanderzusetzen, was in der Vergangenheit passiert ist, das diese starken Gefühle ausgelöst hat. Wenn man Gefühle benennen und erkennen kann, ist es leichter, mit der Zeit auch Systematiken zu entdecken. Dann sieht man, welche Situationen zum Beispiel bestimmte Gefühle auslösen und welche Verhaltensweisen dazu beitragen. Ebenso wichtig ist es, in einem zweiten Schritt zu lernen, Gefühle auch wieder loszulassen. Menschen mit psychischen Erkrankungen nehmen Emotionen oft verstärkt wahr. Dies trifft insbesondere auf bestimme Emotionen zu, wie Wut oder Traurigkeit. Anstatt in diesen Zuständen zu verharren, kann man lernen, sich selbst zu beruhigen, zu trösten oder abzulenken.

Stresstoleranz

Menschen mit einer ausgeprägten Borderline-Symptomatik gelangen meist regelmäßig in sehr hohe Stress- und Spannungszustände oder zeigen schwere dissoziative Symptome. In Krisenfällen ist es ihnen dann, vor allem wenn die Fähigkeit zur Gefühlsregulation fehlt, kaum möglich, diese inneren Zustände auszuhalten. In der Folge wird, um die Situation zu überstehen, auf dysfunktionale oder selbstschädigende Verhaltensweisen zurückgegriffen: Selbstverletzung, Missbrauch von Alkohol und anderen Drogen, Medikamentenmissbrauch, impulsives Kaufen oder essgestörte Verhaltensmuster (Binge Eating oder Binge-and-Purge-Verhalten).

Im Modul der Stresstoleranz geht es hauptsächlich darum, sich eine Art Sicherheitsnetz zu erstellen, um auf Hochstresssituationen anders zu reagieren. Diesbezüglich gibt es unterschiedliche Fertigkeiten, die eingeübt werden können:

- Atemübungen
- Imaginationsübungen (beispielsweise nach Luise Reddemann)
- starke Sinnesreize (auf eine Chilischote beißen, an Ammoniak riechen, eine eiskalte Dusche nehmen)
- Vertrauenspersonen kontaktieren

Das Ziel ist es, die hohe innere Anspannung abzubauen sowie unangenehme Situationen ohne selbstschädigende Verhaltensweisen zu überstehen. Welche Fertigkeiten dabei besonders hilfreich sind, variiert von Person zu Person und jeder kann sich hier einen individuellen „Notfallkoffer" zusammenstellen.

Fertigkeiten lösen nicht die tieferliegenden Probleme, die zu diesen hohen Spannungszuständen führen. Allerdings ist nicht immer der Augenblick günstig, um im Rahmen einer Therapie zum Beispiel traumatische Ereignisse aufzuarbeiten. Manchmal bestehen Herausforderungen im Außen, denen man sich zunächst zuwenden muss oder möchte. In diesen Fällen helfen Fertigkeiten dabei, eine Situation zumindest unbeschadet zu überstehen. Zusätzlich können sie eine gute Stütze sein, um sich langfristig zu stabilisieren, da man sich den eigenen Emotionen durch sie weniger ausgeliefert fühlt. So fällt es leichter, im Nachhinein bestimmte Situationen zu reflektieren und herauszufinden, was konkrete Auslöser („Trigger") für das hohe Stresslevel gewesen sein könnten. Auf diese Weise erlernen Patienten, sich wieder sicherer in sich selbst zu fühlen und sich mehr zu vertrauen.

Zwischenmenschliche Fähigkeiten

Wir Menschen sind soziale Wesen. Egal wie extra- oder introvertiert wir sind, wir benötigen das Eingebunden-Sein in eine größere Gemeinschaft, um uns langfristig wohlzufühlen. Nicht umsonst sind Mobbing-Erfahrungen etwas, unter dem viele Betroffene noch viele Jahre leiden. Für Menschen, die unter einer Persönlichkeitsstörung oder anderen psychischen Erkrankungen leiden, kann sich das soziale Miteinander schwierig gestalten. Starke

Emotionen wie Wut oder Traurigkeit können andere Menschen irritieren und dazu führen, dass diese sich zurückziehen. Auch sind möglicherweise die Auslöser, die zu diesen Gefühlszuständen führen, für andere nicht immer logisch nachvollziehbar und verständlich. Daher ist eine offene, respektvolle und wertschätzende Kommunikation so wichtig. Vor allem Personen, die mit Traumafolgen zu kämpfen haben, finden es häufig schwer, Vertrauen zu anderen aufzubauen. Wenn es aber gelingt und sie die Erfahrung machen, sichere und wohltuende Beziehungen aufzubauen, kann das maßgeblich zur Heilung beitragen. Daher ist auch das Gruppensetting der DBT ein so essenzieller Baustein der Therapie. Innerhalb dieses geschützten Rahmens ist es möglich, Kommunikationsstrategien und zwischenmenschliche Fähigkeiten miteinander zu üben und zu verbessern.

Selbstwert

Das Modul „Selbstwert" ist relativ neu in der DBT. Bisher wurde es zum Beispiel in der Universitätsklinik Freiburg sowie in der Charité in Berlin im Rahmen stationärer Behandlungen erprobt. Noch ist es kein offizieller Bestandteil der DBT, zeigte jedoch bereits vielversprechende Erfolge.

Probleme mit sich selbst kennen viele Menschen. Wer unter Borderline-Symptomen leidet, empfindet mitunter regelrechten Selbsthass. Unrealistisch hohe Standards treffen hier oft auf ausgeprägte Schamgefühle, da man diesen Standards nie gerecht werden kann. Hinzu kommt unbändige Wut, die gegen die eigene Person gerichtet ist. Ähnliches beobachtet man bei anderen psychischen Erkrankungen, etwa bei der Magersucht. Auch hier zeigen Betroffene einen unrealistischen sowie mit dem Leben oft unvereinbaren Anspruch an sich selbst. Eine mögliche Ursache liegt darin begründet, dass viele Menschen, die psychische Probleme entwickeln, in einem invalidierenden und potenziell traumatisierenden Umfeld aufgewachsen sind. Das bedeutet, dass sie sich in einer sozialen oder emotionalen Umgebung aufhalten mussten, in der ihre Erfahrungen, Gefühle oder Bedürfnisse von ihren Bezugspersonen nicht anerkannt oder gar geleugnet worden sind. Invalidierung kann sich durch verbale Angriffe, abwertende Kommentare und ständige Kritik äußern, aber auch dadurch, dass bestimmte Gefühle oder Erfahrungen bagatellisiert, geleugnet oder ignoriert werden. Personen, die in ihrer Kindheit ein solches Verhalten ihrer Bezugspersonen erlebt haben, führen dies als Erwachsene dann häufig in ihrem eigenen Inneren weiter fort, was tragischerweise oft zu einer Minderung des Selbstwertgefühls und der Selbstachtung führt.

Ein geringer Selbstwert kann als eine Hauptkomponente vieler psychischer Probleme betrachtet werden und andere Symptome zusätzlich verschlimmern. Das Selbstwert-Modul der DBT hilft Patienten dabei, eine wertschätzende Haltung sich selbst gegenüber einzuüben sowie selbstabwertende Gedankenspiralen zu hinterfragen. Ziel ist es, mit sich selbst liebevoller umzugehen und im Alltag gezielt Verhaltensweisen umzusetzen, die dem eigenen psychischen und mentalen Wohl förderlich sind.

Unterschiede und Gemeinsamkeiten zu anderen Therapieformen

Die DBT basiert, wie bereits dargelegt, auf der Kognitiven Verhaltenstherapie und hat diverse Gemeinsamkeiten mit ihr. So erkennen beide Therapieformen die Bedeutung von Denkmustern für Emotionen und Verhalten an und legen Wert auf die Veränderung von destruktiven Verhaltensmustern. Dabei wird eine insgesamt eher strukturierte Vorgehensweise genutzt, um die gesteckten Therapieziele zu erreichen. Außerdem betonen beide Perspektiven die Bedeutung der Beziehung von Umwelt und Person. Während die DBT speziell für Borderline-Persönlichkeitsstörungen entwickelt wurde, findet die Kognitive Verhaltenstherapie eine breitere Anwendung: Mit ihr werden viele verschiedene psychische Krankheiten behandelt.

Auch mit psychodynamischen Theorieansätzen lässt sich die DBT gut vereinen. Beide beinhalten insbesondere die Rolle von Konflikten und Gegensätzen, die den Prozess des inneren Wachstums begleiten. Fühlt es sich für die jeweiligen therapeutischen Prozesse stimmig an, kann auch die DBT tiefenpsychologische Aspekte integrieren. Dies gilt insbesondere, wenn versucht wird, die Entstehung bestimmter Symptome zu verstehen. Dennoch geht es in der DBT mehr darum, sich mit den Problemen und Herausforderungen im Hier und Jetzt zu beschäftigen als mit dem, was in der Vergangenheit passiert ist. Gleichzeitig hilft die Beschäftigung mit der Vergangenheit dabei, sich in der Gegenwart zu orientieren. Ein wichtiger Faktor beider Therapiemethoden ist die therapeutische Beziehung auf Augenhöhe. Während in der DBT die therapeutische Beziehung eher eine Art partnerschaftliche Zusammenarbeit beinhaltet, ist in psychodynamischen Therapien auch die Exploration von Übertragungs- und Gegenübertragungsprozessen ein wesentlicher Teil der Therapie. Übertragung bezeichnet einen unbewussten Prozess, bei dem der Patient seine Gefühle, Erwartungen und Konflikte aus früheren Erfahrungen auf den Therapeuten projiziert. Zeigen sie sich in der therapeutischen Beziehung, lassen sie sich auf diese Weise reflektieren und bearbeiten. Gegenübertragung meint hingegen emotionale Zustände und Gefühle, die der Therapeut als Reaktion auf die Übertragung des Patienten empfindet – auch diese Reaktionen werden mitunter Teil des therapeutischen Prozesses. In psychodynamischen Therapien besitzt der Therapeut eine eher aktive Rolle, indem er bei der Klärung hilft, konfrontiert und Deutungen anbietet. Ebenso wie in der DBT ist die therapeutische Beziehung selbst hier ein Übungsfeld, um neue Denk- und Handlungsmuster auszuprobieren und somit neue Möglichkeiten der Beziehungsgestaltung zu lernen.

Die klientenzentrierte Psychotherapie hat, wie auch die DBT, eine einfühlsame und empathische therapeutische Beziehung im Mittelpunkt. Diese sollte geprägt sein von Wärme, Mitgefühl und Akzeptanz. Während die DBT jedoch klare Strukturen hat, um konkrete Ziele zu erreichen, betont die klientenzentrierte Therapie ein Selbstverwirklichungsprinzip und einen inneren Wunsch nach Wachstum, der jedem Menschen innewohnt. Dieses Wachstum ist etwas, das aus dem Menschen selbst heraus geschieht – die innere Spannung, die in der dialektischen Perspektive enthalten ist, findet hier keinen Platz.

Abschließend kann festgehalten werden, dass jede Therapieform ihre Vorteile und ihre Berechtigung besitzt. Welche Therapie am besten anschlägt, ist individuell verschieden und hängt letztlich auch mit eigenen Vorlieben zusammen. Im Falle von Borderline kann es definitiv sinnvoll sein, sich auf die DBT zu fokussieren, da sie konkret für dieses Störungsbild entwickelt wurde.

Um die häufig auftretenden Begleitsymptome zu behandeln, bestehen weitere therapeutische Ansätze und Behandlungsmöglichkeiten. Symptome, die mit einem erlebten Trauma zusammenhängen, lassen sich beispielsweise mit suggestiven oder autosuggestiven Techniken wie Hypnose oder EMDR lindern. Je nachdem, welche Beschwerden vorrangig sind, kann auch die begleitende Behandlung mit Medikamenten hilfreich sein. Neuroleptika werden kurzfristig bei psychotischen Episoden eingesetzt, Antidepressiva und Phasenprophylaktika bei Problemen der Gefühlsregulation und Impulskontrolle. Benzodiazepine ermöglichen es den Personen, sich in Ausnahmesituationen wieder zu beruhigen. Sie sollten aufgrund des hohen Abhängigkeitspotenzials allerdings nur sehr sparsam eingenommen werden.

3 Für wen ist die DBT geeignet?

Im Verlauf dieses Buches fiel nun schon öfter der Begriff der Borderline-Persönlichkeitsstörung, für die die DBT ursächlich entwickelt worden ist. Vermutlich können Sie sich mittlerweile etwas darunter vorstellen. Vielleicht haben Sie sich auch bereits in der Vergangenheit mit dieser Erkrankung auseinandergesetzt. Um die Methoden der DBT zu verstehen, ist es sinnvoll, sich vor Augen zu führen, bei welchen Symptomen sie helfen soll. Daher werden nun die Symptome der BPS ausführlicher behandelt.

Borderline ist eine Erkrankung, die als äußerst komplex gilt. Sowohl die Patienten als auch deren Angehörige erleben häufig einen starken Leidensdruck. Wenn man nicht selbst betroffen ist, kann das Verhalten der an Borderline leidenden Personen als unlogisch, verunsichernd und überfordernd empfunden werden. Hat man aber eine Vorstellung davon, was diese Menschen innerlich bewegt und dazu antreibt, so zu handeln, wie sie handeln, wird das Miteinander leichter und gegenseitiges Verständnis möglich. Dieses Kapitel ist somit sowohl Angehörigen als auch Betroffenen gewidmet. Auch Menschen, die einige isolierte Symptome der Störung an sich selbst beobachten, können wertvolle Einsichten erlangen.

Jedoch soll darauf hingewiesen werden, dass Selbstdiagnosen keine professionelle ärztliche Einschätzung ersetzen. Vermuten Sie, dass Sie selbst betroffen sind? Dann ist es ratsam, eine Fachperson (Psychotherapeut oder Psychiaterin) aufzusuchen, um eine umfangreiche Diagnosestellung durchführen zu lassen. Heilpraktiker für Psychotherapie, Coaches oder Personen, die andere „alternativere" Behandlungsmöglichkeiten anbieten, können natürlich auch hilfreiche Techniken in der Bewältigung alltäglicher Lebensaufgaben anbieten. Achten Sie aber stets darauf, welche konkreten Ausbildungen diese Menschen durchlaufen haben, da beispielsweise der Begriff „Coach" nicht rechtlich geschützt ist. Eine medizinische Diagnose stellen dürfen diese Berufsgruppen nicht. Das bedeutet jedoch nicht, dass sie keine Kompetenzen im Umgang mit Borderline besitzen. Dennoch ist eine gewisse Vorsicht ratsam. Dies gilt insbesondere dann, wenn Sie sich akut in einem instabilen mentalen Zustand befinden und daher besonders verletzlich sind.

Was ist Borderline?

In den vergangenen Jahren ließ sich eine zunehmende Sensibilisierung für die BPS beobachten – sowohl in der Fachwelt als auch in der Öffentlichkeit. Das ist grundsätzlich positiv, zieht jedoch an manchen Stellen eine Art inflationären Gebrauch des Begriffes nach sich, der das Leid der Betroffenen verharmlost. Borderline ist mehr als selbstverletzendes Verhalten, Stimmungsschwankungen oder Wutausbrüche. Die unbedachte Verwendung eines psychopathologischen Begriffes für Verhaltensweisen, die keine pathologische Qualität besitzen, ist daher kritisch zu sehen. Borderline ist keine Modediagnose und sollte nichts sein, mit dem man sich in den sozialen Medien Ruhm verschafft. Stattdessen handelt es sich um eine psychische Erkrankung, die viele Aspekte des Lebens und

Erlebens beeinflusst. Mit Borderline gut und erfüllt leben zu lernen, ist möglich, wird für Betroffene jedoch oft als ein lebenslanger Prozess beschrieben – wenn auch einer, der mit jedem Schritt das Leben etwas leichter und schöner machen kann.

Davon abgesehen ist eine Diagnose auch stets nur ein Teil der Problembewältigung. Diagnosen helfen dabei, einen ersten Überblick über eine Störung zu erhalten. Sie bewirken, dass Menschen ihr eigenes Verhalten besser einschätzen können und manchmal schneller erkennen, dass Sie sich professionelle Hilfe suchen sollten. Eine Diagnosestellung kann für Betroffene sowohl stigmatisierend als auch entlastend wirken. Viel wichtiger ist es aber, individuell zu explorieren, wo die konkreten Herausforderungen liegen und welche Maßnahmen das Leben erleichtern können. Das, was zu einer Verbesserung des mentalen Wohlbefindens beiträgt, kann von Mensch zu Mensch äußerst unterschiedlich sein. Auch wenn Diagnosen einen Nutzen und eine Berechtigung haben, stellen sie stets eine Vereinfachung dar, die der tatsächlichen Komplexität der Realität nicht gerecht werden kann. Es gibt nicht *die Borderlinerin, die Depressive* oder *den Phobiker.* So wie jeder Mensch einzigartig ist, kann es sich auch unterschiedlich äußern, wenn die eigene Psyche aus dem Gleichgewicht gerät. Noch vor einigen Jahren galt Borderline gewissermaßen als unheilbar. Dieser Stand ist glücklicherweise nicht mehr aktuell. Womöglich müssen Betroffene immer aufmerksamer mit sich umgehen, als es Personen tun, die nie eine psychische Erkrankung hatten. Dennoch lassen sich die Symptome, insbesondere mit den Methoden der DBT, oft so gut behandeln, dass die Borderline-Diagnose vieler Personen nach einigen Jahren so nicht mehr beim Arzt gestellt werden würde.

Wie äußert sich Borderline?

Der Begriff „Borderline" ist in der Psychopathologie noch jung. Das Störungsbild, das man heute darunter versteht, ist allerdings schon seit dem 17. Jahrhundert bekannt. So beschrieb der englische Arzt Thomas Sydenham bereits vor fast 400 Jahren Menschen, die er als besonders launenhaft wahrnahm und die plötzliche Ausbrüche heftiger Emotionen zeigten. Heute ist das Bild der BPS klarer umrandet. Es gibt konkrete Diagnosekriterien, die erfüllt sein müssen, um die Erkrankung festzustellen. Im medizinischen Kontext nutzt man dafür hauptsächlich zwei Kriterienkataloge: das DSM der American Psychiatric Association (APA) und die von der Weltgesundheitsorganisation (WHO) herausgegebene ICD (Internationale statistische Klassifikation der Krankheiten). Das DSM-V, das „Diagnostic and Statistical Manual of Mental Disorders" in der fünften Auflage, versteht die BPS als ein tiefgreifendes Muster von Instabilität. Diese Instabilität bezieht sich auf sämtliche Lebensbereiche – auf die Gefühlswelt, die zwischenmenschlichen Beziehungen und auch das Selbstbild. Für die offizielle Diagnosestellung gibt es neun Kriterien. Sind mindestens fünf erfüllt, kann man davon ausgehen, dass Borderline vorliegt.

Die neun Kriterien zum Feststellen einer BPS:

1. Starke Angst vor dem (sowohl tatsächlichen als auch dem nur vermuteten) Verlassenwerden.
2. Ein Muster intensiver und impulsiver zwischenmenschlicher Beziehungen, die von einem extremen Wechsel zwischen Idealisierung und Abwertung geprägt sind.

3. Eine andauernde Instabilität des Selbstbildes und/oder der Selbstwahrnehmung.

4. Impulsivität in mindestens zwei potenziell selbstschädigenden Bereichen (Sexualität, Kaufsucht, Binge-Purge-Verhalten, Substanzmittelmissbrauch …).

5. Suizidale Handlungen, Selbstmordandrohungen oder Selbstverletzung. Selbstschädigende Gedanken und Verhaltensweisen, die sich insbesondere in Hochstresssituationen aufdrängen und nicht kontrolliert werden können.

6. Affektive Instabilität, also hochgradige Reizbarkeit, Angst oder Depressivität, die Stunden oder Tage andauern.

7. Chronische Gefühle von innerer Leere.

8. Unangemessen heftige Wutausbrüche.

9. Bei hoher Belastung vorübergehende paranoide Vorstellungen oder schwere dissoziative Symptome.

Es ist nicht leicht, das innerseelische Leben von Borderline-Patientinnen für Nicht-Betroffene zu beschreiben. Auf jeden Fall soll deutlich werden, wie stark das Leben von überbordenden Emotionen oder – im Gegenteil dazu – chronischer innerer Leere dominiert wird. Natürlich gibt es im Leben jedes Menschen schmerzvolle Situationen und Emotionen. Für Borderlinerinnen sind diese jedoch weitaus heftiger als bei psychisch „gesunden" Menschen und können das Leben, so wie es ist, schier unerträglich erscheinen lassen. Haben Betroffene beispielsweise das Gefühl, von einem geliebten Menschen vernachlässigt zu werden, kann dies zu mentalen Ausnahmezuständen mit extremem Selbsthass, Verlustängsten und Aggressionen führen. Dies ist manchmal bereits der Fall, wenn das Gegenüber beispielsweise zu einer Verabredung zu spät kommt oder länger nicht auf eine Nachricht reagiert. Wurde die Person eben noch idealisiert und geliebt, empfindet die Borderlinerin plötzlich nur noch Hass und Ablehnung. Auf einen impulsiven Wutausbruch folgen nicht selten tiefe Scham sowie das Gefühl, ein schlechter Mensch zu sein, den ohnehin niemals jemand lieben kann. Da Angehörige, Partner oder Freundinnen mit derartigen Verhaltensweisen meist überfordert sind, handelt es sich tragischerweise oft um eine selbsterfüllende Prophezeiung. Die Borderlinerin muss dann immer wieder das erleben, was ihr am meisten Angst macht: Verlassenwerden, Einsamkeit, Isolation. Dies wiederum führt zu einer derart hohen Belastung, dass Betroffene davon fantasieren, zu sterben oder auch konkrete Suizidversuche unternehmen. Die Angst, dass die Symptome für immer bestehen könnten und immer wieder zu diesen inneren Spannungs- und Extremsituationen führen, bewirkt gleichzeitig eine tiefe Erschöpfung und Resignation. Oder aber die Betroffenen versuchen, die Spannungen krampfhaft zu kontrollieren. Dies wiederum zeigt sich auch in äußeren Kontrollhandlungen wie Kontrollzwang, krankhafter Eifersucht oder Essstörungen.

Eine Beschreibung des innerseelischen Erlebens und möglicher familiärer und sozialer Zusammenhänge verdeutlicht folgendes Beispiel:

Frau A. wuchs in einem Zuhause auf, in dem es ihr materiell an nichts mangelte. Ihre Eltern legten großen Wert darauf, dass sie stets alles besaß, was sie sich wünschte – egal, ob es sich um Spielzeug, schöne Kleidung oder das neueste Smartphone handelte. Die Atmosphäre innerhalb der Familie war jedoch geprägt von Streitigkeiten und

Konflikten der Eltern. Auch zu ihrer jüngeren Schwester hatte Frau A. ein schwieriges Verhältnis. Während sie selbst sich oft als „schwarzes Schaf" der Familie fühlte, schrieb die Schwester in der Schule bessere Noten und galt als kluges Goldkind der Familie. Speziell für den Vater waren schulische Leistungen und Erfolge wichtig. Er vertrat die Ansicht, dass man sich im Leben stets anstrengen und viel erreichen müsse. Frau A. fühlte sich im Vergleich mit ihrer Schwester immer faul und dumm. Hinzu kam, dass die Konflikte zwischen den Eltern sich teilweise aggressiv entluden. Vor allem, wenn der Vater getrunken hatte, was an den meisten Abenden der Woche geschah, kam es zu Geschrei und Handgreiflichkeiten. Offen gesprochen wurde darüber aber nie. Stattdessen kehrte man die Ereignisse unter den Teppich, um den schönen Schein zu wahren. Als Frau A. in die Pubertät kam, begannen ihre Probleme. Ihre Eltern berichten, dass Frau A. zunehmend launischer und aggressiver wurde, den Kontakt zu ihrer Familie zu meiden begann und sich stattdessen in ihr Zimmer zurückzog. Außerdem beschäftigte sie sich extrem damit, was sie aß, und verlor immer mehr an Gewicht. Wurde sie darauf angesprochen, reagierte sie unwirsch und isolierte sich nur noch mehr. In der Schule hatte Frau A. kaum noch Freunde. Nach dem Abitur lernte sie ihren Partner kennen und zog mit diesem zusammen. Sie schätzte an ihm seine einfühlsame Art und die Sicherheit, die er ihr vermittelte. Darüber hinaus empfand Frau A. jedoch keine wirkliche Liebe zu ihm – was sie ihm auch häufig sagte. Hinzu kam, dass sie es nicht ertragen konnte, wenn ihr Partner etwas ohne sie unternehmen wollte. Sie fühlte sich dann zurückgelassen, weinte stundenlang und verletzte sich selbst. Auch Eifersuchtsdramen gab es häufig, vor allem dann, wenn Frau A. wieder einmal das Smartphone ihres Partners kontrollierte. Fand sie etwas, das ihr nicht passte – beispielsweise, dass er mit einer Freundin geschrieben hatte, rastete sie regelrecht aus. Einmal warf sie dabei sogar sein Handy aus dem Fenster. Da beide noch sehr jung waren, beschloss ihr Partner, auf eine dreimonatige Selbstfindungsreise zu gehen – allein. Frau A. blieb in der gemeinsamen Wohnung zurück, konnte jedoch die Einsamkeit kaum aushalten. Sie isolierte sich zunehmend, kam ihren Verpflichtungen nicht mehr nach, betäubte sich mit Alkohol und hörte auf zu essen. Nach kurzer Zeit fühlte sie sich kaum in der Lage, den Alltag zu bestreiten. Sie wurde zunehmend deprimierter, fiel in ein tiefes Loch und überlegte, wie sie sich das Leben nehmen würde. Als ihr Partner wieder von der Reise zurückkam, war er erschrocken über den Zustand von Frau A. und der gemeinsamen Wohnung. Er bemühte sich darum, dass Frau A. eine Einweisung in eine psychiatrische Klinik erhielt.

Ursachen von BPS

Psychiatrische Erkrankungen entstehen meist nicht einfach so. Sie haben eine Vorgeschichte, die bis in die früheste Kindheit zurückreicht. Dies trifft insbesondere auf die Kategorie der Persönlichkeitsstörungen zu, zu denen auch Borderline gehört. Mit zunehmenden äußeren Anforderungen sowie einer Kumulation von Entwicklungsaufgaben in der Jugend und im jungen Erwachsenenalter wird die Symptomatik meist dann erst offensichtlich. Nicht zwangsläufig ist es so, dass Menschen mit Borderline eine schwierige oder traumatische Kindheit hatten. Allerdings scheint es nur wenige Personen mit dieser Diagnose zu geben, in deren Lebensgeschichte keine signifikanten Spannungen auftraten. So entstehen Entwicklungs- und Persönlichkeitsstörungen aus einem Wechselspiel zwischen der genetischen Veranlagung, dem individuellen Temperament und Umwelteinflüssen. Besonders häufig scheint es in der Kindheit ein Umfeld gegeben zu haben, in dem die Eltern unberechenbar waren. Das kann der Fall sein, wenn Eltern selbst starke Stimmungsschwankungen oder eine Suchterkrankung hatten und nicht in der Lage waren, adäquat auf die kindlichen Bedürfnisse zu reagieren. Tatsächlich hat ein Großteil der von Borderline Betroffenen in der Kindheit zudem sexuelle oder körperliche Gewalt erfahren. So liegt es nahe, Parallelen zwischen dem Borderline-Syndrom sowie Traumatisierungen zu vermuten.

Sind die Lebensumstände derartig schwierig, findet man manchmal einen Abwehrmechanismus, der in der Psychoanalyse als *Spaltung* bezeichnet wird. Abwehrmechanismen sind Mechanismen der Psyche, die genutzt werden, um bedrohliche Gedanken, Gefühle oder Impulse in Schach zu halten. Grundsätzlich verfügt jeder Mensch über Abwehrmechanismen – sie sind nötig, um das psychische Gleichgewicht aufrechtzuerhalten. Um im Alltag zu funktionieren, müssen die meisten Menschen zu einem gewissen Grad verdrängen, abspalten und rationalisieren. Spaltung beobachtet man hauptsächlich an Menschen mit Borderline-Symptomatik.

Wenn ein Kind beispielsweise, so wie Frau A. aus unserem Beispiel, mit einem alkoholkranken und gewalttätigen Vater aufwächst, erlebt es ein Elternteil mit zwei Gesichtern. Eines, das nüchtern ist, und eines, das unter Einfluss der Droge steht. So verhält sich der Vater möglicherweise im Alltag normal, bisweilen sogar liebenswert, wird jedoch in betrunkenem Zustand zum gewalttätigen Schläger. Dieses Kind sieht sich nun mit einem unauflösbaren inneren Widerspruch konfrontiert:

1. Es ist abhängig von seinem Vater, da die Bindung zu den Eltern überlebensnotwendig ist.
2. Es empfindet dem Vater gegenüber Angst, Wut und Enttäuschung.

Dieser Widerspruch ist im Außen kaum zu lösen. Stattdessen wird eine innerpsychische Lösung versucht: Der Vater besteht von nun an aus zwei innerlich voneinander getrennten Vätern. Ein Vater ist gefährlich und „böse", der andere ist liebevoll und „gut". So wird es dem Kind möglich, auch am Morgen nach einem beängstigenden Alkoholexzess wieder nähesuchend und „brav" auf den Vater zuzugehen.

Häufig ist es so, dass die Symptome, die den Betroffenen als Erwachsene das Leben schwer machen, ursprünglich kindliche Überlebensmechanismen waren. Diese Mechanismen dienten der Anpassung an ein liebloses oder gar gefährliches Lebensumfeld und sind als solche zu würdigen. Dazu zählen auch die Stimmungsschwankungen, unter denen Borderliner oft so leiden. In einer Ursprungsfamilie, in der der Alltag unvorhersehbar und potenziell gefährlich war, war es möglicherweise eine wertvolle Anpassungsressource, schnell zwischen Emotionen wechseln zu können. Allerdings hat diese Anpassungsleistung auch eine Kehrseite. So lernt ein Kind mit einer jähzornigen, narzisstischen Mutter vielleicht früh, sich stets nach außen zu orientieren und zu erspüren, wie es sich verhalten muss, um keinen Ärger zu bekommen. Das Tragische daran ist, dass dieses Kind dafür einen hohen Preis zahlt: Es lernt zwar, sich intensiv auf die Mutter einzuschwingen, nicht aber, die eigenen Bedürfnisse zu spüren und das eigene Selbst zu entwickeln. Im späteren Leben kann es dann zu Verhaltensweisen kommen, die auch am Beispiel von Frau A. verdeutlicht wurden:

Frau A. leidet unter starker Eifersucht und unter Verlustängsten. Sie hat das Gefühl, ohne ihren Partner kaum existieren zu können und vernachlässigt ohne ihn selbst überlebensnotwendige Alltagstätigkeiten wie Essen und Einkaufen. Dieses Verhalten könnte darin begründet liegen, dass sie sich selbst wenig spürt und daher, wenn sie allein ist, eine quälende innere Leere empfindet. Die Entwicklungsaufgabe für Frau A. bestünde in diesem Konflikt also darin, die Beziehung zu sich selbst zu stärken. Wenn sie lernt, besser für sich selbst zu sorgen, ihre eigenen Bedürfnisse wahrzunehmen und ein Gefühl für sich selbst zu entwickeln, hätte sie nicht mehr das Gefühl, von ihrem Partner abhängig zu sein, und könnte ihn leichter ziehen lassen.

Auch das starke Misstrauen, das Personen mit Borderline anderen gegenüber oft empfinden, ist nachvollziehbar und hat einen Grund. Bei Kindern, die psychischen oder körperlichen Missbrauch erlebt haben, sind die Täter häufig Menschen aus dem nahen Umfeld. So ist es kaum verwunderlich, dass Personen, die Derartiges erlebt haben, auch im Erwachsenenalter selbst nahestehenden Personen nur schwer vertrauen können. Wie sich dies durch eine Biografie ziehen kann, zeigt sich am folgenden Beispiel.

Herr B. wuchs in einem Umfeld auf, in dem es wenig Stabilität für ihn gab. Seine Mutter, die ihn sehr jung bekommen hatte, brachte häufig unterschiedliche Männer mit nach Hause und veranstaltete auch unter der Woche manchmal rauschende Feiern. Herr B. schämte sich dafür, dass seine Kleidung oft nach Zigarettenrauch roch, wenn er in die Schule ging. Wenn die Mitarbeiterin vom Jugendamt klingelte, wussten er und seine kleine Schwester ganz genau, was zu tun war. Das Fenster wurde aufgerissen, um den Qualmgeruch zu vertreiben, die leeren Flaschen wurden in der Kammer versteckt. Die Mutter, die abends gern aufreizende Oberteile und kurze Röcke trug, war plötzlich angezogen wie eine brave Hausfrau mit gekämmten Haaren und niedlicher Schleife am Kopf. Diese Besuche waren auch einige der wenigen Gelegenheiten, bei denen Herr B. und seine Schwester ordentliche Anziehsachen bekamen. Im Normalfall waren die Kinder in löchrige Hosen gekleidet oder trugen bekleckerte T-Shirts, weil das Kindergeld für Alkohol und Zigaretten ausgegeben wurde. Eines Winters bekam Herr B. sogar Frostbeulen an den Füßen, weil seine Mutter ihm keine warmen Schuhe kaufen wollte, sodass er in seinen dünnen Sneakern durch den Schnee zur Schule stapfen musste. Einem der vielen Männer, mit dem seine Mutter etwas länger zusammen war, waren die Kinder ein Dorn im Auge. Er wollte die Mutter für sich, ohne den Ballast ihrer früheren Beziehung, ihre „Bälger", wie er ihn und seine Schwester nannte. Dies brachte er zum Ausdruck, indem er den Kindern gegenüber körperlich äußerst grob war. So verpasste er Herrn B. harte Ohrfeigen, wenn dieser sich nicht so benahm, wie er das wollte. Herr B. lernte daher bereits in jungen Jahren, stets auf der Hut zu sein und sich unsichtbar zu machen. Er bewegte sich bald völlig geräuschlos, um so wenig wie möglich aufzufallen. In der Schule schien niemand zu bemerken, dass Herr B. zu Hause regelmäßig misshandelt wurde. Als er einmal eine große Beule an der Schläfe hatte, weil der Stiefvater in seiner Wut einen Stein aus dem Vorgarten nach ihm geworfen hatte, sagte er, er habe sich am Küchenschrank gestoßen. Seine Klassenlehrerin hatte zwar das Gefühl, dass mit ihm etwas nicht stimmte, griff jedoch nicht ein. Dass Herr B. immer wieder phasenweise völlig teilnahmslos ins Leere starrte und dem Unterricht nicht zu folgen schien, war ihr eher ein Dorn im Auge. Herr B. hatte gelernt, sich selbst auszuschalten, nichts mehr wahrzunehmen und auch keine Schmerzen mehr zu spüren. Nur so schaffte er es, seinen Alltag zu überstehen, bis er mit 16 Jahren aus dem Elternhaus ausriss und für einige Zeit auf der Straße lebte. Immer wieder bekam er Probleme, weil er in Schlägereien verwickelt war – jemand, der nichts mehr fühlt, ist ein harter Gegner.

Bei Borderline ist es, wie auch bei anderen psychischen Erkrankungen, so, dass sich diese Störung häufig generationenübergreifend zeigt. Herrschen in einer Familie lockere, vernachlässigende oder unklare Beziehungsmuster, steigt die Wahrscheinlichkeit, dass diese auch an spätere Generationen weitergegeben werden. Wichtig ist aber, dass es sich hierbei um eine Wahrscheinlichkeit und niemals um einen Determinismus handelt. Nicht jedes Kind, das aus chaotischen Familienverhältnissen stammt, entwickelt eine psychische Störung – und nicht jede Person mit Borderline hatte eine schwierige Kindheit. Neben anderen sozialen Faktoren (Schule, Freundschaften, Unterstützung durch Verwandte), die sich schützend – oder schädigend – auf eine kindliche Psyche auswirken können, spielt auch immer die individuelle Verletzlichkeit eine Rolle bei der Entstehung von psychischen Problemen.

Herausforderungen in der Therapie

Mittlerweile ist es gut belegt, dass die DBT bei Menschen mit Borderline signifikante Erfolge erzielen kann. Dennoch gibt es eine Reihe von Herausforderungen, die den Therapieerfolg erschweren. Nicht zuletzt behindert es die Therapie, dass die Störung unter vielen Therapeuten als so schwierig zu behandeln gilt. Bei weniger erfahrenen Therapeuten entstehen dadurch manchmal im Vorhinein Vorurteile. Sie wappnen sich präventiv dafür, manipuliert oder belogen zu werden, und können ihren Patienten nicht mehr unvoreingenommen gegenübertreten. Erschwerend kommt hinzu, dass jede Behandlung, die keinen positiven Effekt hat, langfristig schaden kann. Infolge einer Therapie, die nicht geholfen hat, passiert es oft, dass die Erwartungen gegenüber einer weiterführenden Therapie negativer werden. Die Betroffenen stempeln die Psychotherapie als etwas ab, das ihnen ohnehin nichts bringt, fühlen sich erneut missverstanden oder erleben sich selbst als „hoffnungslose Fälle". Dass sie oft große Schwierigkeiten haben, zu jemandem Vertrauen zu fassen, macht es nicht leichter.

Wie am Beispiel von Herrn B. verdeutlicht, haben Personen, die in zerrütteten Familienverhältnissen aufgewachsen sind, meist in der Kindheit bereits Erfahrungen mit dem Hilfesystem gesammelt. Diese Erfahrungen sind jedoch oft ambivalent bis schlecht. Zumindest in Deutschland scheinen die Jugendämter seit vielen Jahren überfordert zu sein. Die Gründe dafür sind fehlendes Personal, ein zu hoher Dokumentationsaufwand und mangelhafte Ausstattung. Für Kinder, die Hilfe brauchen, ist diese Situation besonders fatal. Sie lernen dann bereits früh, dass sie im Grunde auf sich allein gestellt sind. Umso schwieriger wird es für diese Menschen, im Erwachsenenalter wieder umzudenken und sich vertrauensvoll auf eine Therapie einzulassen. Diese Hintergründe sollten Therapeutinnen kennen, um sich in ihre Patienten hineinversetzen zu können. Insbesondere vor dem Hintergrund dieser Herausforderungen ist es als großer Pluspunkt der DBT zu sehen, dass hier vor allem anfangs der Aufbau einer tragfähigen therapeutischen Beziehung im Mittelpunkt steht.

Krankheitsverlauf ohne Therapie

Obwohl die BPS mit einer Prävalenz von 1 bis 2 Prozent unter Erwachsenen eine relativ weitverbreitete psychische Störung ist, ist wenig darüber bekannt, wie sie sich im Erwachsenenalter verhält. Es scheint allerdings so zu sein, dass BPS unter älteren Erwachsenen weniger stark verbreitet ist als unter jüngeren Menschen. Gleichzeitig weiß man, dass nur ein Bruchteil der Menschen mit BPS eine Therapie abschließen. Also liegt die Vermutung nahe, dass auch ohne Therapie Faktoren existieren, die die Symptomatik mit fortschreitendem Lebensalter abmildern. Zum einen könnte es sein, dass die Symptome sich verschieben und beispielsweise häufiger Depressionen auftreten statt aggressives Verhalten. Doch vermutlich gibt es auch Lebensstilfaktoren, die sich positiv auswirken: Die wachsende Lebenserfahrung führt dazu, dass Stimmungsschwankungen besser reguliert oder Triggersituationen vermieden werden können. Spätere Lebensphasen sind, im Gegensatz zu Jugend und jungem Erwachsenenalter, durch weniger Entwicklungsaufgaben und mehr Stabilität gekennzeichnet. Junge Menschen müssen deutlich mehr Lebensentscheidungen innerhalb eines kurzen Zeitraums treffen, was auch für Personen ohne zusätzliche psychische oder soziale Probleme eine Herausforderung darstellt. Auch Veränderungen des Körpers und der Hormone im Alter können sich lindernd auf die Symptomatik auswirken. Zuletzt gelingt es vielen Menschen mit Borderline-Symptomatik auch ohne Therapie im Alter immer besser, soziale Beziehungen aufzubauen. Ein Aspekt, der sich besonders günstig auf die Störung auswirken kann, ist das Führen einer stabilen und vertrauensvollen Partnerschaft.

Mit Therapie oder ohne – das Leben mit Borderline stellt eine Herausforderung dar. Doch es gibt Hoffnungen für Betroffene. Insbesondere der erfolgreiche Abschluss einer DBT kann die Lebensqualität stark verbessern. So haben Studien gezeigt, dass die Therapie effektiv bei der Verringerung von Selbstverletzungen, Suizidgedanken, impulsiven Verhaltensweisen ist sowie zur Verbesserung der zwischenmenschlichen Beziehungen beiträgt.

DBT bei Posttraumatischer Belastungsstörung (PTBS)

Wie bereits im vorherigen Kapitel erörtert, gibt es Menschen mit Borderline-Symptomen, die zusätzlich ein Trauma erlebt haben oder bei denen sogar eine Posttraumatische Belastungsstörung (PTBS) diagnostiziert worden ist. Im Rahmen einer Untersuchung von Zanarini et al. (2002) gaben von 290 befragten Borderline-Patientinnen und -Patienten 62,4 Prozent an, dass sie sexuellen Missbrauch erlebt hatten. 86,2 Prozent berichteten von anderen Formen des Kindesmissbrauchs und 92,1 Prozent von Vernachlässigung in der Kindheit. Aufgrund derartiger Forschungsergebnisse bestehen immer wieder kontroverse Diskussionen darüber, ob Borderline nicht eigentlich als eine Komplexe Posttraumatische Belastungsstörung (KPTBS) zu verstehen ist. Auf jeden Fall existiert eine Reihe von Überschneidungen bei beiden Diagnosen. Dies betrifft insbesondere die Schwierigkeiten mit der Gefühlsregulation, die Impulsivität, die Suizidalität sowie das Selbstverletzungsverhalten. Auch das Selbstwertgefühl wird sowohl bei der PTBS als auch bei Borderline oft in Mitleidenschaft gezogen, ebenso wie die Fähigkeit, vertrauensvolle Beziehungen zu anderen Menschen aufzubauen und zu halten. Eine mögliche Konsequenz dieser Beobachtungen ist, dass Borderliner in den allermeisten Fällen von einer Therapie profitieren können, die auf die Behandlung von Traumafolgen zugeschnitten ist.

Speziell für Menschen, die sowohl unter BPS als auch unter PTBS leiden, wurde von Marsha Linehan und Martin Bohus die DBT-PTBS entwickelt, die viele Gemeinsamkeiten mit der „klassischen" DBT aufweist. Die DBT-PTBS wird aber auch für Menschen empfohlen, die in ihrer Kindheit oder Jugend wiederholt körperlicher oder sexueller Gewalt ausgesetzt waren und eine Komplexe Posttraumatische Belastungsstörung entwickelt haben, ohne dass eine Borderline-Diagnose zutreffend wäre. In der DBT-PTBS bilden – ebenso wie in der klassischen DBT – Achtsamkeit, Fertigkeiten-Training und das Erlernen eines empathischen Miteinanders sowie Empathie sich selbst gegenüber zentrale Kernpunkte. Das Ziel ist die erfolgreiche neurobiologische Verarbeitung des Erlebten, durch die die PTBS-Symptomatik Stück für Stück abnimmt.

DBT bei anderen Erkrankungen

Als Marsha Linehan die DBT entwickelte, konzentrierte sie sich speziell auf die Behandlung eines relativ konkreten Krankheitsbildes. Mittlerweile ist bekannt, dass die DBT auch im Umgang mit vielen anderen psychischen Problemen helfen kann.

Depressionen

Eine Depression äußert sich durch länger anhaltende Traurigkeit, Verlust an Interesse, Freudlosigkeit, Antriebslosigkeit, Hoffnungslosigkeit und Energiemangel. Sie ist, insbesondere in der westlichen Welt, eine weitverbreitete Erkrankung. Es gibt eine ganze Reihe an Erklärungen dafür, warum eine Depression entsteht und wie sie wieder geheilt werden kann. Aus Sicht der DBT geht man davon aus, dass Menschen, die unter Depressionen leiden, aufhören, die Dinge zu tun, die ihnen Freude bereiten. Stattdessen halten sie an jenen Dingen fest, die die Depression weiter befeuern. Ein Lösungsansatz in der DBT ist es, wieder glücklicher zu werden, indem man beginnt, erneut die Dinge zu tun, die einem guttun. Die Theorie dahinter ist die, dass Verhaltensweisen und Emotionen sich gegenseitig beeinflussen. Gibt man also der Depression nach und hört beispielsweise auf, zu essen, zu duschen und Freunde zu treffen, fühlt man sich mit der Zeit immer depressiver. Diese Abwärtsspirale lässt sich jedoch umdrehen: Trifft man Freunde, geht in den Garten und tut die Dinge, die einen glücklich machen, kann es einem allmählich wieder besser gehen. Die Fertigkeit, dies umzusetzen, nennt man Verhaltensaktivierung.

Manie

Während die Depression sich durch gedrückte Stimmung sowie ein niedriges Energieniveau ausdrückt, bildet die Manie das Gegenstück dazu: Die Betroffenen haben extrem viel Energie, eine gehobene Stimmung und ein übersteigertes Selbstwertempfinden. Sie fühlen sich beinahe unbesiegbar und neigen in diesen Phasen zu riskantem Verhalten. Wechseln sich depressive und manische Episoden ab, spricht man von einer bipolaren Störung. Bislang wurde die Manie hauptsächlich durch stimmungsstabilisierende Medikamente sowie eine begleitende Therapie behandelt. In den vergangenen Jahren sprachen immer mehr Erkenntnisse dafür, dass auch die DBT hier erfolgreich eingesetzt werden könnte. Insbesondere die Fertigkeiten Emotionsregulation, Achtsamkeit und Stresstoleranz tragen wohl zu einer Verbesserung manischer Zustände bei. Menschen, die sich zuvor depressiv gefühlt haben, neigen dazu, während einer manischen Episode ihre Medikamente abzusetzen (häufig ohne Absprache des behandelnden Arztes). Das ist nur allzu verständlich: Während der manischen Phase geht es den Personen äußerst gut. Sie fühlen sich lebendig und stark – warum also die Stimmung dämpfen? Die Einsicht darüber, dass es im Alltag Probleme geben könnte, wenn man der Manie freien Lauf lässt – zum Beispiel im Arbeitsleben – kommt oft erst nach dem Abebben der Phase. Die Fertigkeiten der DBT könnten dabei helfen, Entscheidungen bedachter zu treffen und eine Art innere Kontrollfunktion zu entwickeln. Das Ziel wäre es dann, beispielsweise vor Absetzen der Medikamente oder vor dem Ausführen riskanter Handlungen eine Art inneren Zwischencheck vorzunehmen und die Vor- und Nachteile verschiedener Verhaltensweisen abzuwägen.

Angststörungen

Angststörungen zeichnen sich durch übermäßiges Erleben von Angst aus. Diese tritt häufig in Situationen auf, in denen keine echte Gefahr besteht, und zieht meist ein Vermeidungsverhalten nach sich, welches den Alltag einschränken und langfristig die Angst verfestigen kann. Von außen ist die Heftigkeit der Angst, die Betroffene erleben, schwer nachvollziehbar. Diese kann sich bis hin zu Panikattacken steigern. Die Fertigkeiten der DBT helfen dabei, angstauslösende Situationen zu identifizieren sowie die Angstauslöser abzubauen. Oft ist es nämlich gar nicht so klar ersichtlich, welche Situation genau zur Angstattacke geführt hat. Weiß man, in welchen Situationen oder mit welchen Menschen man sich besonders ängstlich fühlt, kann man diese Gegebenheiten verändern. So wird es möglich, sich anders zu verhalten. Außerdem ist es bei vielen Personen, die unter Ängsten leiden, so, dass sie ein sogenanntes „Sicherheitsverhalten" entwickeln. Dieses Verhalten sorgt dafür, dass sich angstauslösende Situationen besser überstehen lassen:

- Bei sozialen Ängsten Blickkontakt vermeiden und auf den Boden schauen.
- Sich mit Alkohol oder Drogen betäuben, bevor man auf eine Party mit vielen Menschen geht.
- Während eines Vortrages einen Kugelschreiber festhalten, um sich so zu beruhigen.

Das Problem mit dem Sicherheitsverhalten ist, dass es langfristig dazu führen kann, dass sich die Ängste weiter verfestigen. Der Weg aus der Angst führt immer nur durch die Angst hindurch. Um Ängste nachhaltig abzubauen, ist es wichtig, die Angst zu fühlen – und immer wieder zu spüren, dass nichts Schlimmes passieren wird. Die Techniken der DBT, insbesondere Achtsamkeit und Stresstoleranz, helfen, Angstauslöser zu identifizieren, zu reflektieren und Sicherheitsverhalten zu vermeiden. Atemübungen sind außerdem ein wertvoller Skill im Umgang mit Ängsten.

Süchte

Viele Menschen, die selbstzerstörerische Verhaltensweisen an den Tag legen, nehmen zusätzlich Substanzen zu sich, die zwar kurzfristig helfen, langfristig aber schaden. Personen, die hauptsächlich von einer Sucht betroffen sind, werden standardmäßig nicht mit der DBT behandelt. Allerdings gibt es ein spezielles Therapieprogramm (DBT-Sucht), das für Personen konzipiert wurde, die sowohl mit Borderline-Symptomen als auch mit Abhängigkeiten zu kämpfen haben. Dieses Therapieprogramm beinhaltet neben dem Erwerb der grundlegenden DBT-Fähigkeiten noch weitere Fertigkeiten, die im Umgang mit Süchten hilfreich sein können.

Wenn Sie sich erinnern: In der DBT besteht die Grundannahme, dass jede Person in sich ein *Wise Mind* trägt, das die Synthese aus rationalem Verstand und Emotionen darstellt. In der DBT-Sucht unterscheidet man zusätzlich drei weitere mentale Zustände:

- Den *abhängigen Verstand* – einen Geisteszustand, der unter Einfluss von Substanzen steht.
- Den *nüchternen Verstand* – ein Zustand, in dem keine Substanzen konsumiert werden und in dem man sich vor Rückfällen gefeit fühlt.
- Den *klaren Verstand* als dialektische Synthese der ersten beiden Zustände – man begreift die Gleichzeitigkeit zweier scheinbar entgegengesetzter Wahrheiten: Ich bin nüchtern *und* trotzdem noch abhängig.

Der klare Verstand ist ein Zustand, der in der Therapie angestrebt wird. Dieser zeichnet sich dadurch aus, dass die Patienten die Vorteile ihrer Abstinenz wahrnehmen können, gleichzeitig aber wissen, dass sie Schwachstellen haben, die zu Rückfällen führen können. Das harmonische Verhältnis von Akzeptanz und Veränderung, das durch die Dialektik ausgedrückt wird, ist außerdem eine im Fall von Suchtproblemen hilfreiche innere Haltung. Zuletzt kann insbesondere das gruppentherapeutische Format für Betroffene wertvoll sein. Menschen, die lange süchtig waren, haben in ihrem sozialen Umfeld oft auch besonders viele Personen, die ebenfalls eine Suchtproblematik aufweisen oder aber förderlich für das süchtige Verhalten sind. Wer aus diesen Dynamiken aussteigen möchte, muss häufig – zumindest zeitweise – Abstand von diesen Kontakten nehmen. In diesem Fall tut es gut, wertschätzende und entwicklungsfördernde Personen im Umfeld zu haben – auch wenn man diese nur einmal wöchentlich bei der Gruppentherapie trifft.

Essstörungen

Nicht bei allen Essstörungen hat sich die DBT gleichermaßen als wirksam erwiesen. Bei der Binge-Eating-Störung scheint sie jedoch – nach aktuellem Wissensstand – äußerst hilfreich zu sein. Binge-Eating ist die häufigste Essstörung in Deutschland und kennzeichnet sich hauptsächlich dadurch, dass die Betroffenen innerhalb kürzester Zeit riesige Mengen an Nahrungsmitteln zu sich nehmen. Oft empfinden sie dabei ein Gefühl des Kontrollverlustes und können nicht aufhören, selbst wenn sie sich körperlich bereits sehr unwohl fühlen. Nach einem Anfall werden sie von Scham- und Schuldgefühlen geplagt. Aus Sicht der DBT stellen die Essanfälle ein unbewusstes Verhaltensmuster dar. Achtsamkeit verbessert die Fähigkeit, die damit einhergehenden Gedanken und Gefühle wahrzunehmen. Auch Fertigkeiten der Emotionsregulation helfen beim Vermeiden von Essanfällen, da die Betroffenen das Essen oft nutzen, um unangenehme Gefühle zu bewältigen. Das Gleiche gilt für Techniken der Stresstoleranz. Ähnlich wie bei Borderline ist es für die Betroffenen gut, wenn sie lernen, innere unangenehme Gefühle auszuhalten und regulieren zu können, anstatt Essen als einen Kompensationsmechanismus zu nutzen. Dieser Ansatz kann auch Menschen weiterhelfen, die unter anderen Essstörungen wie Bulimie oder Magersucht leiden. So gibt es auch ein therapeutisches Konzept der DBT, das speziell für Essstörungen konzipiert wurde: das DBT-E.

DBT ist bei vielen Symptomen wirksam

Auch wenn die DBT in ihrer klassischen Form hauptsächlich für die Behandlung von Borderline-Symptomen konzipiert war, gibt es mittlerweile eine große Zahl abgewandelter Therapiekonzepte. Neben eben genannten wird sie auch bei Personen angewendet, die mit Verhaltenssüchten (Spielsucht, Kaufsucht und so weiter), körperdysmorphen Störungen oder ADHS leben. Die vier Hauptbausteine haben sich als hilfreich bei der Bewältigung verschiedenster Symptome erwiesen. Ebenso treten bestimmte Symptome, unter denen Borderliner oft leiden (schlechtes Selbstwertgefühl, impulsives Verhalten oder unkontrollierbare Emotionen), auch bei anderen psychischen Erkrankungen auf.

Zuletzt gilt es noch zu sagen, dass man natürlich keine diagnostizierte psychische Erkrankung haben muss, um von den Methoden der DBT zu profitieren. Dieses Buch ist so angelegt, dass jeder die hier erklärten Übungen zu Hause ausprobieren kann. In vielen Fällen ist es so, dass auch „psychisch gesunde Menschen" bestimmte Weisen des Erlebens und Verhaltens kennen, die Menschen mit einer psychischen Erkrankung erleben. In ihrem Fall liegen diese Symptome dann aber in abgeschwächter Form vor oder treten lediglich sporadisch auf. Gefühle des Selbstzweifels oder einen Mangel an Selbstwertgefühl kennen die meisten Personen zumindest phasenweise – wenn auch nicht in einem Ausmaß, in dem eine Psychotherapie nötig wäre. Zudem hat fast jeder Mensch die eine oder andere ungesunde Verhaltensweise, die er einfach nicht loszuwerden scheint. Beispiele sind:

- zu hoher Kaffeekonsum
- zu wenig Bewegung
- Rauchen
- öfter ein Glas „über den Durst trinken"
- Überessen bei mentalem Stress
- sich mit Fernsehen betäuben
- ausufernd feiern gehen und Drogen nehmen, um den Alltagsstress zu vergessen
- zu wenig Schlaf
- endloses Scrollen in den sozialen Medien

Wer derartige ungesunde Gewohnheiten oder „Alltagssünden" loswerden möchte, ist mit Übungen aus der DBT gut beraten. Strategien der Emotionsregulation und der Stressbewältigung eignen sich grundsätzlich gut, um ein ausgewogeneres, harmonischeres und glücklicheres Leben führen zu können.

Kontraindikationen

Bei Kontraindikationen handelt es sich um Faktoren, unter denen eine bestimmte medizinische Anwendung oder Therapie nicht empfohlen ist. Sie geben an, dass eine Maßnahme in konkreten Fällen wenig nützlich, unter Umständen sogar schädlich sein könnte.

Die DBT beginnt, wie an späterer Stelle noch ausgeführt werden soll, mit der Zustimmung der Patienten zu einem Therapievertrag. Daher wäre es eine Kontraindikation, wenn Patientinnen nicht in der Lage sind, diesbezüglich klar und reflektiert zu entscheiden. Das ist der Fall bei Personen, die zum Beispiel unter einer akuten Psychose leiden, aktuell in einer manischen Episode stecken oder durch Hirnschäden oder demenzielle Erkrankungen die kognitiven Fähigkeiten nicht besitzen, die dafür nötig wären.

4 Ablauf und Struktur der DBT

Die DBT ist – im Gegensatz zu beispielsweise den psychodynamischen Therapieverfahren – eine relativ strukturierte Therapiemethode. So setzt sie sich aus klar definierten Bausteinen zusammen, hat konkrete Funktionen und läuft in zuvor festgelegten Stufen ab. Das bedeutet nicht, dass bei Indikation nicht auch flexiblere Behandlungspläne möglich sind – in ihrer „Reinform" jedoch ist der Ablauf relativ stark vorgegeben. Die Grundbausteine einer DBT sind regelmäßige Einzelsitzungen, ein Kompetenztraining der Fertigkeiten (Achtsamkeit, Stresstoleranz, zwischenmenschliche Fähigkeiten, Emotionsregulation) in der Gruppe sowie die Möglichkeit, den Therapeuten in schwierigen Situationen jederzeit telefonisch zu erreichen. Auch regelmäßige Besprechungen des DBT-Therapeuten mit anderen Therapeutinnen sind ein fester Bestandteil des Konzepts. In diesen Konsultationen können wichtige Fragen und auftretende Schwierigkeiten in der Gruppe besprochen werden. Die DBT ist ein Behandlungsprogramm, das so umfassend ist, dass man sagen könnte, es bestünde eigentlich aus mehreren einzelnen Behandlungsmethoden. Das Ziel der Therapie ist es, sämtliche Lebensbereiche langfristig zu transformieren. Dabei sollte jede individuelle Behandlung fünf Hauptfunktionen abdecken. Diese sind:

- **Veränderungsmotivation steigern:** Das eigene Leben zum Besseren zu verändern ist bestimmt ein Ziel, für das es sich zu arbeiten lohnt – wofür, wenn nicht für das? Speziell Personen, die schon lange mit selbstzerstörerischen Verhaltensweisen kämpfen, geraten meist irgendwann in einen Zustand der Resignation: Sie haben bereits viel versucht, fühlen sich hoffnungslos und zweifeln womöglich an den Erfolgschancen der Therapie. Vor allem, wenn man sich in einem depressiven Stimmungstief befindet, ist es schwer, sich selbst einen Ruck zu geben und die Veränderungen anzugehen, die man sich wirklich wünscht. Umso wichtiger ist es, zu lernen, immer wieder auf Kurs zu kommen, wenn man gerade einen Hänger hat. Die Therapeutin sollte daher im Rahmen der DBT helfen, wieder zu den eigenen Zielen zurückzukommen, das eigene Denken und Verhalten zu überwachen sowie neue Motivation zu finden, wenn man sie verloren hat.
- **Fertigkeiten lernen:** Aus Sicht der DBT äußern sich psychische Probleme unter anderem so, dass den Patientinnen einige Fähigkeiten fehlen, die aber für ein erfülltes Leben wichtig wären. Nicht, weil sie dumm oder unfähig wären, sondern weil sie diese Fähigkeiten in dem Umfeld, in dem sie aufgewachsen sind, schlichtweg nicht erlernen konnten. Das betrifft beispielsweise die Fertigkeit, die eigenen Emotionen regulieren zu können oder erfüllende zwischenmenschliche Beziehungen aufzubauen.
- **Die Umgebung anpassen:** Die Lebensumgebung, in der wir uns befinden, beeinflusst zu einem großen Teil, wie wir uns fühlen. Umgekehrt schaffen wir uns oft auch unbewusst eine äußere Umgebung, die zu unserer inneren Welt passt. Dies kann zu Schwierigkeiten führen, wenn die Umgebung ein dysfunktionales Verhalten unterstützt: wenn eine Person mit einem Alkoholproblem beispielsweise nur Freunde hat, die auch trinken, oder wenn jemand, der zu Essanfällen mit ungesunden Lebensmitteln neigt, eine Schublade voll mit Süßigkeiten besitzt. Diese Faktoren führen dazu, dass es viel schwieriger wird, neue Gewohnheiten zu etablieren. Stattdessen wäre es wichtig, die Umgebung so anzupassen, dass sie das neue Verhalten unter-

stützt, das wir gerade erlernen wollen: Freundinnen, die auch nüchtern gern Zeit mit einem verbringen, oder ein voller Obstkorb statt Süßigkeiten.

- **Das Gelernte übertragen:** Die Fertigkeiten, die im Rahmen der DBT vermittelt werden, können in Einzel- und Gruppentherapie immer wieder angewendet und geübt werden. Die Therapie bietet dabei eine Art sicheren Rahmen, in dem man sich ausprobieren, Fehler machen und neue Verhaltensweisen ausprobieren kann. Das Ziel ist es aber natürlich, das Gelernte irgendwann auch über den Therapiekontext hinaus mit ins „echte Leben" zu nehmen.
- **Unterstützung des Therapeuten:** Die meisten Menschen, die sich dazu entscheiden, therapeutisch zu arbeiten, tun dies aus dem Herzen heraus. Sie möchten anderen dabei helfen, sich weiterzuentwickeln – eine Aufgabe, die äußerst erfüllend sein kann. Gleichzeitig ist die Arbeit als Psychotherapeut auch phasenweise anstrengend und aufreibend. Umso wichtiger ist es, dass auch Therapeutinnen ein unterstützendes Umfeld für sich schaffen. Das betrifft zum einen die bereits erwähnten Kompetenzteams, bestehend aus anderen Therapeuten. Ebenso wichtig ist es aber, auch privat gut auf sich zu achten und einen entsprechenden Ausgleich zu schaffen.

Therapieverlauf: Die fünf Behandlungsstufen

Wie schon erwähnt, ist die DBT ein strukturiertes Verfahren. Ein Vorteil besteht darin, dass sich die einzelnen Stufen an die Entwicklungen der Patientinnen anpassen lassen. Idealerweise ist es so, dass mit steigender Tragfähigkeit der therapeutischen Beziehung auch schwierigere Themen bearbeitet werden können. Außerdem geht es am Anfang der Therapie vor allem darum, selbstschädigende Verhaltensweisen abzulegen sowie eine grundlegende innere Stabilität zu erlangen. Dies ist vor allem bei suizidalen Tendenzen von äußerster Wichtigkeit. Dadurch wird es deutlich einfacher, sich später auch mit den dahinterliegenden emotionalen Schwierigkeiten zu beschäftigen. Der Therapieverlauf lässt sich dabei in fünf Behandlungsstufen beziehungsweise Phasen teilen – diese variieren ein wenig in ihrer Unterteilung.

Vorbereitungsphase

Die Vorbereitungsphase hat es zum Ziel, dass Patientin und Therapeut gemeinsam zu dem Entschluss kommen, dass sie aktiv an den dysfunktionalen Verhaltensweisen der Patientin arbeiten wollen (und können). Hier steht also die Vorbereitung der kommenden Therapie im Vordergrund. Dies kann nachweislich dazu führen, die Abbruchrate zu reduzieren. Mittlerweile ist es glücklicherweise weitverbreitet und gilt als viel normaler, eine Therapie zu machen, als dies früher der Fall war. Dennoch wissen viele Menschen, bevor sie eigene Therapieerfahrungen gesammelt haben, nicht genau, was konkret in einer Therapie passiert und was sie zu erwarten haben. Hinzu kommt, dass es eine Vielzahl verschiedener Therapiemethoden mit unterschiedlichen Ansätzen gibt. So passiert es manchmal, dass unrealistische Erwartungen bezüglich der Therapie sowie der zu erwartenden Therapieerfolge oder dysfunktionale Überzeugungen bestehen, die den Therapieverlauf ungünstig beeinflussen können. In der Vorbereitungsphase geht es also auch darum, diesen Überzeugungen auf die Spur zu kommen sowie zu einer realistischen Einschätzung der kommenden gemeinsamen therapeutischen Arbeit zu finden. Wichtig ist hier: Die

Chemie zwischen Therapeut und Patientin sollte stimmen, da eine tragfähige therapeutische Beziehung einen der wichtigsten Bausteine einer erfolgreichen Behandlung darstellt. Patientinnen versuchen also idealerweise, einen Eindruck vom Kommunikationsstil, den Therapiezielen und den angestrebten Interventionen zu erhalten. Auch der Therapeut sollte erspüren, ob er sich eine gemeinsame Arbeit vorstellen kann, und gleichzeitig der Patientin dabei helfen, eine begründete Entscheidung für oder gegen die Therapie zu treffen. Diagnostische Interviews und das Erfassen der biografischen Vorgeschichte erfolgen außerdem in dieser Phase. Zuletzt hat die Patientin die Möglichkeit, problematische Verhaltensweisen aufzulisten, an denen sie in den folgenden Therapiephasen arbeiten möchte.

Phase 1: Aufbau grundlegender Fertigkeiten

In der ersten Phase der Therapie geht es hauptsächlich darum, jene Verhaltensweisen zu reduzieren, die die Lebensqualität einschränken, die selbst- und therapiegefährdend sind. Ebenso gilt es nun, das Umfeld so anzupassen, dass es zu den Veränderungswünschen der Patientin und den Therapiezielen passt und diese erleichtert. Beispiele für unangemessene und therapiegefährdende Verhaltensweisen sind:

- selbstverletzendes Verhalten bei inneren Spannungen
- suizidale Tendenzen
- Suchtmittelkonsum
- essgestörtes Verhalten
- stark impulsgesteuertes Verhalten
- Ausagieren heftiger aggressiver Impulse
- verletzendes Verhalten in Beziehungen
- Zuspätkommen zu den Therapiesitzungen
- „Hausaufgaben" nicht machen
- respektloses Verhalten in der Gruppentherapie

Phase 1 umfasst gleichermaßen, die unerwünschten Verhaltensweisen abzubauen wie neue Verhaltensweisen zu etablieren. Das Fördern von Fähigkeiten und Fertigkeiten (Emotionsregulation, Stresstoleranz und so weiter) in der Gruppentherapie trägt dazu bei, die Handlungsspielräume der Patienten zu erweitern sowie neue Alltagskompetenzen zu erlernen. Je nach Schweregrad der Symptome kann diese Phase Monate bis Jahre dauern. So beschreibt Marsha Linehan beispielsweise eine Patientin, die zwei Jahre brauchte, bis sie bereit war, ihren exzessiven Alkoholkonsum zu reduzieren. In anderen Fällen kann es aber auch deutlich schneller gehen, Veränderungsmotivation zu finden und neue, förderlichere Verhaltensweisen einzuüben. Grundsätzlich ist es das Ziel, dass Patienten am Ende des ersten Therapiejahres ein Basiswissen über die Fertigkeiten der DBT besitzen, auch wenn diese Fertigkeiten noch nicht fest ins Leben integriert werden können.

Phase 2: Reduktion posttraumatischer Belastungsmuster

Wurden die Ziele von Phase 1 erreicht, geht es gewissermaßen „ans Eingemachte". Da die Auseinandersetzung mit traumatischen Erlebnissen so intensiv sein kann, ist es wichtig, an diesem Punkt bereits eine gewisse innere Stabilität erreicht zu haben. Marsha Linehan betont an dieser Stelle, dass ein zu frühes Ansprechen traumatischer Inhalte häufig als überfordernd erlebt wird und dazu führen kann, dass Patienten erneut suizidal wurden, sich selbst verletzten oder in eine Klinik eingewiesen werden mussten. Das Ziel der DBT ist es daher, die Patienten vor der Beschäftigung mit dem Trauma ausreichend vorzubereiten und zu befähigen, die Bearbeitung gut verkraften zu können. Das Trauma kann auch früher einen Platz in der Therapie einnehmen, beispielsweise, wenn sich Trauma-Folgen als Verhaltensweisen äußern, die das Leben stark einschränken. Dabei wird aber nicht der Fokus auf die Vergangenheit gerichtet, sondern stets auf das Hier und Jetzt, auf die aktuellen Gedanken, Gefühle und Handlungsweisen. In dieser Phase kann es manchmal passieren, dass überhaupt erst erkannt wird, dass ein Patient unter einer Borderline-Symptomatik leidet. Dies ist womöglich der Fall, wenn jemand aufgrund anderer Probleme einen DBT-Therapeuten aufgesucht hat, grundsätzlich im Leben aber gut zurechtkommt. Möglicherweise zeigt sich erst in der Konfrontation mit den traumatischen Reizen das gesamte Ausmaß des inneren Leidensdrucks. Auch diese Phase kann – je nach Symptomen und Ressourcen der Patienten – Monate bis Jahre dauern. Manchmal ist es auch sinnvoll, Therapiepausen einzulegen, um wieder zu Atem zu kommen und neue Anläufe zu starten. Dabei ist es wichtig, zu verstehen, dass es sich niemals um ein persönliches Versagen handelt, wenn einzelne Phasen der Therapie länger dauern. Vielleicht erinnern Sie sich an die Grundannahmen, die DBT-Therapeutinnen über ihre Patientinnen haben: Sie tun immer ihr Bestes und eine Verbesserung des Zustandes ist möglich! Innere Prozesse entfalten sich in ihrem eigenen Tempo und ihrer eigenen Geschwindigkeit.

Phase 3: Selbstvertrauen stärken und Ziele entwickeln

In den ersten zwei Phasen der Therapie liegt ein Fokus auf dem, was in der Therapie passiert. Nun gilt es, den Blick auch nach außen zu wenden. In Phase 3 lernen Patientinnen, wie sie das, was sie gelernt haben, auch in ihrem alltäglichen Leben anwenden können. Bei Menschen mit Borderline-Symptomatik dauert es oft vergleichsweise lange, bis sie Vertrauen zum Therapeuten und zur Gruppe gefasst haben. Da sie oft eine tiefe innere Einsamkeit spüren und das Gefühl haben, stets auf sich allein gestellt zu sein, fragen sie selbst dann nicht um Hilfe, wenn es vollkommen angebracht wäre. Wird dieses Muster im Rahmen der Therapie besprochen, fällt auf, dass es sich auch im Leben außerhalb der therapeutischen Praxis zeigt. Neigt sich die Therapie ihrem Ende zu, ist es wichtig, dass die Patienten auch außerhalb der Therapie Ressourcen finden – beispielsweise gute Freunde, denen sie vertrauen und die sie anrufen können, wenn sie Hilfe brauchen. Borderliner befinden sich in einem stetigen Kampf zwischen Abhängigkeit und Autonomie. Verlassen sie sich auf jemanden, passiert es schnell, dass sie sich von der Person abhängig fühlen oder faktisch abhängig machen, was ihnen auf Dauer nicht guttut. Gleichzeitig ist aber auch eine übermäßige Autonomie nicht förderlich für die Gesundheit. Jeder Mensch braucht andere Menschen für sein Wohlergehen. Hier gilt es also, in der Therapie ein Gleichgewicht zwischen diesen beiden Polen zu entwickeln und dieses auch in die eigene Alltagsrealität zu übertragen. Zusätzlich ist es Ziel dieser Phase, Gefühle des Selbsthasses sowie der Scham zu reduzieren. Außerdem wird der Fokus auf die Zukunft gerichtet. Stand bislang im

Leben der Patientinnen deren Erkrankung im Vordergrund, wird es nun möglich, sich Ziele für das eigene Leben zu erarbeiten. Sie haben zunehmend mehr Raum dafür, sich zu fragen, welche Wünsche und Vorstellungen sie bezüglich der Zukunft haben – und wie es möglich ist, diese Wünsche zu realisieren.

Phase 4: Den Blick auf das große Ganze richten

Je nachdem, wie und wo die DBT stattfindet, variiert die Anzahl der Therapiephasen. Marsha Linehan selbst zum Beispiel spricht nur von insgesamt drei Phasen. Andere Therapeuten reden von vier oder sogar fünf Phasen (wenn man die Vorbereitung mit dazuzählt). Das liegt mitunter auch daran, dass die späteren Phasen weniger stark voneinander abgegrenzt sind als Vorbereitung sowie Phase 1. Stattdessen gehen sie eher fließend ineinander über und richten sich teilweise auch nach dem Entwicklungsprozess der Patienten. Nicht immer laufen die Phasen chronologisch ab. Zwar sind die Stabilisierung und der Abbau von selbstschädigenden Verhaltensweisen der wichtigste Fokus zu Beginn der Behandlung, die späteren Phasen lassen sich bis zu einem gewissen Grad aber auch an die Entwicklungsprozesse der Patienten anpassen. Wieder etwas anders kann es sein, wenn die DBT stationär in Kliniken stattfindet. Dann ist es oft so, dass Vorbereitung und Phase 1 stationär innerhalb von wenigen Monaten ablaufen. Sind die Patienten psychisch stabiler, folgt Phase 2 im Rahmen einer ambulanten Psychotherapie.

Nachdem in Phase 3 neue Lebensziele und Pläne entwickelt werden konnten, geht es in Phase 4 nun darum, die erworbene Selbsterkenntnis weiter zu vertiefen. Ein Aspekt ist dabei oft eine spirituelle Dimension. Ein tieferes Verständnis für die eigene Existenz und das Leben an sich wird erfahren. Viele Patienten machen die Erfahrung, dass sie lernen, das Glück weniger im Außen, sondern vor allem in sich selbst zu finden.

Die Rahmenbedingungen der Therapie

Im Gegensatz zu anderen Therapieformen besteht die DBT aus mehreren Bestandteilen. Zu einer Einzeltherapie kommt noch das Fertigkeiten-Training in der Gruppe hinzu, ebenso wie ein Telefoncoaching mit dem Therapeuten. Vor allem der letzte Aspekt, nämlich dass Patienten ihre Therapeuten jederzeit anrufen dürfen und dies vor allem in Krisensituationen auch so gewollt ist, ist relativ ungewöhnlich. So verlangt die DBT sämtlichen Beteiligten einiges ab.

Einzeltherapie

Wenn Sie den Entschluss fassen, eine DBT zu durchlaufen, müssen Sie zunächst einen dafür ausgebildeten Therapeuten finden. Wie das gelingen kann, wird in Kapitel 8 erklärt. Da DBT-Therapeuten stets im Team arbeiten – Sie erinnern sich an das bereits erwähnte Konsultationsteam –, findet man häufig mehrere Therapeuten in einer Stadt vor. In ländlichen Gebieten ist es mitunter schwieriger, jemanden zu finden, sodass längere Anfahrtszeiten auf Sie zukommen könnten. Wägt man jedoch Aufwand und Nutzen ab, sollten Sie sich davon nicht abschrecken lassen. Insbesondere durch die Erfahrung von Lockdowns und Kontaktreduzierung während der Corona-Pandemie (2020 bis 2022) bildeten sich auch vermehrt Teams, die sich ausschließlich online trafen bzw. treffen – einige davon bestehen noch immer. Die meisten Therapeutinnen bevorzugen es, sich von Angesicht zu Angesicht zur Supervision zu treffen. Vor allem im ländlichen Raum hat die zunehmende Digitalisierung aber dazu beigetragen, dass sich auch immer mehr Online-Konsultationsteams über Videoplattformen verabreden. Mit zunehmender Popularität der DBT ist glücklicherweise auch damit zu rechnen, dass diese Therapieform häufiger angeboten wird und künftig Therapieplätze besser zugänglich sein werden.

Ist der passende Therapeut gefunden, kann die Vorbereitungsphase beginnen. Einzelsitzungen finden in der Regel einmal pro Woche oder 14-tägig statt und dauern 50 Minuten. Während des Behandlungsverlaufes ist es auch möglich, dass die Sitzungen manchmal länger dauern und 90 oder sogar 120 Minuten eingeplant werden. Einige Patienten brauchen beispielsweise sehr lange, um zu Beginn der Sitzung „warm zu werden". In diesem Fall kann es zum Beispiel sinnvoll sein, dafür zusätzliche 30 Minuten einzuplanen. In akuten Krisen oder am Anfang der Behandlungen können die Einzelsitzungen mitunter auch zweimal pro Woche angesetzt werden. Wie bei anderen Therapieformen sitzen sich Patient und Therapeut seitlich gegenüber. In den Einzelsitzungen geht es hauptsächlich darum, die Verhaltensweisen, die der Patient verändern möchte, zu verstehen sowie deren Ursprung zu begreifen. Zwischen den Sitzungen sind Patienten dazu angeregt, Tagebuch über ihre inneren Spannungszustände zu führen. Diese Notizen – ebenso wie die Inhalte der Gruppentherapie – können Teil der Sitzungen sein.

Gruppentraining

Die Therapiegruppen der DBT sind relativ stark strukturiert. Bei diesen Terminen, die in der Regel parallel zur Einzeltherapie stattfinden, werden die DBT-Fertigkeiten vermittelt und eingeübt. Im Gegensatz zu Therapiegruppen aus anderen therapeutischen Disziplinen geht es weniger darum, die Lebensgeschichte der Patienten aufzuarbeiten oder die Alltagsthemen zu besprechen. Stattdessen ist es das Ziel, die konkreten Fähigkeiten zu erlernen und zu üben. Der Austausch mit den anderen Gruppenmitgliedern bezieht sich dann hauptsächlich darauf, die Anwendung der Fertigkeiten zu besprechen. Zusätzlich gibt es Hausaufgaben, die zur nächsten Woche erledigt und auch in der Gruppe ausgewertet werden. Gruppen werden in der Regel über den Einzeltherapeuten, den man gewählt hat, vermittelt. Viele DBT-Therapeuten haben Anschluss an größere Gemeinschaftspraxen, die direkt zugehörige Gruppen anbieten. Andernfalls können sie vermutlich zumindest eine Gruppe in der Nähe empfehlen. In manchen Gruppen ist es so, dass man jederzeit einsteigen kann, andere haben konkrete Einstiegszeitpunkte, beispielsweise zu Beginn eines Moduls. Das Gruppentraining dauert 6 bis 18 Monate. Manchmal bleiben Teilnehmerinnen auch länger, um ihre Fertigkeiten weiter zu festigen. Oft bestehen konkrete Regeln für das Miteinander. In manchen Gruppen werden die Teilnehmerinnen zum Beispiel gebeten, sich – solange sie in der Gruppe aktiv sind – nicht außerhalb der Gruppe zu treffen. Manchmal gibt es auch die Möglichkeit, an weiterführenden stützenden Gruppentrainings teilzunehmen, nachdem das Fertigkeiten-Training abgeschlossen ist. Diese Gruppen sind in der Regel fortlaufend und können von fortgeschritteneren Patientinnen auch langfristig die primäre Therapie darstellen.

Telefoncoaching

Das Telefoncoaching ist etwas, das die DBT von anderen Therapiemethoden unterscheidet. Bei den meisten Therapien ist es nicht erwünscht, dass Patientinnen ihre Therapeutinnen zwischen den Sitzungen kontaktieren – zumindest nicht, um thematisch etwas zu klären. Terminabsprachen sind davon natürlich ausgenommen. In der DBT hat das Telefoncoaching ein anderes Format als die Einzeltherapie. Die einzelnen Gespräche sind zum einen deutlich kürzer angesetzt – etwa zehn Minuten. Zum anderen bestehen konkrete inhaltliche Vorgaben darüber, was im Telefoncoaching besprochen werden soll. In der DBT unterscheidet man vier Gründe, warum Patienten ihre Therapeuten anrufen sollten:

- Hilfestellung erfragen
- um Validierung bitten
- die Beziehung wiederherstellen
- gute Nachrichten erzählen

Am häufigsten nehmen Patientinnen das Telefoncoaching in Anspruch, um um Hilfe zu bitten. Das kann beispielsweise der Fall sein, wenn sie sich gerade in einer hoch spannungsgeladenen Situation befinden und den Drang verspüren, die innere Spannung mit schädlichen Verhaltensweisen zu kompensieren. Dann ist es wenig effektiv, bis zum nächsten Therapietermin zu warten, um die Situation anzusprechen. Das Telefoncoaching kann stattdessen eine Möglichkeit sein, um direkt in der Situation neue Fertigkeiten einzuüben. Viele Therapeutinnen fragen daher zu Anfang des Gespräches nach, welche Fertigkeiten bereits angewendet wurden und schlagen mögliche andere Fertigkeiten vor, die in der Situation hilfreich sein könnten. Außerdem haben die Patientinnen so in einer schwierigen Situation das Gefühl, nicht alles allein schaffen zu müssen. Vielen Menschen, nicht nur Borderlinern, fällt es schwer, um Hilfe zu bitten. Umso wertvoller ist es, wenn man es schafft, diese Fähigkeit zu meistern. Das gilt für die Therapie ebenso wie für das restliche Leben.

Validierung ist eine therapeutische Technik, die darin besteht, die Gefühle und das Erleben einer Person anzuerkennen und zu bestätigen. Menschen, die in ihrer Vergangenheit Erfahrungen des Abwertens oder gar des Missbrauchs erlebt haben, fällt es oft sehr schwer, sich selbst zu validieren. Sie haben dann das Gefühl, dass ihr Erleben keinen Sinn ergibt oder dass ihre Gefühle „falsch" sind. Den Therapeuten um Validierung zu bitten, bedeutet also, darum zu bitten, dass man sich wünscht, dass die eigenen Gefühle anerkannt und verstanden werden. Geschieht dies, nimmt häufig der innere Druck bereits ab und das Denken wird klarer. Oft ist es außerdem so, dass wir, wenn wir von außen validiert werden, irgendwann auch lernen, uns selbst zu validieren.

Da Menschen mit einer Borderline-Symptomatik ihren Beziehungspersonen gegenüber aufbrausend und impulsiv sein können, kommt es in ihrem Leben auch öfter zu Streit und Zerwürfnissen. Das ist äußerst belastend – für alle Beteiligten. Auch die therapeutische Beziehung bleibt davon nicht verschont. So kann es aufgrund von inneren Spannungen, Stimmungsschwankungen oder triggernden Situationen passieren, dass sie im Rahmen der Einzel- oder Gruppentherapie ausfallend werden oder etwas sagen, das sie später bereuen. Dann schämen sie sich oder haben Schuldgefühle, die sie entweder bis zur nächsten Sitzung mit sich herumtragen oder sogar völlig unter den Tisch fallen lassen. Besser ist es daher, die Spannungen so schnell wie möglich telefonisch aufzulösen sowie den Schaden zu reparieren.

Zuletzt kann es auch immer passieren, dass etwas gut geklappt hat: dass die Patientinnen sich in einer Situation so verhalten haben, wie sie es sich vorgenommen haben, oder in schwierigen Situationen gut reagiert haben. Haben sie das Bedürfnis, auch diese guten Neuigkeiten in Echtzeit mit ihren Therapeutinnen zu teilen, ist auch das im Sinne des Telefoncoachings. Derartige Anrufe freuen nicht nur die Therapeutinnen – sie stärken weiter auch die therapeutische Beziehung.

Die Rolle von Therapievertrag und Protokollen

Da eine DBT ein intensives und aufreibendes Unterfangen für alle Beteiligten darstellen kann, gibt es zu Beginn einer Behandlung eine Reihe von Vereinbarungen, die getroffen werden. Sowohl Patienten als auch Therapeuten willigen dabei ein, sich an bestimmte Regeln zu halten. Den Patienten hilft dies mitunter, die Disziplin aufrechtzuerhalten, vor allem wenn impulsives Verhalten den Therapieerfolg zu beeinträchtigen droht. Die Verpflichtungen, die die Patienten eingehen, bilden eine essenzielle Voraussetzung für den Beginn der Therapie. Meist werden sie mündlich festgehalten, können jedoch nach Ermessen auch schriftlich fixiert werden. Folgende Vereinbarungen zählen dazu:

- **Abkommen über den Behandlungszeitraum:** Patient und Therapeut einigen sich darüber, wie lange sie zusammenarbeiten möchten. In der Regel beträgt der Behandlungszeitraum zunächst ein Jahr, lässt sich jedoch, sobald diese Zeitspanne abgelaufen ist, erneut anpassen und verlängern. Das Ende eines solchen Therapiejahres bietet einen guten Ansatzpunkt, um zu reflektieren, was sich bereits verändert hat und wo es in der Zukunft hingehen soll. Natürlich gibt es stets die Möglichkeit, die Therapie auch einseitig zu beenden, wenn ein Patient beispielsweise oft unentschuldigt fehlt oder andere begründbare Zweifel an der Zusammenarbeit bestehen.
- **Verträge über selbstverletzendes oder suizidales Verhalten:** Mit Patienten, die stark suizidgefährdet sind, werden „Anti-Suizid-Verträge" geschlossen. Das oberste Ziel der Therapie ist, die Patienten davon abzuhalten, sich in spannungsgeladenen Situationen selbst zu verletzen oder gar zu suizidieren. Stattdessen sollten mit fortschreitender Therapiedauer neue und weniger gefährliche Lösungen für die auftretenden Probleme gefunden werden. Manche Therapeutinnen greifen auf solche Verträge auch nur in akuten Krisensituationen zurück oder schließen sie für absehbarere Zeiträume ab: eine Woche, einen Monat oder bis zum nächsten Therapietermin.

Überdies müssen Patient und Therapeut zu Beginn der Behandlung eine Abmachung darüber treffen, wie hoch die anfallenden Therapiekosten sind und auf welche Weise sie finanziert werden können. Als Verfahren, das in seiner Wirksamkeit mittlerweile sehr gut belegt ist, stehen die Chancen gut, dass die DBT von der Krankenkasse übernommen wird. Diese bewilligt ein bestimmtes Kontingent an Stunden, das bei Bedarf sowie hinreichender Begründung durch den Therapeuten ausgeweitet werden kann. Dafür müssen Sie allerdings einen Therapeuten auswählen, der die nötigen Voraussetzungen erfüllt. Diese beinhalten in der Regel, dass derjenige eine Approbation sowie einen offiziellen Kassensitz hat, um über die Krankenkassen abrechnen zu können. Wie Sie einen solchen Therapeuten finden, wird in Kapitel 8 behandelt. Am Ende dieses Buches finden Sie außerdem weitere Anlaufstellen, bei denen Sie sich unter anderem über die Bedingungen einer Kassentherapie informieren können.

Natürlich gibt es auch Vereinbarungen aufseiten der Therapeutin, deren Einhaltung diese ihren Patienten zusichert. Dazu gehört Folgendes:

- Die Therapeutin versichert, sich alle erdenkliche Mühe zu geben.
- Sie hält sich an die ethischen Richtlinien.
- Sie hält, ebenso wie ihre Patienten, die vorab abgesprochenen Termine ein.
- Sie verhält sich respektvoll und empathisch.
- Die Therapeutin ist dazu verpflichtet, sich bei Bedarf selbst therapeutische Beratung einzuholen.

Um Therapiefortschritte und Schwierigkeiten besser reflektieren zu können, verpflichten sich die Patienten in der DBT außerdem dazu, zu jeder Sitzung ein sogenanntes Wochenprotokoll anzufertigen. Dieses Protokoll wird zu Beginn der Sitzung besprochen und kann die Basis für die weitere Strukturierung der Therapiestunde bilden. In diesen Protokollen werden verschiedene relevante Parameter dokumentiert, die das Verhalten betreffen, das abgelegt werden soll. Im Falle von Borderline-Patienten kann das zum Beispiel sein, ob selbstverletzendes oder anderweitig schädigendes Verhalten aufgetreten ist, ob Alkohol konsumiert wurde, innere Anspannungen vorlagen und so weiter. Diese Informationen werden genutzt, um eine Verhaltensanalyse durchzuführen und auf diese Weise besser zu verstehen, welche inneren und äußeren Situationen schädliche Verhaltensweisen begünstigt haben könnten.

Therapieverträge und Protokolle erfüllen in der DBT verschiedene Funktionen. Zum einen helfen sie dabei, bestimmte Regeln und Pflichten deutlich zu machen, die in der therapeutischen Beziehung gelten. Patienten lesen schwarz auf weiß, was sie von ihren Therapeutinnen zu erwarten haben. Dies kann das Vertrauen stärken und unrealistische Erwartungen abbauen. Gleichzeitig bieten gemeinsam getroffene Vereinbarungen eine Möglichkeit, mit der starken Impulsivität vieler Borderline-Betroffener umzugehen. Womöglich neigen sie dazu, bei schlechter Stimmungslage oder wenn ihnen ein Thema nicht gefällt, unentschuldigt in Einzelsitzungen oder im Fertigkeiten-Training zu fehlen. Ist von vornherein klar, dass bei einer bestimmten Anzahl an ausgefallenen Sitzungen in Folge – die meisten Therapeutinnen legen sich hier auf vier oder fünf Sitzungen fest – die Therapie abgebrochen wird, bekommt das Erscheinen eine zusätzliche Relevanz. Zuletzt begeben sich Therapeutin und Klient durch das Festlegen gemeinsamer Verhaltensregeln auf Augenhöhe. So wird nicht von vornherein vorausgesetzt, dass die „hilflose Patientin" kein Mitspracherecht hat und der „allmächtige Therapeut" sich dazu herablässt, ihr zu helfen.

Stattdessen handeln beide Parteien miteinander aus, inwiefern sie sich auf eine therapeutische Beziehung einlassen wollen und welche Regeln diese Beziehung hat.

Selbstfürsorge des Therapeuten als wichtiger Bestandteil

Auch wenn die DBT erwiesenermaßen gute Erfolge bei vielen Borderline-Patienten verzeichnet, so handelt es sich dennoch um eine Krankheit, die auch Therapeuten oft stark herausfordert. Insbesondere die suizidalen Tendenzen und das selbstverletzende Verhalten können selbst bei geschulten Fachkräften bisweilen Ängste, Unsicherheiten und Zweifel auslösen. In der DBT spielt insbesondere die empathische Beziehung auf Augenhöhe eine Rolle. Auch wenn die therapeutische Beziehung klare Regeln hat und stets der Patient im Mittelpunkt steht, wird nicht geleugnet, dass auch Therapeuten Menschen sind, die durch ihre Arbeit mit eigenen schwierigen Emotionen konfrontiert werden können. Um dauerhaft gut behandeln zu können sowie Überforderung vorzubeugen, arbeiten DBT-Therapeuten stets im Team. Dies bedeutet, dass sie in der Regel an ein größeres Netzwerk angebunden sind, über das sie Supervisionen und bei Bedarf auch eigene Beratungsgespräche in Anspruch nehmen können. Vor allem Borderline-Patientinnen haben oft sehr feine Antennen für ihr Gegenüber. Viele von ihnen spüren es daher, wenn ein Therapeut selbst ausgelaugt, erschöpft oder mutlos ist. Umso wichtiger ist es deshalb, in puncto Selbstfürsorge ein gutes Vorbild zu sein. Gleichzeitig kann es auch für Patientinnen entlastend wirken, wenn sie wissen, dass ihre Therapeutinnen gut auf sich achten. Nicht wenige machen sich beispielsweise Gedanken darüber, den Therapeutinnen „zur Last zu fallen" oder „zu viel zu sein". Umso wichtiger ist es für die Betroffenen, zu wissen, dass die behandelnden Personen sich gut um sich selbst kümmern.

5 Praktische Hilfestellungen

Das Einüben konkreter Fertigkeiten stellt einen wichtigen Teil der DBT dar. Doch auch, wenn Sie aktuell nicht – oder noch nicht – an einer DBT-Gruppe teilnehmen, lässt sich lernen, Fertigkeiten und Methoden in den Alltag zu integrieren, um sich auf diese Weise selbst zu helfen. An dieser Stelle erfolgt erneut der Hinweis: Ein Buch ersetzt niemals eine Therapie. Dennoch können folgende Übungen Ihnen helfen, sich im Alltag zu stabilisieren – beispielsweise, während Sie gerade auf einen Therapieplatz warten. Insbesondere bei Menschen, die keine behandlungsbedürftige psychische Erkrankung haben, sondern eher „kleinere Alltagsschwierigkeiten", ist es sinnvoll, beherzt das eine oder andere auszuprobieren. Mehr Achtsamkeit, zwischenmenschliche Fähigkeiten, Emotionsregulation, Stresstoleranz sowie ein besseres Selbstwertgefühl tun den meisten von uns gut. Welche Übungen sich als wirksam erweisen, ist individuell verschieden. Lesen Sie sich das folgende Kapitel daher am besten in Ruhe durch und hören Sie auf Ihr Bauchgefühl. Beginnen Sie mit den Übungen, die Sie intuitiv am meisten ansprechen. Bemerken Sie erste Erfolge und Verbesserungen, werden Sie vermutlich ganz von selbst motiviert sein, sich auch jenen Übungen zuzuwenden, die Ihnen zunächst schwieriger zugänglich erscheinen.

Achtsamkeit

Die meisten Menschen verbinden Achtsamkeit hauptsächlich mit dem Buddhismus oder anderen spirituellen Systemen. Sie denken dabei an Yogis, die verdrehte Posen einnehmen, oder an Mönche, die wochenlang in einer einsamen Höhle meditieren. Dass Achtsamkeit auch ein äußerst wirksames Tool ist, um sich besser zu fühlen sowie die mentale Gesundheit zu stärken, kommt erst allmählich in der Öffentlichkeit an. Tatsächlich kann Achtsamkeit dazu beitragen, intensive Zustände besser aushalten zu können. Die urteilsfreie Wahrnehmung führt dazu, dass die innere Welt weniger verurteilt oder abgelehnt wird, sondern man es schaffen kann, sich selbst mit wohlwollender Neugierde gegenüberzutreten. Achtsamkeit lässt uns auch verstehen, dass Gedanken und Gefühle stets kommen und gehen und dass nichts für immer bleibt. Die Spannungen werden nachlassen, ebenso wie Wut, Traurigkeit und Verzweiflung. Das Leben im Moment führt dazu, dass wir die guten Augenblicke mehr zu schätzen wissen, da wir begreifen, dass auch sie vergänglich sind. Achtsamkeit kann zu tiefgreifenden Erkenntnissen führen:

- Gefühle spiegeln nicht immer die äußere Realität wider.
- Nur weil wir etwas denken, bedeutet das nicht unbedingt, dass es wahr ist.
- Nur weil wir den Drang haben, etwas Bestimmtes zu tun, bedeutet das nicht, dass wir diesem Drang auch nachgehen müssen.

Viele Menschen empfinden es im Alltag jedoch als wenig praktisch, stundenlang irgendwo zu sitzen und zu meditieren. Marsha Linehan hat daher die Achtsamkeitsübungen so vereinfacht, dass sie auch im Alltag angewandt werden können – sozusagen nebenbei. Sie teilte die Fertigkeiten, die in der DBT gelernt werden sollten, in zwei

Kategorien. Die WAS-Fertigkeiten: WAS genau ist zu tun? Und die WIE-Fertigkeiten: WIE sollte etwas getan werden? WAS-Fertigkeiten beinhalten: Beobachten, Beschreiben und Teilnehmen.

Beobachten

Beim Beobachten geht es darum, alles, was im Augenblick passiert, wahrzunehmen: die Umgebung, die Gedanken, die Gefühle und die Körperwahrnehmungen. Nichts, was dabei in den Fokus der Aufmerksamkeit gerät, wird bewertet oder beurteilt. Das Beobachten funktioniert besonders gut in der klassischen Meditationshaltung, kann aber auch während jeder alltäglichen Tätigkeit geübt werden. Letzteres ist allerdings eher für „fortgeschrittene Beobachterinnen" ratsam, da die Aufmerksamkeit in Bewegung leichter verloren geht. Für den Anfang ist es sinnvoll, sich an einen ruhigen Ort zurückzuziehen und die Augen zu schließen. Beginnen Sie am besten mit einem kurzen Zeitfenster von etwa fünf Minuten. Stellen Sie sich einen Timer und nehmen Sie während dieser fünf Minuten alles wahr, was im Innen und im Außen zu Ihnen kommt. Achten Sie darauf, sich nicht in Gedankenschleifen oder in Lösungen zu verlieren. Kein Problem, das Sie wahrnehmen, muss gelöst werden. Sitzen Sie einfach nur da, atmen und schauen Sie zu, wie Gedanken, Gefühle und Atem durch Sie hindurchfließen.

Beschreiben

Beim Beschreiben geht es darum, das, was Sie wahrnehmen, in Worte zu fassen. Wichtig: Beschreiben ist etwas anderes als Interpretieren. Beim Beschreiben versuchen Sie, die Dinge, die Sie wahrgenommen haben, auszudrücken, ohne ihnen ein Urteil aufzudrücken. Nehmen Sie als Beispiel eine Hochspannungssituation.

Eine Interpretation wäre zum Beispiel Folgendes: „Mein Freund hat mir schon seit zwei Stunden nicht geantwortet, obwohl er meine Nachricht gelesen hat. Ich glaube, er liebt mich nicht mehr. Ich stehe so unter Druck, dass ich es kaum aushalte."

Eine Beschreibung hingegen könnte so aussehen: „Ich erinnere mich daran, dass mein Freund mir noch immer nicht geantwortet hat. Es entsteht eine große Angst davor, dass das bedeuten könnte, dass er nicht mehr mit mir zusammen sein möchte. Außerdem fühle ich Traurigkeit, Hoffnungslosigkeit und Wut. Die Gefühle sind sehr intensiv. In mir entstehen eine große innere Spannung und der Drang, mich selbst zu verletzen."

Das Beschreiben kann man – ebenso wie das Beobachten – gut in der Stille üben. Setzen Sie sich dafür wieder bequem hin, stellen Sie sich einen Timer auf fünf Minuten – wenn Sie bereits geübter darin sind, gerne mehr – und beschreiben Sie alles, was Sie in Ihrer Umgebung und in Ihrem Inneren wahrnehmen. Achten Sie darauf, dabei möglichst wertfrei zu bleiben. Hier einige weitere Beispiele für Beschreibungen:

- Ich sehe einen Baum vor dem Fenster, der sich leicht im Wind bewegt.
- Der Himmel ist blau.
- Der Holzboden unter mir fühlt sich warm an.

- Ich spüre eine Anspannung im Nacken.
- Mein Atem fließt ruhig und gleichmäßig.
- Ich frage mich, wie lange diese Übung noch dauern wird.
- Es kommt ein Gefühl der Langeweile.
- Es kommt ein Gedanke an Person XYZ.

Manchmal ist es auch so, dass wir – vor allem in Bezug auf Gefühle – gar nicht so einfach differenzieren können, was gerade da ist. Viele Menschen sind schlichtweg nicht geübt darin, ihre Gefühle zu benennen. In für Border-line typischen Überflutungssituationen ist es auch häufig so, dass sehr viele starke Gefühle gleichzeitig vorhanden sind, sodass man diese kaum auseinanderhalten kann. Um sich darüber klar zu werden, was Sie fühlen, können Sie folgende Liste zurate ziehen.

Häufig empfundene Emotionen

albernerleichtertruhelos

angeregterschöpftzuversichtlich

aufgebrachtfröhlichselig

interessierthysterischstark

stolzüberraschtangeekelt

ängstlichbegeistertwütend

wertvollschüchternsicher

aufgebrachtunsicherverlegen

aufgeräumtgereiztschuldbewusst

traurigtüchtigübersprudelnd

gleichgültiggeliebtgelangweilt

erfreutentsetztenttäuscht

eifersüchtigeinsamempfindlich

rasendverstörtneugierig

enthusiastischgebrochenhoffnungsvoll

wertlosvorsichtigglücklich

interessiertleermüde

Die Liste lässt sich beliebig ergänzen, falls es noch andere Gefühle gibt, die Sie häufig an sich beobachten.

Teilnehmen

Teilnehmen ist das Gegenteil von Multitasking. Die meisten Menschen gehen heute kaum noch einer einzelnen Tätigkeit allein nach. Wir schauen uns Videos an, während wir essen, hören Radio, während wir den Abwasch machen, oder hängen unseren Gedanken nach, während wir wie auf Autopilot die Wohnung aufräumen. Beim Teilnehmen geht es darum, nur eine Tätigkeit auf einmal durchzuführen und sich voll und ganz darauf zu konzentrieren. Wenn Sie spazieren gehen, dann setzen Sie ganz bewusst einen Fuß vor den anderen. Lenken Sie sich nicht ab, indem Sie Musik hören oder mit jemandem telefonieren. Versuchen Sie stattdessen, bewusst im gegenwärtigen Moment zu sein. Spüren Sie, wie Sie einen Fuß vor den anderen setzen, wie Ihnen die Sonne ins Gesicht scheint und wie die Vögel singen. Spüren Sie, wie sich Ihr Körper bewegt und welche Stimmung in Ihnen herrscht. Auch in Bezug auf diese Fähigkeit können Sie üben, indem Sie sich einen Timer stellen. Irgendwann wird es vermutlich ganz von selbst passieren, dass Sie sich mehr im Hier und Jetzt befinden. Anfangs hilft es jedoch dabei, sich einen festen und konkreten Zeitraum auszusuchen, in dem Sie Ihre Fertigkeiten trainieren.

Wertfrei, aufmerksam, effektiv

Die drei WIE-Fertigkeiten beschreiben die Art und Weise, in der die WAS-Fertigkeiten ausgeübt werden sollten – nämlich wertfrei, aufmerksam und effektiv.

Eine Situation nicht zu bewerten, kann dazu führen, dass wir insgesamt weniger verstrickt sind. Vor allem Personen mit Borderline erleben im Alltag oft, dass bestimmte Situationen unglaublich emotional aufgeladen sind. Die Situation wertfrei und nicht-beurteilend zu betrachten, hilft dabei, sich ihr weniger ausgeliefert zu fühlen. Das Leid wird weniger und es ist leichter, die Kontrolle zu behalten, anstatt sich in gefährlichen Kompensationsstrategien zu verlieren. Nicht zu werten, stellt vor allem anfangs oft eine große Herausforderung dar. Falls es Ihnen nicht sofort gelingt, versuchen Sie auch, dies nicht zu bewerten – als Versagen zum Beispiel. Nehmen Sie es stattdessen an, so wie es ist.

Wer konzentriert ist, fokussiert sich leichter auf den gegenwärtigen Augenblick. Egal, worum es geht: Meistens hilft es uns nicht weiter, uns um die Zukunft zu sorgen oder in der Vergangenheit zu verweilen. Auch Menschen, die viel in Gedankenspiralen feststecken, können davon profitieren, wenn sie sich stattdessen auf das fokussieren, was JETZT gerade vor ihnen ist.

Effektiv zu handeln, bedeutet, dass man sich so verhält, wie es am konstruktivsten ist. Nehmen wir als Beispiel einen Beziehungsstreit. Stellen Sie sich vor, Ihr Partner würde sich bei Ihnen darüber beschweren, dass Sie öfter vergessen, den Müll wegzubringen. Sie selbst nehmen das jedoch nicht so drastisch wahr und sind vielmehr der Überzeugung, er würde eine schlechte Stimmung an Ihnen auslassen. Sie könnten nun mit allen Mitteln darauf pochen, dass Sie im Recht sind. Allein, weil sie keinen Fehler zugeben wollen, holen einige Menschen dabei immer neue „Leichen aus dem Keller". Nach dem Motto: „Du beschwerst dich, dass ich den Müll nicht rausgebracht habe? Dabei hast du doch seit Wochen kein neues Toilettenpapier gekauft und die Wäsche übernehme ich auch komplett allein!" Fällt einem dann zum Haushalt nichts mehr ein, könnte man weitermachen mit anderen Themen, die einen immer schon latent gestört haben, um den Streit so richtig zum Eskalieren zu bringen. Stattdessen hätten Sie auch einfach zugeben können, dass Sie den Müll im Stress des Tages vergessen haben. Vielleicht würden Sie Ihren Partner sogar noch fragen, ob er gerade Probleme auf der Arbeit hat oder es ihm anderweitig nicht gut geht. Dieser wiederum würde sich vermutlich darüber freuen, dass Sie so aufmerksam sind, und die schlechte Stimmung wäre nach wenigen Minuten vergessen gewesen.

Effektivität kann aber auch in Bezug auf innere Eskalationen verstanden werden:

Nach seiner Schulzeit hatte Herr B. das Problem, dass er öfter in Schlägereien und andere Streitigkeiten geriet. Anschließend fühlte er sich schlecht und unfähig, ein normales Leben zu führen. Diese abwertende Haltung sich selbst gegenüber schaukelte sich oft so weit hoch, dass er starken inneren Druck verspürte und als Kompensationsstrategie zur Flasche griff. Im betrunkenen und enthemmten Zustand hatte er jedoch seine Aggressionen schlecht im Griff, sodass es erneut zu Handgreiflichkeiten kam – ein Teufelskreis. Nachdem Herr B. sich einer Skillgruppe angeschlossen hatte, lernte er mit der Zeit, sich vom Strudel der eigenen Gefühle nicht mehr so stark mitreißen zu lassen. Stattdessen hielt er sich innerlich zurück und betrachtete, was in ihm vorging, ohne es zu werten. Allmählich schaffte es Herr B., auch seinen rationalen Verstand mit ins Boot zu holen. Dies wiederum half ihm dabei, herauszufinden, was in einer bestimmten Situation am effektivsten wäre. Wenn er also in eine Situation geriet, in der er von seinen Gefühlen übermannt wurde, gelang es ihm zunehmend, sich dafür nicht weiter zu bestrafen, indem er trank oder sich selbst verletzte. Stattdessen nahm er sich eine Auszeit und fuhr für ein paar Tage in die Berge, um wieder einen klaren Kopf zu bekommen.

Übung: Emotionen entdecken

Bei dieser Übung geht es hauptsächlich darum, einen besseren Bezug zu den eigenen Gefühlen zu bekommen und sie aufmerksam wahrzunehmen, ohne erst einmal reagieren zu müssen. Versuchen Sie dabei, eine innere Haltung zu kultivieren, die wohlwollend und neugierig sich selbst gegenüber ist. Kein Gefühl, was Sie beobachten, ist unangebracht oder gar „falsch". Stattdessen genügt es vollkommen, anzuerkennen, dass ein bestimmtes Gefühl in Ihnen existiert. Für diese Übung benötigen Sie etwa fünf Minuten und sie kann im Grunde überall durchgeführt werden: morgens beim Zähneputzen, vor dem Einschlafen oder in der Mittagspause. Idealerweise üben Sie täglich, gern auch mehrmals am Tag. Das, was Sie durch die Übung erfahren, können Sie sich in ein Notizheft schreiben, um eine Art Protokoll über Ihre Gefühle zu haben.

Setzen Sie oder stellen Sie sich ruhig hin und schließen Sie für einen Moment die Augen. Nehmen Sie ein paar tiefe Atemzüge und spüren Sie als Erstes in Ihren Körper hinein. Gibt es innere Körperwahrnehmungen? Falls ja, beschreiben Sie diese und notieren Sie sie gegebenenfalls in Ihrem Notizbuch. Beispiele für Körperwahrnehmungen sind eine Enge, Weite, Wärme oder Kälte in bestimmten Körperteilen. Manchmal nimmt man auch Spannungen oder ein Kribbeln wahr. Beobachten Sie aufmerksam alles, was sich zeigt: eine Enge im Hals, eine Spannung im

Kopf oder eine Verspannung der Schultern? Vielleicht auch eine Weite im Brustkorb oder im Bauch? Womöglich spüren Sie auch ganz andere Dinge – es gibt hier kein Richtig und kein Falsch.

Als Zweites versuchen Sie, die Gefühle, die Sie wahrnehmen, zu benennen. Dabei lassen sich die Körperwahrnehmungen aus dem ersten Teil der Übung heranziehen:

- Meine Kehle fühlt sich eng an, wie „zugeschnürt". Ich fühle mich wütend.
- Mein Nacken fühlt sich hart und verspannt an. Ich fühle mich gestresst.
- Ich habe ein Kribbeln im Bauch. Ich fühle mich aufgeregt.

Zuletzt notieren Sie die Situation, in der die Gefühle sich gezeigt haben. Notieren Sie sich, wo Sie sich gerade befinden und was Sie erlebt haben.

Noch einmal die drei Fragen im Überblick:

1. Welche Körperwahrnehmungen können Sie spüren?
2. Welche Gefühle können Sie benennen?
3. In welcher Situation haben diese Wahrnehmungen und Gefühle sich gezeigt?

Wenn Sie diese Übung regelmäßig durchführen, werden Sie mit der Zeit immer geübter darin, Ihre Gefühle zu erkennen und wahrzunehmen. Manchmal lässt sich ein Gefühl besser über den Körper identifizieren als über den Kopf. Außerdem werden Sie vermutlich Parallelen erkennen – dass Sie sich in Gegenwart bestimmter Personen oder in bestimmten Situationen zum Beispiel oft ähnlich fühlen.

Zwischenmenschliche Fertigkeiten

Kommen wir zum zweiten Aspekt der DBT: den Beziehungen. Zwischenmenschliche Beziehungen sind ebenso wertvoll wie verletzbar. Jeder Mensch braucht andere Menschen, um sich dazugehörig zu fühlen. Einsamkeit hingegen ist eines der unangenehmsten und schädlichsten Gefühle, die es gibt. Allerdings kann ein einziger Streit, wenn er außer Kontrolle gerät, Beziehungen dauerhaft schädigen. Umso wichtiger ist es deshalb, grundlegende zwischenmenschliche Fähigkeiten zu erlernen, um mit Konflikten angemessen umgehen zu können, Grenzen zu setzen sowie die eigenen Bedürfnisse zu kommunizieren. Marsha Linehan nutzte in der DBT dafür Übungen aus verschiedenen Quellen, um an zwischenmenschlichen Fähigkeiten und der Kommunikation zu arbeiten. Um die Kommunikation langfristig zu verbessern, gibt es einiges Grundlegendes über Beziehungen, das Sie wissen sollten.

1. Beziehungen erfordern Aufmerksamkeit. Egal ob es sich um Freundschaften handelt, um Kollegen, um Familienmitglieder oder um Liebespartner: Keine Beziehung funktioniert dauerhaft, wenn man es nicht schafft, sich einander aufmerksam zuzuwenden. Im Sinne der Achtsamkeit kann man lernen, das wertungsfreie Beobachten auch auf die Mitmenschen anzuwenden. Wie ist der Gesichtsausdruck einer Person, wie spricht sie, was sagt sie über sich – und welchen Aufschluss erhalten Sie dadurch über ihren inneren Zustand? Ein aufmerksames Wahrnehmen hilft, im Hier und Jetzt präsent zu sein. Sind Sie das nicht, kann es schnell passieren, dass Sie zum Beispiel Ihre eigenen Gefühle auf Ihr Gegenüber projizieren oder zu Schlussfolgerungen bezüglich seines Verhaltens kommen, die der Situation nicht angemessen sind. Dabei wird die Aufmerksamkeit nicht nur auf Ihr Gegenüber gerichtet, sondern insbesondere auch auf die Beziehung. Was geschieht im Miteinander? Wie fühlen Sie sich in der Beziehung? Gibt es Dinge, die Ihr Gegenüber sagt oder tut, die in Ihnen den Impuls auslösen, wegzulaufen oder aggressiv zu werden?

2. Aggression kann die Folge von Passivität sein. Viele Menschen, denen es schwerfällt, Grenzen zu setzen und damit möglicherweise andere vor den Kopf zu stoßen, werden in Beziehungen eher passiv. Sie lassen dann ihrem Gegenüber den Vortritt und passen sich dessen Bedürfnissen an. Auf Dauer tut man damit einer Beziehung aber keinesfalls einen Gefallen. Im Gegenteil: Wer die eigenen Bedürfnisse immer zurückstellt, wird mit der Zeit innerlich zunehmend wütender und aggressiver. Irgendwann kommt der Punkt, an dem es nicht mehr auszuhalten ist: Entweder muss man die Beziehung verlassen oder es kommt zur Eskalation. Somit ist die Annahme, man würde gute Beziehungen führen können, indem man keine Grenzen setzt und nur auf die Bedürfnisse der anderen hört, schlichtweg falsch. Umso wichtiger ist es daher, zu lernen, die eigenen Bedürfnisse auszudrücken und – auf eine respektvolle Art – für sie einzustehen.

3. Ohne Kompromisse geht es nicht. Manchmal treffen zwei Personen aufeinander, deren Bedürfnisse ideal zusammenpassen. Beispielsweise wünschen sich beide ein ruhiges und harmonisches Miteinander und legen viel Wert auf Entspannung. Wenn diese beiden Personen nun einen ruhigen Abend miteinander verbringen, sind vermutlich beide zufrieden. Sind aber die Bedürfnisse unterschiedlich – egal, ob insgesamt oder nur im gegenwärtigen Moment –, dann kann es zu Konflikten kommen. Denken Sie nur an das Beispiel von Frau A.:

Der Partner von Frau A. wünschte sich, allein eine Reise zu machen und Zeit für sich zu haben. Frau A. hingegen hätte es am liebsten, dass ihr Partner bei ihr bleibt, damit sie ihre Verlustängste nicht spüren muss.

Hier stehen die Bedürfnisse beider Partner sogar in einem direkten Widerspruch zueinander. Damit sich der Konflikt lösen lässt, sollte Folgendes möglich sein:

- Beide Partner sollten ausdrücken können, was sie sich vom jeweils anderen wünschen.
- Beide Partner müssen ebenfalls beachten, was das Bedürfnis des anderen ist.
- Es sollte konstruktiv und kompromissbereit verhandelt werden, sodass jeder zumindest zu einem Teil das bekommt, was er sich wünscht.
- Jeder sollte dazu bereit sein, dem anderen teilweise zu geben, was er oder sie sich wünscht.

Werden die Bedürfnisse von einem der beiden Partner – oder sogar beiden – dauerhaft nicht erfüllt, führt das häufig zu Beziehungsproblemen. Im Fall von Frau A. und ihrem Partner könnte man sich folgende Kompromisslösung vorstellen:

Frau A. äußert ihrem Partner gegenüber, dass sie starke Verlustängste empfindet, wenn er so lange ohne sie verreist. Ihr Partner hört Frau A. aufmerksam zu und erklärt ihr, dass er nicht vorhabe, sie zu verlassen, dass diese Reise für ihn und seine persönliche Weiterentwicklung jedoch ein wichtiger Schritt sei. Beide können den Standpunkt des jeweils anderen gut nachvollziehen. Sie einigen sich darauf, dass der Partner von Frau A. sich häufig telefonisch melden wird. Außerdem plant Frau A. ihre Semesterferien so, dass sie ihren Partner für drei Wochen besuchen kann, sodass sie in diesem Zeitraum gemeinsam reisen und ihre Beziehung stärken.

Übung: Eigene Bedürfnisse identifizieren

Es gibt viele Menschen, denen es schwerfällt, ihre eigenen Bedürfnisse deutlich wahrzunehmen – geschweige denn, sie angemessen auszudrücken. Dafür kann es eine Vielzahl an Gründen geben. Vielleicht haben Sie in Ihrer Kindheit gelernt, dass Ihre Bedürfnisse ohnehin nicht erfüllt werden. Möglicherweise wurde das Äußern eigener Wünsche sogar gering geschätzt oder bestraft. Vielleicht waren Ihre Bezugspersonen auch überfordert mit Ihren Bedürfnissen oder konnten diese selbst nicht nachvollziehen. Es könnte auch sein, dass Sie sich davor fürchten, andere vor den Kopf zu stoßen – wenn Sie eigentlich eine Grenze setzen möchten, zum Beispiel. Egal, woran es liegt: Man kann auf jeden Fall lernen, die eigenen Bedürfnisse wahrzunehmen und zu äußern. Darum soll es in folgender Übung gehen. Wir wenden uns dem Bedürfnis dabei in mehreren Schritten zu.

Schritt 1: Identifizieren Sie Ihr Gefühl. Wie geht es Ihnen gerade? Nutzen Sie dafür gern die Strategien aus dem Kapitel zur Achtsamkeit.

Schritt 2: Ist das Gefühl angenehm (zum Beispiel Freude, Zufriedenheit, freudige Erwartung oder Neugierde) oder unangenehm (beispielsweise Angst, Stress, Traurigkeit oder Wut)?

Schritt 3: Weckt dieses Gefühl einen Wunsch nach Veränderung und wenn ja, welchen? Wünschen Sie sich, dass Ihr Gegenüber etwas mehr, weniger oder anders tut? Wie würde das neue, bevorzugte Verhalten aussehen?

Schritt 4: Fassen Sie Ihr Bedürfnis in einigen wenigen klaren Sätzen zusammen, sodass Sie es Ihrem Gegenüber möglichst klar mitteilen können.

Oft ist es leider so, dass es sich – so wichtig das Formulieren von Bedürfnissen auch ist – zunächst unangenehm anfühlt, jemand anderen um eine Veränderung zu bitten. Vor allem, wenn wir gelernt haben, dass unsere Bedürfnisse nicht erfüllt werden können oder wollen – weil unsere Bezugspersonen von ihnen überfordert waren oder sie sie nicht nachvollziehen konnten –, kann dies eine ganze Reihe an Emotionen auslösen: Angst, zu viel zu wollen; Angst, mit den eigenen Bedürfnissen zu viel zu sein; Angst, sich zu zeigen. Nicht immer reagiert unser Gegenüber angemessen auf eine Bitte oder eine Bedürfnisäußerung. Auch heute noch kann es natürlich passieren, dass Sie nicht verstanden werden oder dass Ihr Gegenüber auf Ihre Äußerung wütend, gleichgültig oder sogar abschätzig reagiert. In diesem Fall dürfen Sie sich bewusst machen, dass es Ihr gutes Recht ist, Ihre eigenen Bedürfnisse ernst zu nehmen und diese auch zu äußern. Es ist vollkommen in Ordnung, für sich selbst zu sorgen und darauf zu schauen, dass es Ihnen gut geht. Sie haben das Recht, die Welt in einer anderen Art zu erleben als andere Menschen und dennoch für sich selbst einzustehen. Sie dürfen *immer* Nein sagen zu etwas, was Sie nicht möchten. Eine Grenze zu setzen, bedeutet nicht, dass man egoistisch, gleichgültig oder schlecht ist. Sie müssen sich dafür nicht rechtfertigen. Und zuletzt: Befinden Sie sich in einer Situation, in der Ihre Bedürfnisse dauerhaft abgewertet, kleingeredet oder auch schlichtweg nicht erfüllt werden, dürfen Sie sich aus der Situation entfernen. Es ist in Ordnung, zu gehen. Es ist legitim, sich ein Umfeld zu suchen, in dem Ihre Bedürfnisse erfüllt werden und Sie sich glücklich, zufrieden, angenommen, verstanden und wertgeschätzt fühlen.

Emotionsregulation

Emotionen sind, einfach gesagt, Signale aus Ihrem Inneren, die Ihnen zeigen, was in Ihnen gerade vor sich geht. Eine genaue Definition gibt es aufgrund der Komplexität (noch) nicht. Man geht allerdings davon aus, dass Emotionen sich aus verschiedenen Komponenten zusammensetzen: einem Gefühl, einer körperlichen Reaktion und den Denkprozessen, die damit zusammenhängen. Emotionen gehören zu unserem menschlichen Leben und Erleben dazu. Ohne sie könnten wir kaum unser Überleben sicherstellen. Sie lassen sich weder abstellen noch auf Dauer verdrängen – umso wichtiger ist es, zu lernen, mit ihnen einen angemessenen Umgang zu finden. Verarbeitet werden sie hauptsächlich in einem Teil des Gehirns, den man auch als *limbisches System* bezeichnet. Das limbische System ist sozusagen die „Schaltzentrale der Emotionen“. Es ist sowohl mit anderen Gehirnarealen als auch mit dem restlichen Körper verbunden.

Man unterscheidet zwischen *primären* und *sekundären* Emotionen.

Primäre Emotionen sind die Gefühle, die spontan in einer bestimmten Situation aufkommen.

Sekundäre Emotionen sind emotionale Reaktionen auf die primären Situationen.

Dazu ein weiteres Beispiel aus dem Leben von Herrn B.:

Herr B. wurde als Kind zu Hause stark vernachlässigt und von seinem Stiefvater manchmal auch körperlich misshandelt. Eines Tages warf der Stiefvater einen Stein nach Herrn B. und traf ihn damit am Kopf. Die erste (primäre) Emotion, die Herr B. empfand, war Angst. Er fürchtete sich davor, was sein Stiefvater als Nächstes tun würde. Kurz darauf empfand er Enttäuschung und Wut gegenüber sich selbst, weil er zuließ, dass diese Dinge mit ihm geschahen und er sich selbst als „Angsthase“ wahrnahm. Dies löste in ihm ein tiefes Schamgefühl aus. Die Wut war also die primäre Reaktion, die Scham die sekundäre Emotion.

Dabei kommt es häufig vor, dass in Bezug auf eine einzige primäre Emotion eine ganze Reihe an sekundären Emotionen erlebt wird. Es kann zu langen Kettenreaktionen sekundärer Emotionen kommen, die letztlich weit mehr Schmerzen hervorrufen, als es die ursprüngliche Emotion gekonnt hätte. Kommt es dann zu regelrechten „Aufschaukelungsprozessen", ist es wichtig, dabei nicht den Kontakt zur ursprünglichen, zur primären Emotion zu verlieren. Denn nur diese hat einen Bezug zur aktuellen Situation. Werden selbstschädigende Verhaltensweisen genutzt, um mit schmerzhaften sekundären Emotionskaskaden fertigzuwerden, erzeugen diese tragischerweise auf Dauer oft noch mehr Leid. Hier kommt die Emotionsregulierung ins Spiel: Sie sorgt dafür, dass wir es schaffen, positivere und angemessenere Strategien zu finden, um mit schmerzhaften Emotionen umzugehen und das damit verbundene Leid zu verkürzen. Vor allem, wenn Sie jemand sind, der häufig mit intensiven Emotionen zu tun hat, die er nicht „in den Griff" zu bekommen scheint, kann es äußerst wertvoll sein, sich mit dem Thema Emotionsregulierung auseinanderzusetzen. Die primären emotionalen Reaktionen lassen sich in der Tat oft nicht kontrollieren. Doch die Wahrscheinlichkeit ist groß, dass Sie lernen können, Ihre sekundäre emotionale Reaktion zu reflektieren und bewusster zu steuern. Die primäre Emotion ist, wie sie ist – doch Sie können lernen, anders darüber zu denken, anders zu reagieren und sich anders zu verhalten.

Emotionen benennen

Der erste Schritt zum Erlernen besserer Emotionsregulation ist es, die eigenen Emotionen identifizieren zu können. Wie das funktionieren kann, haben Sie bereits im Kapitel über die Achtsamkeit erfahren. Nur wenn wir wissen, was wir fühlen, können wir analysieren, welche Emotionen zu dysfunktionalen Verhaltensweisen führen und warum. Um einen besseren Eindruck davon zu bekommen, wie es in Ihnen aussieht, hilft es sehr, ein Emotionstagebuch zu führen. Das hat den Vorteil, dass Sie lernen, Ihre Emotionen wirklich zu benennen und zu verbalisieren. Sie könnten zum Beispiel während einer Woche versuchen, stets dann, wenn Sie eine Emotion wahrnehmen, diese aufzuschreiben und kurz die dazugehörige Situation, vielleicht sogar auch das körperliche Empfinden zu notieren. Vergessen Sie dabei auch nicht die angenehmen, die schönen Gefühle! Alternativ können Sie sich auch über den Tag hinweg mehrere Timer stellen. Immer dann, wenn Ihr Timer klingelt, nehmen Sie sich einen Augenblick Zeit, um in sich hineinzuspüren und zu identifizieren, wie Sie sich gerade fühlen.

Verhalten verstehen

Wie bereits beschrieben, hängen Gedanken, Emotionen und Verhaltensweisen miteinander zusammen:

Frau A. fühlt sich in Abwesenheit Ihres Partners einsam in der gemeinsamen Wohnung (eine Emotion). Sie fängt an, sich selbst zu hinterfragen, und denkt: „Kein Wunder, dass er mich alleingelassen hat. Ich bin ohnehin nichts wert und niemand wird mich lieben können" (Gedanken). Aufgrund dieser Gedanken fühlt sie sich immer wertloser und deprimierter, beginnt, sich selbst zu vernachlässigen, und hört auf, zu essen (Verhalten). Da sie sich in weiterer Folge körperlich immer schwächer fühlt, isoliert sie sich zunehmend und wird immer einsamer und depressiver (Emotionen).

Sie sehen: Gedanken, Verhalten und Emotionen verstärken sich mitunter gegenseitig und können so in eine Abwärtsspirale führen. Aber auch das Gegenteil ist möglich: Förderliche und selbststärkende Verhaltensweisen und Gedanken können begünstigen, dass es zu einer Aufwärtsspirale kommt:

Frau A. fühlt sich in Abwesenheit Ihres Partners einsam in der gemeinsamen Wohnung (eine Emotion). Sie weiß aber aus den gemeinsamen Gesprächen, dass die Abwesenheit Ihres Partners nicht als Geringschätzung zu deuten ist, und erinnert sich daran, dass er diese Reise vielmehr für sich und seine eigene Entwicklung unternehmen möchte (Gedanken). Sie fängt an, sich darauf zu freuen, dass sie bald Semesterferien hat und ihn besuchen kann (Gefühle). Um sich selbst von ihrer Einsamkeit abzulenken, betreibt sie etwas Self-Care, indem sie sich die Nägel macht, und sie ruft anschließend eine Freundin an, um ein wenig zu plaudern (Verhalten).

Wenn es doch auch möglich ist, statt einer Abwärts- eine Aufwärtsspirale einzuschlagen, warum kommt es dann immer wieder dazu, dass Menschen zu selbstschädigenden Verhaltensweisen greifen? Die Ursache liegt hier darin, dass viele dieser Verhaltensweisen kurzzeitig eine Art Belohnung hervorrufen. Ein Beispiel:

Frau A. fühlt sich von ihrem Partner nicht beachtet. Sie beginnt, sich selbst zu vernachlässigen. Ihr Partner macht sich Sorgen und kümmert sich um sie. Wenn Frau A. sich nun also wieder mehr Beachtung wünscht, könnte es passieren, dass sie – mangels anderer Handlungsalternativen – wieder zu diesem Verhalten greift.

Auch wenn kurzzeitig vielleicht die innere Not, die Frau A. spürt, weil sie sich nicht ausreichend beachtet fühlt, verschwindet, so hat diese Strategie natürlich auf lange Sicht unangenehme Begleiterscheinungen. Ist sie stets darauf angewiesen, dass ihr Partner sich um sie kümmert, wird sie sich möglicherweise irgendwann abhängig fühlen und keine neuen und besseren Strategien lernen. Ähnlich ist es auch mit selbstschädigenden Verhaltensweisen, die vielleicht auf kurze Zeit zu einer Stressreduktion führen, auf Dauer aber schädlich und sogar gefährlich sein können. Wenn Sie also schädliche Verhaltensweisen verändern wollen, dann ist es sinnvoll, zunächst die Situationen zu analysieren, in denen diese Verhaltensweisen aufgetreten sind. Haben Sie die primären Emotionen identifiziert und herausgefunden, welchen Zweck Ihr Verhalten erfüllt, können Sie im Anschluss überlegen, ob es auch alternative und möglicherweise bessere Verhaltensweisen und Gedanken gibt.

Gedankenspiralen vermeiden

Wie bereits erörtert, passiert es mitunter, dass auf bestimmte primäre Emotionen regelrechte Kaskaden an negativen und schmerzhaften sekundären Emotionen sowie schmerzhafte Gedanken folgen. Es kommt dann zu Gedanken, die dazu führen, dass wir uns noch schlechter fühlen und uns zum Beispiel für unser Verhalten schämen. Kommen ähnliche Gedanken immer wieder, handelt es sich vermutlich um sogenannte *Triggergedanken*. Diese Gedanken basieren oft auf Inhalten, die wir in unserer Kindheit als schmerzhafte Kritik oder Ablehnung erlebt haben. Ein Beispiel:

Herr B. hat in seiner Kindheit erlebt, dass er in der Schule oft der Außenseiter war. Aufgrund seiner zerschlissenen Kleidung wurde er von anderen Kindern eher gemieden. Auch die Lehrer erkannten seine Notlage nicht und stempelten ihn als Störenfried ab. So verinnerlichte Herr B. den Gedanken: „Ich werde immer allein bleiben."

Kommt es nun im Erwachsenenleben zu einer Situation, in der er den Eindruck hat, jemand anderes würde ihn ablehnen oder nicht mögen, werden wieder die gleichen Gedanken reaktiviert. Dabei spielt es eine untergeordnete Rolle, ob diese Ablehnung tatsächlich zutrifft oder nur von Herrn B. so in ein Verhalten hineininterpretiert wird. Dennoch aktiviert dieser schmerzhafte Triggergedanke auch belastende Emotionen. Wie schafft man es also, zu vermeiden, dass diese schmerzhaften Triggergedanken einem immer wieder das Leben schwer machen? Dabei kann folgende Übung helfen:

Übung: Blätter im Bach

Bei dieser Übung geht es darum, schmerzhafte Gedanken und Gefühle loszulassen. Das bedeutet nicht, dass die Gefühle nicht sein dürfen oder dass sie verschwinden sollen. Doch können Sie lernen, sich nicht zu stark in schmerzhaften inneren Dynamiken zu verstricken und „in den Strudel hineinziehen" zu lassen.

Sie stellen sich vor, dass Sie in einer wunderschönen Landschaft in der Natur sitzen und vor Ihnen ein Bach dahinplätschert. Ihre Gedanken und Gefühle werden zu Blättern, die in den Bach fallen und auf dem Wasser dahintreiben.

Dabei ist wichtig, im Sinne der Achtsamkeit zu üben, die Gefühle weder zu bewerten noch zu beurteilen. Ärgern Sie sich nicht darüber, bestimmte Gefühle zu haben oder bestimmte Gedanken immer wieder zu denken. Was ist, das ist. Was kommt, das kommt. Sie schauen einfach nur zu. Fühlen Sie sich generell im Augenblick eher schlecht, aber sind keine bestimmten Gedankeninhalte im Vordergrund, dann lassen Sie alle Gefühle und Gedanken einfach kommen und gehen. Vielleicht gibt es aber einen bestimmten Gedanken, ein Gefühl oder eine Situation, die Sie aktuell quälen? Dann fokussieren Sie sich auf eine konkrete Situation, die es bei Ihnen ausgelöst hat, dass diese Inhalte in Ihrem Inneren aufgetaucht sind. Spüren Sie dabei auch, wie Sie sich körperlich fühlen und welche Emotionen in Ihnen auftauchen. Lassen Sie alle Gedanken, Gefühle und Empfindungen zu, die mit diesem Ereignis zusammenhängen, und stellen Sie sich dann vor, wie diese Dinge als Blätter im Bach davontreiben.

Negativity Bias überlisten

Bei den meisten Menschen findet man einen konkreten Denkfehler, der auch als „Negativity Bias" bezeichnet wird. Damit ist gemeint, dass wir uns an unangenehme Dinge grundsätzlich besser erinnern als an angenehme und uns, vor allem rückblickend, vor allem auf das fokussieren, was schlecht war. Das kann aber auch bedeuten, dass man in Bezug auf eine bestimmte Situation nur das Schlechte sieht, obwohl auch Gutes in ihr zu finden wäre. Ein Beispiel:

Der Partner von Frau A. ist mittlerweile in Südostasien unterwegs. Durch die Zeitverschiebung ist es nicht immer leicht, passende Zeiten zum Telefonieren zu finden. Hinzu kommt, dass die Verbindung oft nicht besonders gut ist. Nun bittet Frau A. ihn per Textnachricht, ob Sie nicht am nächsten Tag zu einer bestimmten Zeit telefonieren könnten. Ihr Partner schreibt daraufhin, dass es zu dieser Zeit ungünstig sei, und schlägt einen anderen, für ihn passenderen Zeitpunkt vor. Frau A. fühlt sich daraufhin wütend, enttäuscht und im Stich gelassen.

Anstatt also das „große Ganze" im Blick zu behalten und *auch* zu sehen, dass Ihr Partner geäußert hat, dass er gern mit ihr sprechen wolle, fokussiert sich Frau A. hier ausschließlich auf die Absage, die in der Botschaft enthalten ist. Statt alle Inhalte einer Botschaft zu betrachten, konzentriert sie sich nur auf einen einzigen Aspekt.

Zu einem gewissen Grad war der Negativity Bias für uns evolutionsgeschichtlich wichtig. In einem Lebensumfeld, in dem bereits kleine Fehler zum Tod führen konnten, mussten die Menschen besonders vorsichtig und wachsam sein. Wenn es einmal passierte, dass jemand sich an einer toxischen Beere vergiftete, dann durfte man diese Beere nicht noch einmal essen. Heute hingegen haben „Fehltritte" selten den Tod zur Folge, sodass diese Wahrnehmungsverzerrung uns eher hinderlich ist. Anstatt also zuzulassen, dass wir uns selbst ein einseitiges Bild erschaffen, wäre es besser, bewusst auf eine vollständigere Wahrnehmung zu achten. Das bedeutet, dass Sie stets mitdenken, dass Ihre Wahrnehmung etwas verzerrt sein *könnte*. Eine Möglichkeit, um eine Situation umfassender zu begreifen, wäre es, dass Sie Ihren rationalen Geist einschalten und im Sinne der Dialektik versuchen, stets Belege zu finden, die *für* und die *gegen* Ihre Wahrnehmung sprechen. Meist ist beides vorhanden und es gibt nicht *die eine Wahrheit*.

- Wenn Sie den Eindruck haben, auf voller Linie versagt zu haben, dann überlegen Sie, ob es auch Belege für Ihre Kompetenz gibt.
- Wenn Sie sich isoliert und allein fühlen, dann suchen Sie auch Belege dafür, dass Menschen für Sie da sind und sich um Sie sorgen.
- Wenn Sie das Gefühl haben, Ihnen würde nur Schlechtes im Leben passieren, dann notieren Sie sich auch die Dinge in Ihrem Leben, die gut gewesen sind.

Am Ende geht es bei dieser Übung nie darum, dass das Schlechte, Schmerzhafte und Schwierige nicht da sein darf. Stattdessen ist es das Ziel, den Blick auch in die andere Richtung zu lenken und zu reflektieren, ob die Dinge nicht auch anders sein könnten.

Stresstoleranz

Es gibt kein Leben, das vollkommen frei ist von Leid und Problemen. Jedem Menschen widerfahren auch Dinge, auf die er lieber verzichtet hätte, und jeder Mensch empfindet ab und an Stress oder Überforderung. Darüber hinaus gibt es jedoch Personen, die besonders stark auf solche Stressoren reagieren, die schnell aus der Bahn geworfen werden und lange brauchen, um sich wieder zu erholen. Zum Glück gibt es Möglichkeiten und Techniken, um besser mit Belastungen umgehen zu können und insgesamt stabiler zu werden. Für Menschen, die unter Borderline-Symptomen leiden, fühlt Stress sich oft so unaushaltbar und unerträglich an, dass andere es sich kaum vorstellen können. Hinzu kommt, dass intensive Emotionen auch die Zeitwahrnehmung beeinflussen, sodass unangenehme Augenblicke sich anfühlen können wie eine Ewigkeit. Marsha Linehan hat deshalb eine Reihe von Fertigkeiten entwickelt, die in Stresssituationen zur Krisenbewältigung gedacht sind. Dabei ist wichtig, dass diese Fertigkeiten wirklich ausschließlich in Krisensituationen angewendet werden. Sie sind nicht dazu gedacht, Alltagsprobleme zu lösen oder Emotionen zu verändern. Stattdessen geht es eher darum, eine hoch stressgeladene Situation ohne Schaden zu überstehen, um später mit den Herausforderungen angemessener umgehen zu können. Für die Krisenbewältigung beschreibt Marsha Linehan zwei Möglichkeiten: Ablenkung und Selbstberuhigung.

Ablenkung

Befinden Sie sich in einer Situation, die schwierig, aber lösbar ist, dann ist es eher sinnvoll, sich darauf zu fokussieren, eine Lösung zu erwirken. Ist aber eine Lösung scheinbar unmöglich, dann können die Fertigkeiten zur Ablenkung zum Einsatz kommen. Mögliche Strategien dafür werden mit der Abkürzung ACCEPTS zusammengefasst. ACCEPTS bedeutet:

- A wie Activities: Aktivitäten auszuüben, die die volle Aufmerksamkeit erfordern und bei denen es unmöglich ist, sich in Gedanken weiter mit dem aktuellen Problem zu befassen.
- C wie Contributing: Sich darauf konzentrieren, einer anderen Person zu helfen und etwas zur Gesellschaft beizutragen, sich für etwas zu engagieren.
- C wie Comparison: Sich mit jemandem zu vergleichen, der in einer schlechteren Situation ist als man selbst, oder sich mit einer Zeit zu vergleichen, in der man selbst noch in einer schlechteren Lage war als heute.
- E wie Emotions: Lenken Sie sich mit etwas ab, das in Ihnen positive Emotionen hervorruft, beispielsweise mit schöner Musik oder lustigen Videos.
- P wie Pushing away: Überlegen Sie sich, ob Sie aktuell etwas tun können, um ein Problem oder eine Situation zu lösen. Ist die Antwort „Nein", dann schieben Sie es beiseite und wenden sich etwas anderem zu.
- T wie Thoughts: Lenken Sie sich ab, indem Sie sich auf bestimmte Gedanken konzentrieren, zum Beispiel darauf, bis 100 zu zählen.
- S wie Sensations: Induzieren Sie intensive (unschädliche!) Körperempfindungen, indem Sie zum Beispiel eine eiskalte Dusche nehmen oder an einem sehr starken Pfefferminzbonbon lutschen.

Sich beruhigen

In Hochstresssituationen haben Menschen manchmal den Eindruck, gar nicht mehr „herunterzukommen". Die Situation bauscht sich innerlich immer weiter auf und der Schmerz fühlt sich an wie ein Fass ohne Boden. In diesem Fall ist es eine wertvolle Fähigkeit, sich selbst beruhigen zu können. Dies gelingt über Ihre Sinneswahrnehmungen. So lässt sich der Sehsinn nutzen, um etwas zu beobachten, was sich in der äußeren Welt befindet: die

Wolken am Himmel, die Personen im Café oder die Insekten auf der Wiese. Auch über den Hörsinn kann man sich selbst beruhigen, indem man die Augen schließt und den Geräuschen lauscht, die um einen herum wahrzunehmen sind: das Rauschen des Windes, das Vogelgezwitscher, Stimmen, Verkehrsgeräusche oder andere Dinge. Vielleicht gibt es auch einen bestimmten Geruch, der angenehm für Sie ist, den Sie mit positiven Emotionen verbinden oder der entspannend wirkt? Manche Menschen können sich auch gut beruhigen, indem sie sich eine bestimmte Duftkerze anzünden oder sich mit einer duftenden Lotion eincremen. Vielleicht können Sie auch Ihren Geschmackssinn nutzen, indem Sie sich Ihren Lieblingstee zubereiten oder achtsam ein Stück Schokolade lutschen. Vielleicht hilft es Ihnen, angenehme Materialien auf der Haut zu spüren, indem Sie Ihren Lieblingspyjama anziehen oder einen sich angenehm anfühlenden Stein in der Hand liegen haben.

Übung: Eine Liste angenehmer Aktivitäten

Oft ist es in Hochstresssituationen so, dass es besonders schwerfällt, sich an die Dinge zu erinnern, die einem guttun. Genau deshalb ist es sinnvoll, sich eine Art „Notfallliste" anzulegen, auf die man bei Bedarf zurückgreifen kann. Als Anregung finden Sie im Folgenden eine Liste verschiedener Tätigkeiten. Lesen Sie sich alles durch und spüren Sie dabei, bei welchen Tätigkeiten Sie eine innere Freude oder Lust spüren. Diese Tätigkeiten können Sie sich noch einmal gesondert irgendwo aufschreiben und bei Bedarf hervorholen.

x mit einem Freund oder einer Freundin telefonieren	x meditieren
x Sport treiben	x eine Entspannungsübung machen
x einen Freund oder eine Freundin treffen	x Dehnübungen ausführen
x einen Spaziergang machen	x in den Wald gehen
x ein heißes Bad nehmen	x eine kühle Dusche nehmen
x die Wolken beobachten	x Yoga praktizieren
x ein Buch oder eine Zeitschrift lesen	x Musik hören
x ein Instrument spielen	x malen oder zeichnen
x etwas kochen	x einen Kuchen backen
x Fahrrad fahren	x schwimmen gehen
x eine Runde joggen gehen	x ein Eisbad nehmen
x zu einem Konzert gehen	x einen Abend mit Freunden planen

x sich massieren lassen

x draußen auf einer Bank sitzen

x schlafen

x essen gehen

x gärtnern

x sich um ein Haustier kümmern

x ins Kino gehen

x auf ein Date gehen

x ein neues Hobby starten

x singen

x in die Sauna gehen

x Tagebuch schreiben

x putzen

x Gebrauchtes online verkaufen

x eine Krisenhotline anrufen

x zum Frisör gehen

x ins Café gehen

x in ein Museum gehen

x eine neue Sprache lernen

x in die Kirche gehen

x singen lernen

x ein Spiel spielen

x einen Ausflug machen

x Schokolade essen

x einen Film schauen

x Zimmerpflanzen pflegen

x mit Kindern spielen

x einen eigenen Online-Blog starten

x einem Hobby nachgehen

x im Chor singen

x in die Therme fahren

x Self-Care

x aufräumen

x ausmisten

x puzzeln

x ein Ehrenamt aufnehmen

x in die Bibliothek gehen

x in eine Bar gehen

x ein Familienmitglied anrufen

x eine neue Fähigkeit lernen

x beten

x fotografieren

x aufschreiben, wofür man dankbar ist   x etwas Neues machen

x eine Geschichte schreiben   x jemandem ein Kompliment machen

Zusätzlich zu dieser Liste können Sie natürlich noch andere Aktivitäten sammeln, die Ihnen guttun und Spaß machen. Vielleicht achten Sie einmal darauf, in welchen Situationen und bei welchen Aktivitäten Sie sich wohlfühlen und glücklich sind. Diese Dinge notieren Sie auf Ihrer Liste, um sie auszuprobieren, wenn es Ihnen einmal weniger gut geht.

Selbstwert

Das Modul „Selbstwert" ist kein fester Bestandteil der DBT. Dennoch gibt es bereits viele Gruppen und stationäre Einrichtungen, die dieses Modul zusätzlich zu den anderen vier Hauptfertigkeiten anbieten. Deshalb soll dem Selbstwert auch an dieser Stelle ein Unterkapitel gewidmet werden. Viele Personen, die Borderline, aber auch andere psychische Erkrankungen haben, arbeiten sich an einem mangelnden Selbstwertgefühl ab. Dabei handelt es sich oft um einen Teufelskreis: Wer sich selbst nicht wertschätzt, geht schlecht mit sich um, fühlt sich dadurch schlechter – und gibt sich so selbst immer wieder zu verstehen, dass man eigentlich nichts wert ist. Schwierigkeiten im zwischenmenschlichen Bereich, die zu Isolation und Einsamkeit führen können, tun dabei leider oft ihr Übriges. Wertschätzend und gut mit sich selbst umzugehen, ist für viele Betroffene sehr schwierig und führt mitunter zu tiefgreifenden Scham- und Schuldgefühlen. Umso wertvoller ist es aber, in der Gruppe über die eigenen Gefühle und Erfahrungen zu sprechen. Sind andere Personen anwesend, denen es ähnlich geht, ist es oft leichter, mit den Schwierigkeiten umzugehen. Dies bekommt auch eine zusätzliche Relevanz, da viele Menschen mit Borderline in einem Umfeld aufgewachsen sind, in dem ihre Gefühle nicht validiert wurden. Im Erwachsenenalter fällt es ihnen daher häufig schwer, die eigenen Gefühle zu erkennen – stattdessen werden sie eher geleugnet oder als „falsch" abgestempelt. Ein Mensch, der seine eigenen Gefühle nicht kennt, verliert dadurch aber wichtige Informationen darüber, wie es ihm geht und wie er sich in der Welt bewegen kann, um das eigene Wohlbefinden zu fördern. In der Folge verhält er sich möglicherweise nicht so, wie es der eigenen Natur entspricht und ihm guttun würde. Dies wiederum kann ein schlechtes Selbstwertgefühl begünstigen. Durch Gruppen, in denen es den Menschen ähnlich geht, ist es möglich, auch einen besseren Draht zu sich und seinen Gefühlen zu bekommen. Die Scham wird weniger, wenn man mit Menschen zusammen ist, die ähnliche Erfahrungen gemacht haben und denen es ähnlich geht. Mit der Zeit wird es dann möglich, sich zunehmend auch selbst in den eigenen Wahrnehmungen und Empfindungen zu validieren. Ziel des Modules Selbstwert ist es, einen liebevollen oder zunächst „annehmenden" Umgang mit sich selbst zu finden. Viele Borderline-Betroffene wenden ihr starkes Schwarz-Weiß-Denken auch auf sich selbst an und haben ein sehr negatives Bild von sich. Im Selbstwert-Modul geht es daher auch darum, die Dialektik zu fördern, in dem Sinne, dass sowohl die positiven als auch die weniger guten Seiten an der eigenen Person angenommen werden können. Da viele Menschen Probleme mit ihrem Selbstwert haben, gibt es mittlerweile einen ganzen Blumenstrauß an Videos, Kursen und Büchern zu dem Thema. Eine Übung zur Stärkung des

Selbstwertes ist es, die vermeintlich negativen Eigenschaften, die man an sich findet, ins Positive umzukehren und zu trainieren, auch die andere Seite der Medaille zu sehen.

Übung: Die unliebsamen Eigenschaften schätzen lernen

Diese Übung können Sie stets dann absolvieren, wenn Sie merken, dass Sie von sich selbst genervt sind. Überlegen Sie sich, welche Eigenschaften Sie an sich selbst nicht mögen und erstellen Sie eine Liste.

1. …
2. …
3. …
4. …

Anschließend versuchen Sie, die jeweiligen Eigenschaften mit einem offenen, unvoreingenommenen Blick zu analysieren. Manchen Menschen hilft es dabei, wenn sie sich vorstellen, dass die Eigenschaften zu jemand anderem gehören, zum Beispiel zu einer guten Freundin oder einem guten Freund. Persönlichkeits- oder Charaktereigenschaften sind in der Regel nicht schwarz-weiß. Eine Person, die sehr sensibel ist, könnte sich zum Beispiel Dinge oft zu sehr zu Herzen nehmen, was sie als unangenehm und „schlecht" erlebt. Gleichzeitig führt die Sensibilität aber womöglich dazu, dass derjenige auch empathisch ist und aufmerksam zuhören kann. Ein Mensch, der launisch und aufbrausend ist, könnte zu Aggressionen und Impulsivität neigen. Gleichzeitig ist diese Person aber auch durchsetzungsstark und lässt sich nichts gefallen. So lassen sich an den meisten Eigenschaften sowohl gute als auch schlechte Aspekte finden. Anstatt eine Facette an sich selbst „weghaben" zu wollen, kommt es also vielmehr darauf an, eine Balance zu schaffen und Extreme zu vermeiden. Sich selbst uneingeschränkt und bedingungslos zu lieben, ist ein Ziel, das die meisten Menschen in ihrem Leben nicht erreichen können. Doch sich selbst „okay" zu finden und zu erkennen, dass man, wie jeder Mensch, auch Schwächen und Stärken hat – darauf kann man hinarbeiten und das lässt sich trainieren.

6 Die Rolle von Selbstfürsorge und Lebensstil in der DBT

Selbstfürsorge, auch außerhalb der Therapie, spielt eine essenzielle Rolle in der DBT. Emotionen, Gedanken und Verhaltensweisen werden auch dadurch beeinflusst, wie man sich insgesamt um das eigene körperliche und mentale Wohl kümmert. Selbstfürsorge beinhaltet beispielsweise eine gesunde Ernährung, ausreichend Schlaf, Bewegung und Entspannungspausen im Alltag. Wenn Sie in einem Körper wohnen, der insgesamt in einem schlechten Zustand ist, der von Ihnen vernachlässigt wird und möglicherweise sogar ständig unter Schmerzen leidet, ist es nicht so einfach, sich zufrieden und gut zu fühlen. Negative Gefühle können sich durch Krankheiten, Schlafmangel, Hunger, Stress oder existenzielle Bedrohungen noch verstärken. Ist man diesen Faktoren dauerhaft ausgesetzt, steigt das Risiko, unter Ängsten oder Depressionen zu leiden.

Selbstfürsorge ist aber mehr, als ab und zu eine Entspannungsübung zu machen oder einen grünen Smoothie zu trinken, ein heißes Bad am Abend zu nehmen oder sich selbst einen Blumenstrauß zu kaufen. Stattdessen geht es darum, sich auf vielen Ebenen um ein sicheres, wertschätzendes und unterstützendes Lebensumfeld zu bemühen. Selbstfürsorge bedeutet auch:

- im Alltag auf die eigenen Bedürfnisse zu hören und diese ernst zu nehmen
- auf die Signale zu achten, die der Körper Ihnen sendet
- zu lernen, für sich selbst einzustehen
- die eigene Gesundheit zu priorisieren und chronischen Stress zu vermeiden
- Pausen einzulegen
- wertschätzende und liebevolle Beziehungen aufzubauen
- Beziehungen, die nicht guttun, die sich manipulativ oder ausnutzend anfühlen, loszulassen
- Vorsorgeuntersuchungen beim Arzt wahrzunehmen
- in einem sauberen und aufgeräumten Zuhause zu leben
- Verabredungen abzusagen, wenn man Zeit für sich braucht
- sich Ruhe zu gönnen, wenn man sich krank fühlt
- sich Zeit zu nehmen, um die eigenen Gefühle zu fühlen
- sich Zeit für schöne Dinge zu nehmen

Sie sehen: Selbstfürsorge zeigt sich auf unglaublich vielen Ebenen und in vielen kleinen Tätigkeiten. Es handelt sich weniger um eine Sache, die man tut, und vielmehr um eine innere Einstellung, die es Tag für Tag zu üben gilt. Vor allem, wenn es Ihnen schwerfällt, sich gut um sich selbst zu kümmern, kann es sein, dass Selbstfürsorge mit Scham- oder Schuldgefühlen verbunden ist. Menschen, die Probleme mit ihrem Selbstwertgefühl haben, haben manchmal das Gefühl, sie würden sich „zu viel herausnehmen", wenn sie anfangen, für sich selbst einzustehen. In diesem Fall ist es sinnvoll, mit kleinen Schritten zu beginnen. Wie mit jeder Veränderung gilt auch hier: Der Weg ist das Ziel. Es wird nicht innerhalb eines Tages passieren, dass Sie Ihr Leben von Grund auf umkrempeln. Versuchen Sie stattdessen, immer mehr kleine Gewohnheiten und Routinen zu etablieren, die Ihnen helfen, das eigene Wohlbefinden zu priorisieren. Anfangs wird es sich möglicherweise ungewohnt anfühlen, beispielsweise „Nein" zu sagen oder mehr für sich selbst einzustehen. Mit der Zeit werden diese Dinge aber immer mehr zur Gewohnheit, sodass Sie irgendwann gar nicht mehr darüber nachdenken müssen.

Ernährung, Bewegung und Schlaf

Körper und Psyche hängen untrennbar miteinander zusammen – das ist das Grundprinzip der Psychosomatik. Geht es dem Körper schlecht, leidet meist auch die Psyche und umgekehrt. Umso wichtiger ist es deshalb, sich eben nicht nur um die Psyche, sondern auch um den Körper gut zu kümmern. Ein wichtiger Aspekt dabei ist die Ernährung.

In unserer westlichen Welt haben wir so viele verschiedene Lebensmittel zur Verfügung, dass wir eigentlich alles essen können, was wir uns nur wünschen. Der überwiegende Teil der Menschen muss keinen Hunger leiden. Dennoch lässt die Ernährung vieler Menschen zu wünschen übrig, was langfristig eine ganze Reihe von Krankheiten begünstigen kann. Dies liegt zu einem großen Teil daran, dass zu viel Zucker konsumiert wird, ebenso wie „Genussgifte" (Alkohol, Koffein, Nikotin) sowie stark verarbeitete Lebensmittel. Auch ein hoher Anteil an Fleisch und Milchprodukten in der Ernährung tut den meisten Menschen nicht gut. Nicht nur sind diese Lebensmittel häufig mit Schadstoffen wie Medikamentenrückständen und Antibiotika belastet, sie sind auch schwer verdaulich, was langfristig Verdauungsbeschwerden und Übergewicht begünstigt. Welche Art der Ernährung ideal für einen Menschen ist, lässt sich nicht pauschalisieren. Denn es hängt von Faktoren wie Alter, Geschlecht, Körperbau und Aktivitätsniveau im Alltag ab, wie viel Kalorien jemand zu sich nehmen sollte und welche Zusammensetzung an Makronährstoffen geeignet ist. Dennoch kann man festhalten, dass den meisten Menschen eine relativ unverarbeitete Ernährungsweise guttut, deren Basis viel frisches Obst und Gemüse, Hülsenfrüchte, Vollkornprodukte, Nüsse und Samen ist. Zudem zeigen Studien, dass Menschen mit starkem Übergewicht beispielsweise häufiger von Depressionen und Ängsten betroffen sind. Das Depressionsrisiko sinkt aber, wenn man kalorienärmere, naturbelassene Nahrungsmittel zu sich nimmt. Das bedeutet nicht, dass man von einem einhundertprozentigen kausalen Zusammenhang sprechen kann. Bestimmt gibt es auch Menschen, die hauptsächlich Fast Food zu sich nehmen und denen es psychisch gut geht. Wer aber generell zu Ängsten und Depressionen neigt, für den lohnt es sich, die eigenen Ernährungsgewohnheiten einmal näher unter die Lupe zu nehmen.

Ebenso kann Sport einen wichtigen Faktor zur Förderung der mentalen Gesundheit darstellen. So geht man davon aus, dass sportliche Betätigung eine der wirksamsten Methoden ist, um Depressionen zu reduzieren. Unabhängig von Aussehen und allgemeiner Fitness sorgt Sport dafür, dass Endorphine (Glückshormone) ausgeschüttet werden und man sich insgesamt besser fühlt. Die positive Wirkung stellt sich meist bereits ein, wenn man pro Woche etwa 150 Minuten Sport treibt – also beispielsweise eine halbe Stunde an jeweils fünf Tagen die Woche. Die Stimmungsverbesserung ist dabei vollkommen nebenwirkungsfrei, im Gegenteil: Sie ist verbunden mit diversen positiven Auswirkungen auf das Herz-Kreislauf-System und die Muskulatur. Davon abgesehen können Menschen, die zu heftigen Gefühlsausbrüchen neigen, Sport auch als Skill nutzen, um innere Spannungen zu reduzieren. Anstatt zu selbstschädigenden Verhaltensweisen zu greifen, hilft es häufig auch, sich richtig „auszupowern". Sportarten wie Yoga und Pilates, bei denen es darum geht, die Bewegungen mit dem Atem zu synchronisieren, können zudem dazu beitragen, das Nervensystem zu regulieren und sich selbst zu beruhigen. Bei Wut und Aggressionen sind Kampfsportarten für viele Menschen ein wirksames Mittel, um diese Emotionen in einem sicheren Rahmen zu kanalisieren und abzubauen. Grundsätzlich gilt: Der beste Sport ist jener, der Ihnen Spaß macht. Es ergibt wenig Sinn, sich regelmäßig zu irgendwelchen Terminen zu quälen, die man eigentlich hasst. Das wird auf Dauer eher zu Frust führen oder dazu, dass Sie allzu schnell wieder das Handtuch werfen. Versuchen Sie stattdessen lieber, auf eine spielerische Art die Freude an der Bewegung zu entdecken. Betrachten Sie Sport nicht als eine Aufgabe oder einen Pflichttermin, auch wenn es Disziplin benötigt, am Ball zu bleiben, sondern als einen Akt der Selbstfürsorge. Sie sind es wert, in einem gesunden und starken Körper zu leben, sich um diesen zu kümmern und ihn zu genießen.

Schließlich sind auch Schlaf und Erholung wichtige Grundsteine der psychischen Gesundheit. Allerdings ist es so, dass viele psychische Erkrankungen mit einem gestörten Schlafverhalten einhergehen. Dies äußert sich zum Beispiel so, dass man schlecht einschlafen kann, dass man nachts häufig aufwacht, morgens viel zu früh wach ist und nicht mehr einschlafen kann, oder dass man häufiger unter Albträumen leidet. Oft handelt es sich dabei um einen Teufelskreis: Die Schlafprobleme begünstigen die psychischen Probleme, die wiederum zu einer verschlechterten Schlafqualität führen. Umso wichtiger ist es, wenn Sie zu Schlafproblemen neigen, auf eine gute Schlafhygiene zu achten. Niemand ist dauerhaft davor gefeit, Schlafstörungen zu entwickeln. In turbulenten, stressreichen oder intensiven Phasen geht es den meisten Menschen so, dass der Schlaf darunter leidet. Wenn Sie im Alltag auf einige Dinge achten, wachsen jedoch Ihre Chancen, dennoch einen einigermaßen erholsamen Nachtschlaf beizubehalten.

Das können Sie tun, um Ihre Schlafqualität zu verbessern:

1. Verzichten Sie auf Kaffee, Alkohol und aufputschende Mittel vor dem Schlafengehen! Koffein hat eine Halbwertszeit von etwa sechs Stunden. Das bedeutet, dass Sie, wenn Sie mittags um 12 einen Kaffee trinken, gegen Mitternacht noch immer etwa ein Viertel der Koffeinmenge im Blut haben. Auch dieses Viertel kann den Schlaf beeinträchtigen. Menschen, die stark auf Koffein reagieren, sollten daher am besten ganz auf Kaffee verzichten oder aber ihn möglichst früh am Morgen zu sich nehmen. Alkohol hilft zwar beim Einschlafen, führt aber dazu, dass der Schlaf insgesamt weniger tief und erholsam wird. Wer also ein Glas Rotwein als Schlummertrunk genießt, tut sich damit auch nicht unbedingt einen Gefallen.

2. Nutzen Sie Ihr Schlafzimmer wirklich nur zum Schlafen. Leben Sie in einem einzigen Zimmer, dann versuchen Sie, zum Schlafen zumindest einen abgegrenzten Bereich zu schaffen. Im Schlafzimmer wird nicht ferngesehen, nicht gearbeitet und nicht gegessen.

3. Sorgen Sie dafür, dass in Ihrem Schlafraum eine angenehme Temperatur zwischen 16 und 21 Grad herrscht und es zum Schlafen möglichst dunkel ist. Rollos oder schwere Vorhänge helfen dabei, die Straßenbeleuchtung draußen zu halten. Auch eine Schlafbrille schafft angenehme Dunkelheit.

4. Treiben Sie im Alltag regelmäßig Sport, jedoch nicht direkt vor dem Schlafengehen.

5. Trinken Sie vor dem Zubettgehen keine größeren Mengen mehr, damit Sie in der Nacht nicht aufwachen und zur Toilette gehen müssen.

6. Essen Sie keine größeren und schwereren Mahlzeiten mehr vor dem Schlafen! Dann ist der Körper nämlich stark mit der Verdauung beschäftigt. Im Idealfall ist das Abendessen mindestens vier Stunden vor dem Schlafen beendet. Sollten Sie dennoch wieder hungrig werden, greifen Sie am besten auf einen kleinen, leichten Snack zurück.

7. Gehen Sie schlafen, wenn Sie müde sind! Hören Sie auf die Signale Ihres Körpers und weniger auf festgelegte Zeiten. Wenn Sie merken, dass Sie nicht schlafen können, dann vermeiden Sie es, sich stundenlang im Bett herumzuwälzen. Stehen Sie dann lieber auf und machen Sie etwas anderes, bis Sie erneut spüren, dass Sie müde werden.

Zuletzt ist es wichtig, bereits während des Tages auf einen guten Stressausgleich zu achten. Sind Sie tagsüber angespannt und ruhelos, ist es unrealistisch, zu erwarten, dass all diese Spannungen verschwunden sind, wenn Sie sich abends ins Bett legen. Wenn Sie über den Tag hinweg funktionieren müssen, zu dem Preis, dass Gefühle und Gedanken verdrängt werden, dann passiert es nicht selten, dass ebendiese Gefühle und Gedanken sich abends im Bett mit voller Wucht aufdrängen. Selbstfürsorge bedeutet daher auch, regelmäßige Pausen einzulegen. Pausen, in denen Sie sich die Zeit nehmen, sich zu fragen, wie es Ihnen gerade geht. Pausen, um zu meditieren oder sich zu dehnen, um einen Spaziergang zu unternehmen oder andere Dinge zu tun, die Stress und Spannungen reduzieren. Personen, die von Borderline-Symptomen oder anderen psychischen Störungen betroffen sind, haben oft – auch wenn ihre Symptomatik sich stark gebessert hat – eine grundsätzlich stärkere Anfälligkeit gegenüber äußeren Stressoren. Das bedeutet nicht, dass das für immer so bleiben muss. Die Chancen stehen aber hoch, dass Sie – falls das auf Sie zutrifft – sehr davon profitieren, sich dauerhafte und stabile Selbstfürsorge-Routinen im Alltag zu erarbeiten und diese auch beizubehalten.

Umgang mit Ressourcen und sozialer Unterstützung

Eine wichtige Ressource für ein erfülltes Leben sind zwischenmenschliche Beziehungen. Wie bereits erwähnt, können stabile Partnerschaften sogar dazu beitragen, dass eine Borderline-Symptomatik mit der Zeit abnimmt. Das bedeutet natürlich nicht, dass Betroffene „einfach nur den perfekten Partner" finden müssen. Gute Beziehungen aufzubauen und zu pflegen, ist vor allem für Menschen mit Borderline-Symptomatik eine große Herausforderung. Umso schöner, wenn es dann gelingt. Einsamkeit hingegen kann dazu führen, dass bestehende Symptome sich noch verschlimmern. In einem sozialen Gefüge eingebunden zu sein, ist ein Wunsch, der tief in uns Menschen verwurzelt ist. In Gegenwart von Menschen, mit denen wir uns wohlfühlen, sinkt das Stresslevel und das Nervensystem kann spürbar entspannen. Das Führen einer Liebesbeziehung ist oft für beide Seiten eine Herausforderung. Häufig sind die Beziehungen mit Borderline-Betroffenen zunächst intensiv und regelrecht berauschend. Später hingegen kann es zu starken Trennungsängsten aufseiten der Betroffenen kommen, zu kontrollierendem und manipulierendem Verhalten, zu abrupten Trennungen, Dramen und Beziehungsabbrüchen. Das bedeutet aber nicht, dass es unmöglich ist, eine erfüllende und schöne Partnerschaft zu führen, soweit beide Seiten bereit sind, an sich und der Beziehung zu arbeiten. Auszuführen, wie genau das funktionieren kann, würde an dieser Stelle den Rahmen sprengen. Es gibt bereits eine Menge Literatur zu dem Thema, ebenso wie informative Videos auf YouTube und anderen Plattformen.

Mindestens ebenso wichtig wie romantische Beziehungen sind Freundschaften und Bekanntschaften. Auch diese können in turbulenten Zeiten Sicherheit und Geborgenheit geben. Echte Freundschaften erfordern ebenso Geduld und gegenseitiges Verständnis, sind aber für viele Borderline-Betroffene etwas leichter aufrechtzuerhalten. Vor allem, wenn es mehrere Freunde in ihrem Leben gibt, sind die Beziehungen oft weniger stark von Verlustängsten dominiert und somit ein gutes „Übungsfeld", um soziale Fertigkeiten zu fördern. Das Schöne ist: Neue Menschen kann man, wenn man eine offene Einstellung hat, fast überall kennenlernen – in Sportvereinen oder Fitnessstudios, in der Schule, auf der Arbeit oder an der Uni, in Selbsthilfegruppen, bei Workshops und Kursen, bei Freiwilligendiensten, Sprachkursen oder auf Reisen.

Auf der anderen Seite gehört es auch zur Selbstfürsorge, Beziehungen loszulassen, die einem nicht guttun. Da Personen, die mit Borderline-Symptomen leben, oft ein schwankendes und eher schlechtes Selbstwertgefühl haben, neigen sie dazu, auch immer wieder länger als nötig in lieblosen oder aufreibenden Beziehungen zu verweilen. Möglicherweise sind sie in Familien aufgewachsen, in denen sie schlecht behandelt wurden, sodass sie unbewusst davon ausgehen, dass enge Bindungen immer schmerzhaft, schwierig und kompliziert sein müssen. Gelangen sie dann im Erwachsenenalter erneut in ähnliche Beziehungsdynamiken, fühlt es sich für sie auf eine Art vertraut an. Auch die starken Verlustängste, unter denen die Betroffenen oft leiden, können es schwermachen, eine schmerzhafte Beziehung zu verlassen und Menschen wieder gehen zu lassen. Zuletzt führt starke Impulsivität manchmal dazu, dass es nicht einfach ist, herauszufinden, warum man sich von einer bestimmten Person zurückziehen möchte. Liegt es daran, dass die Beziehung über einen längeren Zeitraum hinweg schwierig oder nicht erfüllend war? Oder handelt es sich vielmehr um eine vorübergehende Laune, um einen aggressiven Ausbruch oder um einen Ausdruck von Autonomiestreben? Um diesbezüglich Klarheit zu gewinnen, lassen sich erneut Fertigkeiten der DBT anwenden: Achtsamkeit, Stresstoleranz und Emotionsregulation. Auch andere Menschen, die als Vertrauenspersonen erlebt werden, können dabei helfen, Klarheit über eine Beziehung zu erlangen. Menschen mit Borderline müssen erst lernen, wie es sich anfühlt, in gesunden und wertschätzenden Beziehungen zu sein. Dabei handelt es sich nicht selten auch um einen Übungsprozess des stetigen Reflektierens, Abwägens und Auslotens. Stellt man dann fest, idealerweise auf Basis des *Wise Mind*, in Zusammenarbeit aus Verstand und Emotion, dass eine Beziehung sich nicht oder nicht mehr gut anfühlt, ist es vollkommen in Ordnung, zu gehen. Anfangs wird das vermutlich sehr schwierig sein. Mit der Zeit kann man aber erleben, dass es immer leichter wird. Nur wer von Zeit zu Zeit Platz in seinem Leben schafft, hat wieder Raum, um neue, schöne Erfahrungen einzuladen.

Außerdem dürfen Betroffene auch lernen, dass es hilfreich und wichtig ist, Hilfe anzunehmen. Vor allem Personen, die in ihrer Kindheit eine Form der Vernachlässigung erlebt haben, haben das Gefühl, alles allein schaffen zu müssen. Hilfe anzunehmen, ist jedoch kein Zeichen der Schwäche. Das Gegenteil ist der Fall: Gemeinschaften funktionieren stets durch den gegenseitigen Austausch und durch gegenseitige Unterstützung. Wenn es Ihnen gut geht, können Sie der Gemeinschaft auch wieder etwas zurückgeben. Zögern Sie also nicht, in schwierigen Zeiten um Hilfe zu bitten und die eigene Gesundheit ernst zu nehmen. Selbstfürsorge kann manchmal bedeuten, sich für ein paar Tage zurückzuziehen und in die Reflexion zu gehen. Es kann aber auch bedeuten, jemanden anzurufen oder sich mit einer Person zu verabreden, von der man weiß, dass sie ein offenes Ohr hat. Im Rahmen einer DBT-Therapie kann dies heißen, den Therapeuten oder die Therapeutin anzurufen. Niedrigschwelligere Angebote sind Selbsthilfegruppen, Internetforen oder Krisentelefone wie die Telefonseelsorge. In akuten Notsituationen, beispielsweise, wenn Sie starke Suizidgedanken verspüren, ist es auch immer möglich, den Notarzt anzurufen oder sich in ein Krankenhaus zu begeben. Allerdings hat man in psychischen Krisen oft das Gefühl, zu versagen und keine Hilfe verdient zu haben. Man fühlt sich schlecht und allein. Das ist tragisch, denn das Gegenteil ist der Fall: Die meisten Menschen erleben im Laufe ihres Lebens psychische Ausnahmesituationen, einige mehr, andere weniger. Indem wir uns anderen aber damit nicht anvertrauen, hat jeder für sich das Gefühl, allein zu sein. Doch niemand muss sich für eine Krise schämen. Jeder Tiefpunkt bietet auch eine große Chance: wieder mehr über sich zu lernen, Altes loszulassen und neue Wege einzuschlagen. Diese Wege zu gehen, birgt große Herausforderungen und große Geschenke. Umso wertvoller ist es, diese Wege nicht allein gehen zu müssen und diese Geschenke mit jemandem teilen zu können.

7 Erfolge und Grenzen der DBT

Durch das Zeitalter der Digitalisierung haben wir jederzeit Zugriff auf eine regelrechte Flut an Informationen. Auf der anderen Seite findet man im Internet aber auch stets zahlreiche Fehlinformationen, vor allem wenn es um psychische Gesundheit und Psychotherapie geht. Davon ist natürlich auch die DBT nicht ausgenommen. Deshalb soll an dieser Stelle abschließend noch einmal mit den gängigsten Vorurteilen und Mythen aufgeräumt werden. Was kann man also über die Effektivität und die Erfolge dieser Therapiemethode sagen?

Wem hilft die DBT?

Dass die DBT bei einer großen Anzahl verschiedener psychischer Erkrankungen hilfreich sein kann, ist mittlerweile wissenschaftlich gut belegt. Auch wenn sie speziell für Patienten mit Borderline entwickelt wurde, wirkt sie nachweislich auch bei Essstörungen, Suchtproblemen, Ängsten und Depressionen.

Wie lange dauert es, bis man sich besser fühlt?

Natürlich wird es nicht passieren, dass man Verhaltensweisen, die einen seit Jahren und Jahrzehnten begleiten, innerhalb weniger Wochen ablegen kann. Wie lange es dauert, bis man sich besser fühlt, lässt sich nicht pauschal beantworten, da dies von vielen verschiedenen Faktoren abhängt. In der Praxis ist die DBT aber in der Regel auf etwa ein Jahr angelegt. Das Fertigkeiten-Training dauert meist sechs Monate. Auch wenn es vermutlich nicht möglich ist, innerhalb dieser Zeitspanne alle Fertigkeiten perfekt zu beherrschen, so genügt sie dennoch meist, um die Grundlagen zu vermitteln. Anschließend gilt es, im Alltag weiter zu üben und sich in diesen Fertigkeiten zu schulen. Im Gegensatz zu anderen therapeutischen Verfahren handelt es sich dabei um eine relativ kurze Therapie. Die Psychoanalyse zum Beispiel, bei der man zwei bis vier Sitzungen pro Woche einplanen sollte, ist auf einen Zeitraum von drei, manchmal sogar fünf Jahren angelegt. Dass Sie mit der DBT gute Erfolge erzielen können, lässt sich natürlich nicht versprechen. Dennoch kann man beobachten, dass viele Patienten, für die andere Therapien nicht gut funktioniert haben, mit der DBT gut zurechtkommen. Das liegt hauptsächlich daran, dass in der DBT konkrete Fertigkeiten vermittelt werden, die über die bloße Einsicht in Bezug auf Problemursachen und Hintergründe hinausgehen. Viele Patienten sind daher nach Abschluss der DBT in der Lage, ein sinnerfülltes Leben mit weniger Leid zu führen.

Kann ich mithilfe der DBT auch die Ursachen meiner Erkrankung verstehen?

Die DBT fokussiert sich – im Gegensatz zu beispielsweise tiefenpsychologischen Ansätzen – mehr auf das Hier und Jetzt. Das liegt unter anderem daran, dass man davon ausgeht, dass aktuelle Ereignisse und Probleme noch besser im Gedächtnis abrufbar sind als Ereignisse aus der Kindheit. Auch wenn die DBT sich hauptsächlich auf die Veränderung von Verhaltensweisen konzentriert, bedeutet das nicht, dass die Ursachen hinter dem Verhalten keine Rolle spielen. So nutzt die DBT beispielsweise Verhaltensanalysen, um die Hintergründe bestimmter Verhaltensweisen zu explorieren. Tauchen in diesen Analysen vergangene Ereignisse auf, können diese ebenso Teil der Therapie werden.

Kritik

Viele Menschen haben mit der DBT gute Erfolge erzielt und konnten ihr Leben zum Positiven verändern. Natürlich gibt es aber, wie bei jeder Therapiemethode, auch Kritikpunkte. Dabei gilt es stets zu unterscheiden, ob es sich um systematische Kritik an der Methode handelt oder stattdessen um einzelne Fälle, in denen die Zusammenarbeit zwischen Therapeutin und Patientin gescheitert ist. Natürlich sind Therapeuten auch nur Menschen, sodass es immer passieren kann, dass man an kompetentere oder an weniger kompetente Personen gerät. Therapeutinnen haben ebenso manchmal eigene Themen, über die sie zwar im Bilde sein sollten, die aber gleichermaßen lediglich im Unterbewusstsein schlummern können. Zudem begünstigen äußere Nöte, wie die schwierige Therapieplatzsuche, dass sich Gespanne bilden, in denen zwischen Therapeut und Patientin keine gute Passung besteht, also „die Chemie nicht stimmt". Da die therapeutische Beziehung aber einen wichtigen Erfolgsfaktor darstellt, sehen sich beide Seiten in einem schwierigen Dilemma – die Patientin, die möglicherweise sehr verzweifelt ist, der Therapeut, der seine Hilfe nicht „verweigern" möchte.

Davon abgesehen – was sind Kritikpunkte, die auf einer größeren, systematischen Ebene auftauchen und sich an die grundlegende Funktionsweise der DBT richten?

1. Das stark strukturierte Verfahren ist nicht für jeden zu empfehlen. Menschen sind unterschiedlich, ihre Probleme und inneren Kämpfe sind es auch. Während dem einen die Methoden der DBT weiterhelfen, kann für jemand anderen ein höheres Maß an Flexibilität der behandelnden Personen wichtig sein, was im Rahmen größerer DBT-Gruppen oder in Kliniken nicht immer gegeben ist.

2. Während es gut belegt ist, dass die DBT kurzfristig dabei hilft, schädliche Verhaltensweisen und suizidale Tendenzen zu reduzieren, ist die Langzeitwirkung weniger erforscht. Aktuell fehlen noch aussagekräftige Studien darüber, wie es den Patienten ein, zwei, fünf oder zehn Jahre nach Abschluss ihrer Therapie geht.

3. Das Anwenden von DBT-Fertigkeiten kann dazu führen, dass tieferliegende Probleme verdrängt werden. Die Fertigkeiten, die in der DBT vermittelt werden, sind dazu gedacht, sich im Moment besser zu fühlen sowie neue Handlungsspielräume zu bekommen. Dennoch besteht dadurch ein gewisses Risiko, den Problemen, die dahinterliegen, aus dem Weg zu gehen.

4. Einige Kritiker argumentieren, dass die DBT eine übermäßige Betonung der Akzeptanz und der Toleranz gegenüber problematischem Verhalten aufweist. Sie bemängeln, dass dies dazu führen kann, dass ungesunde Verhaltensweisen aufrechterhalten werden, anstatt sie zu verändern.

5. Die DBT legt einen starken Fokus auf Verhaltensänderungen und Strategien zur Bewältigung von Krisensituationen. Dadurch wird im Vergleich zu anderen Verfahren weniger Fokus auf emotionale Aspekte sowie die tiefere Ursache der Probleme gelegt.

Zuletzt sollte hier angemerkt werden, dass eine Psychotherapie stets eine zutiefst individuelle Angelegenheit ist. Jedes Verfahren hat seine Vorzüge und seine Grenzen, kann manchen Menschen helfen und anderen weniger. Manchmal hilft ein Therapeutenwechsel oder bereits das Aussprechen von Zweifeln und Kritik in der Therapie. Einige Patienten profitieren auch davon, eine psychodynamische Therapie zu absolvieren, um sich in der Tiefe mit ihren Problemen auseinanderzusetzen und anschließend neue Verhaltensweisen in der DBT zu lernen – oder andersherum. So wie Lebensläufe selten linear sind, sind es auch Therapiegeschichten nicht. Letztlich geht es darum, verschiedene Ressourcen zu erkunden und sich auf dem eigenen Weg an das zu halten, was sich für den aktuellen Lebensabschnitt am stimmigsten anfühlt.

8 Den nächsten Schritt gehen: Wie finde ich die passende Therapie?

Sie haben den Entschluss gefasst, eine Dialektisch-Behaviorale Therapie oder eine andere Form der Psychotherapie zu beginnen? Herzlichen Glückwunsch! Sie machen sich aktiv auf den Weg zu einem schöneren und erfüllteren Leben. Nur wie findet man einen passenden Therapeuten? Dass die Wartezeiten für Therapieplätze lang sind und die Therapieplatzsuche bisweilen deprimieren kann, ist mittlerweile bekannt. Es ist wichtig, immer wieder auf diese Missstände aufmerksam zu machen. Sie sind jedoch kein Grund, zu resignieren und es gar nicht erst zu versuchen. Viele Therapeuten haben Wartelisten, auf die Sie sich setzen lassen können, oder sie können Ihnen Kollegen empfehlen, die freie Therapieplätze haben. Auch wenn es am Anfang etwas frustrierend sein mag, nicht sofort einen Therapieplatz zu finden, so ist es sinnvoll, Geduld zu haben und dranzubleiben.

Über den Dachverband der DBT (www.dachverband-dbt.de/dbt-therapieangebote) finden Sie Therapeuten und Therapeutinnen in Ihrer Nähe, die Sie per Telefon oder Mail kontaktieren können. Darüber hinaus findet man über die gängigen Suchmaschinen auch andere Seiten, die bei der Therapieplatzsuche behilflich sind. Therapeuten, die allein arbeiten, haben in der Regel kein Sekretariat. Das bedeutet, dass sie telefonisch meist nicht durchgängig erreichbar sind, da sie sich während der Arbeitszeit in den Sitzungen befinden. In diesem Fall sollten Sie auf den Anrufbeantworter sprechen und auf einen Rückruf warten.

Alternativ bieten auch viele Kliniken die DBT in einem stationären Setting an. In diesem Fall ist es das Ziel, im Rahmen des Klinikaufenthaltes den Betroffenen so weit zu stabilisieren, dass er in seinem Alltag wieder zurechtkommt. Im Anschluss an die Klinik soll die Behandlung dann in einem ambulanten Setting fortgesetzt werden. In diesem Fall dauert die Akutphase etwa 8 bis 12 Wochen.

Kurz und knapp: Fragen und Antworten zur Therapiewahl

Egal ob kurzzeitige Krise oder chronische Krankheit: Personen mit psychischen Problemen können von einer Psychotherapie oft sehr profitieren. Aber worauf kommt es an, wenn man sich in die Behandlung begibt? Was gibt es bei der Therapieplatzsuche noch zu beachten? Im Folgenden sollen noch einmal die wichtigsten Fragen beantwortet werden.

Wann ist die DBT für mich geeignet?

Die DBT könnte für Sie geeignet sein, wenn Sie Symptome einer Borderline-Persönlichkeitsstörung aufweisen, einer Posttraumatischen Belastungsstörung, einer Essstörung, einer Depression, einer Angststörung oder einer Sucht. Eine professionelle Bewertung und Diagnosestellung durch einen qualifizierten Therapeuten oder Psychiater ist jedoch erforderlich, um festzustellen, ob DBT die richtige Behandlungsmethode ist.

Was sind die Schritte auf dem Weg zu einem Therapieplatz?

Wenn Sie unter psychischen Beschwerden leiden, können Sie sich als Erstes an Ihren Hausarzt oder Ihre Hausärztin wenden. Sie benötigen keine Überweisung, um einen Psychotherapeuten zu kontaktieren. Der Hausarzt kann aber mitunter eine erste Einschätzung darüber geben, ob eine Therapie nötig ist oder nicht. Anschließend vereinbaren Sie einen Ersttermin in der Praxis, die Sie sich ausgesucht haben. DBT-Therapeutinnen finden sich in niedergelassenen Praxen, manchmal aber auch in Beratungsstellen oder Krankenhaus-Ambulanzen. Während des Erstgespräches haben Patientin und Therapeutin die Möglichkeit, sich kennenzulernen und zu besprechen, ob und welche Art der Behandlung angeboten werden kann. Ebenso wird über die Finanzierung der Therapie gesprochen sowie über Regeln, auf die man sich gemeinsam einigt.

Was ist die Probatorik?

Unter Umständen ist es auch möglich, dass die DBT von der Krankenkasse bezahlt wird. In diesem Fall muss Ihre Therapeutin einen offiziellen Antrag an die Krankenkasse schreiben und darin darlegen, warum eine Therapie nötig und hilfreich für Sie ist. Dieser Antrag wird dann von Gutachtern der Krankenkassen geprüft und gegebenenfalls bewilligt. Bevor dies geschieht, gibt es aber ein Kontingent von fünf sogenannten „Probatorischen Sitzungen“, die Therapeutinnen ohne Antrag bei den Krankenkassen finanziert bekommen können. Diese Sitzungen dienen dem Kennenlernen von Patientin und Therapeutin und haben das Ziel, dass beide entscheiden können, ob sie miteinander arbeiten wollen.

Wie wird jemand DBT-Therapeut?

Nicht jeder psychologische oder ärztliche Psychotherapeut ist automatisch dazu in der Lage, Menschen mit Borderline zu behandeln. Dies erfordert ebenso Erfahrung wie auch gezielte Fortbildung. DBT-Therapeuten müssen also zunächst eine Approbation als Arzt oder Psychotherapeut erlangen und anschließend eine Zusatzausbildung in der DBT absolvieren. Die Zulassung als DBT-Therapeut, die vom Dachverband Dialektisch Behaviorale Therapie e. V. vergeben wird, gilt zunächst nur für drei Jahre. Während dieser Zeit müssen DBT-Therapeuten nachweisen, dass sie sich kontinuierlich weiterbilden. Dieses Prozedere bietet den Vorteil, dass der überwiegende Teil der Therapeuten äußerst kompetent ist, da eine ständige Prüfung und Qualitätssicherung stattgefunden hat.

Worauf muss ich bei der Auswahl eines Therapeuten achten?

Neben der fachlichen Eignung ist der wichtigste Faktor für eine gelingende Psychotherapie die therapeutische Beziehung. Daher sollten Sie bereits bei den ersten Treffen darauf achten, ob Sie zu der Person einen guten Draht haben und sich vorstellen können, viel von sich preiszugeben. Dafür sind die probatorischen Sitzungen gedacht. Diese können auch mit mehreren Therapeutinnen durchgeführt werden, bis Sie sich entscheiden. Das Bauchgefühl und der erste Eindruck sagen einem oft viel darüber aus, ob es sich stimmig anfühlt. Folgende Fragen können Sie sich außerdem stellen:

- Haben Sie den Eindruck, dass Ihnen wirklich zugehört wird?
- Ist dieser Mensch Ihnen grundsätzlich sympathisch?
- Kommen von Ihrem Gegenüber Fragen, die ein grundlegendes Verständnis für Ihre Leidenssituation zeigen?
- Fühlen Sie sich ernst genommen?
- Haben Sie das Gefühl, dass Sie sich diesem Menschen werden öffnen können?

Sollte ich die DBT besser ambulant oder stationär machen?

Die DBT ist eher darauf zugeschnitten, in einem ambulanten Kontext und unter relativ alltäglichen Lebensbedingungen stattzufinden. Auf diese Weise kann in der Therapie direkt mit jenen Alltagssituationen gearbeitet werden, die die Herausforderungen bergen. Jedoch gibt es Situationen, in denen ein Klinikaufenthalt kaum zu vermeiden ist – beispielsweise, wenn die Patienten stark suizidgefährdet sind und fürchten, allein nicht zurechtzukommen. Dabei ist allerdings zu beachten, dass der Klinikaufenthalt in der Regel nur einen Baustein der Therapie darstellt. Ist er beendet, sollte diese ambulant fortgeführt werden.

Selbsthilfegruppen und Online-Ressourcen

Unabhängig von der DBT kann es sinnvoll sein, dass Betroffene auch andere Angebote zur Selbsthilfe wahrnehmen. Selbsthilfegruppen sind beispielsweise eine gute Möglichkeit, um die Wartezeit auf einen Therapieplatz zu überbrücken. Manche Personen haben bereits eine Therapie abgeschlossen und besuchen dennoch anschließend Selbsthilfegruppen, um weiterhin ein unterstützendes Umfeld zu erleben, in dem sie sich angenommen fühlen. Gleichzeitig kann es aber auch passieren, dass von Borderline Betroffene sich in Selbsthilfegruppen überfordert fühlen, wenn sie mit den Geschichten der anderen Teilnehmenden konfrontiert werden. Zuletzt bieten Selbsthilfegruppen manchmal auch einen guten Ansatzpunkt, um sich klarer über die eigenen Probleme zu werden. Wenn Sie sich zum Beispiel fragen, ob Sie selbst von Borderline betroffen sind und sich über die Störung informieren wollen, kann es sinnvoll sein, zu einer offenen Gruppe zu gehen. Sie werden merken, ob Sie die Probleme, von denen andere berichten, auch von sich selbst kennen und ob Sie ähnliche Schwierigkeiten im Leben haben. Selbsthilfegruppen gibt es in den meisten größeren Städten und lassen sich über Suchmaschinen einfach finden. Viele Orte verfügen auch über spezielle Selbsthilfezentren, in denen unterschiedliche Gruppen angeboten werden.

Im Internet gibt es ebenso Anlaufstellen zum Vernetzen, zum Austausch und um in Kontakt zu treten. Dies ist weniger persönlich als der Austausch von Gruppen, die sich in Präsenz treffen. Gleichzeitig bieten Online-Foren und Online-Selbsthilfegruppen die Möglichkeit, niedrigschwellig Kontakt aufzunehmen. Auch Menschen, die im ländlichen Raum leben, keinen Zugang zu Selbsthilfegruppen haben oder nicht mobil sind, haben so die Möglichkeit, sich zu informieren und sich weiterzuhelfen. Am Ende des Buches finden Sie eine Liste von Webseiten und Online-Ressourcen, die Sie dafür nutzen können.

9 Abschlussbetrachtungen

Liebe Leserin, lieber Leser, herzlichen Glückwunsch! Sie sind einen ersten Schritt gegangen, um sich selbst besser kennenzulernen und das eigene Wohlbefinden in die Hand zu nehmen. Sie haben hoffentlich eine Vielzahl nützlicher Informationen sammeln können, die Ihnen dabei helfen, Ihr Leben selbstbestimmt zu gestalten. Vielleicht haben Sie bereits jetzt den Entschluss gefasst, sich nach einer DBT-Therapeutin umzuschauen. Womöglich haben Sie aber auch festgestellt, dass die DBT nichts für Sie ist. Auch in diesem Fall hat sich die Auseinandersetzung mit diesem Thema gelohnt: Zu wissen, was man nicht möchte, bietet einen guten Ansatzpunkt für weitere Recherchen. Möglicherweise sind Sie nun auch motiviert, mit Übungen aus diesem Buch und mithilfe von Online-Ressourcen auf eigene Faust etwas für sich zu tun. In diesem Fall erhalten Sie im Anhang eine Liste weiterführender Literatur und Internetplattformen für Ihren weiteren Weg.

Egal, mit welchen Problemen Sie gerade kämpfen oder welche inneren Themen Sie überwinden möchten: Die DBT bietet einen ganzen Blumenstrauß an hilfreichen Übungen für jeden Tag. Wenn Sie am Ball bleiben und regelmäßig üben – am besten täglich –, dann werden die Fertigkeiten mit jedem Tag stärker und leichter abrufbar. Nicht jeder von uns ist mit Achtsamkeit, Emotionsregulationskompetenz, Stresstoleranz sowie guten zwischenmenschlichen Fähigkeiten aus dem Elternhaus ins Erwachsenenleben entlassen worden. Glücklicherweise lassen sich diese Fertigkeiten lernen, trainieren und immer weiter stärken.

Manchmal sind die Schritte, die man macht, so klein, dass man sie kaum bemerkt. Manchmal verändert sich so viel auf einmal, dass man mit der Integration kaum hinterherkommt. So oder so: Wenn Sie sich regelmäßig bemühen und für sich selbst losgehen, dann wird sich etwas verändern. Nicht sofort. Nicht in einer Woche oder einem Monat. Aber Schritt für Schritt, Tag für Tag kann das Leben wieder leichter, einfacher und unbeschwerter werden. Dafür ist es nicht notwendig, dass Sie stundenlang meditieren oder sich jeden Abend allein in Ihrem Zimmer einschließen, um „an sich selbst zu arbeiten". Bereits 15 Minuten pro Tag können einen großen Unterschied machen. Viele Übungen lassen sich auch in den Alltag einbauen:

- Eine kleine Meditation, während man auf den Bus wartet.
- Im Laufe des Tages immer wieder innehalten und sich fragen, wie es einem gerade wirklich geht.
- Worte für die Gefühle finden, die man fühlt – üben, die Gefühle präzise zu benennen.
- Starke und überwältigende Gefühle visuell an sich vorbeiziehen lassen, um sich bewusst wieder zu regulieren.
- Auf die eigenen Gedanken achten und eine achtsame, wohlwollende innere Haltung kultivieren.
- Regelmäßig üben, wahrzunehmen, statt zu werten.

Wenn Sie am Ende dieses Buches spüren, dass Sie etwas verändern wollen, dann setzen Sie nun eine ganz klare Intention. Mehr Informationen sind zwar niemals verkehrt – viele Menschen konsumieren aber eine Vielzahl an

Büchern und Videos, ohne daraufhin ins Tun zu kommen. Das ist schade – mit der Zeit verblassen nämlich die Erinnerungen und schlimmstenfalls bleibt alles, wie es war. Daher möchte ich Ihnen raten, sich mindestens einen Vorsatz für die Zukunft zu setzen und direkt morgen damit anzufangen. Das kann sein, dass Sie sich auf die Suche nach einer DBT-Therapeutin begeben oder sich vornehmen, endlich mit jemandem über Ihre Probleme zu sprechen. Das kann auch bedeuten, sich eine, zwei oder drei der Übungen in diesem Buch herauszusuchen und sich vorzunehmen, jeden Tag 15 Minuten lang Ihre Fertigkeiten zu trainieren. Es kann auch heißen, dass Sie sich die Ressourcen am Ende dieses Buches gründlich durchlesen und einmal zu einer Selbsthilfegruppe gehen oder sich in einem Forum anmelden.

Das Leben mit Borderline oder einer anderen psychischen Erkrankung kann besondere Herausforderungen mit sich bringen, die nicht jeder Mensch nachvollziehen kann. Aber das bedeutet nicht, dass es für immer schwer und nervenaufreibend sein muss. Jeder Mensch kann eine Besserung erleben. Wie schön, dass Sie sich auf den Weg gemacht haben. Alles Gute für die Zukunft!

10 Anhang

Glossar

<u>Abwehrmechanismen der Psyche</u>: psychische Prozesse, die dazu dienen, unangenehme oder bedrohliche Gedanken, Gefühle oder Impulse unterhalb der Bewusstseinsschwelle zu halten oder zu kontrollieren. Sie bilden eine Art Schutzmechanismus der Psyche, um mit psychischem Stress, Konflikten oder belastenden Erfahrungen umzugehen (vgl. Psychoanalyse).

<u>Achtsamkeit</u>: Form der bewussten Aufmerksamkeit auf den gegenwärtigen Moment, ohne Urteil und ohne daran festzuhalten. Achtsamkeit ist eine zentrale Praxis in vielen spirituellen Traditionen, insbesondere im Buddhismus, hat aber auch in der modernen Psychologie und im alltäglichen Leben an Bedeutung gewonnen.

<u>American Psychiatric Association (APA)</u>: eine medizinische Fachgesellschaft in den Vereinigten Staaten, die sich der Förderung der psychischen Gesundheit, der Prävention von psychischen Störungen und der Behandlung psychischer Erkrankungen widmet. Sie ist die weltweit größte Vereinigung von Psychiatern und besteht aus mehr als 37.000 Mitgliedern, darunter Psychiater, Forscher, medizinisches Fachpersonal sowie andere im Bereich der psychischen Gesundheit tätige Personen (vgl. DSM).

<u>Angststörung</u>: psychische Erkrankung, bei der anhaltende und übermäßige Ängste und Sorgen auftreten, die das alltägliche Leben beeinträchtigen. Im Gegensatz zu normaler Angst, die als normale Reaktion auf eine reale Bedrohung auftritt, sind die Ängste bei einer Angststörung intensiver, länger anhaltend und treten oft ohne ersichtlichen Grund auf.

<u>Antidepressiva</u>: Klasse von Medikamenten, die zur Behandlung von Depressionen und einigen anderen psychischen Störungen eingesetzt werden.

<u>Benzodiazepine:</u> Medikamentenklasse mit einer Vielzahl von Wirkungen, darunter angstlösende, muskelentspannende, sedierende und krampflösende Effekte. Benzodiazepine werden in der Regel kurzfristig angewendet, um akute Symptome zu behandeln, oder in Situationen, in denen schnelle Linderung erforderlich ist.

<u>Binge-Eating-Störung (BES)</u>: Essstörung, bei der wiederholt und regelmäßig Fressanfälle auftreten. Bei Binge-Eating-Episoden essen die Betroffenen in kurzer Zeit große Mengen an Nahrung, oft schneller als normal und bis zum Punkt des körperlichen Unwohlseins. Im Gegensatz zur Bulimie erfolgt nach den Fressanfällen jedoch keine Gegenmaßnahme wie Erbrechen oder übermäßige körperliche Aktivität, um die aufgenommene Nahrung zu kompensieren.

<u>Bipolare Störung</u>: psychische Erkrankung, die durch episodische und extreme Stimmungsschwankungen gekennzeichnet ist, bei der sich Phasen der Depression und Phasen der Manie abwechseln (vgl. Manie, Depression).

<u>Depression</u>: psychische Erkrankung, die sich durch anhaltende und intensive Gefühle von Traurigkeit, Hoffnungslosigkeit, Wertlosigkeit und einen Verlust von Interesse oder Freude an Aktivitäten auszeichnet (vgl. Bipolare Störung).

<u>Dialektik</u>: Hier handelt es sich um einen Begriff, der in verschiedenen Kontexten und Disziplinen unterschiedliche Bedeutungen haben kann. Ursprünglich stammt der Begriff aus der Philosophie und bezieht sich auf eine Methode des Denkens und Argumentierens, die auf dem Prinzip des Widerspruchs und der Entwicklung von Gegensätzen basiert. In der Psychologie, insbesondere in der Dialektisch-Behavioralen Therapie (DBT), bezieht sich Dialektik auf die Fähigkeit, zwei scheinbar widersprüchliche Ideen oder Erfahrungen gleichzeitig zu akzeptieren und zu halten.

<u>Dissoziation</u>: Zustand der Trennung oder Unterbrechung von normalen Bewusstseins- und Wahrnehmungsprozessen. Es handelt sich um einen Mechanismus, den das Gehirn entwickelt, um sich vor traumatischen oder belastenden Erfahrungen zu schützen. Dissoziation ist ein häufig auftretendes Symptom der Borderline-Persönlichkeitsstörung.

<u>DSM (Diagnostic and Statistical Manual of Mental Disorders)</u>: Klassifikationssystem, das von der American Psychiatric Association (APA) entwickelt wurde und weltweit als maßgebliches diagnostisches Instrument für psychische Störungen verwendet wird. Das DSM wird regelmäßig überarbeitet, um aktuelle wissenschaftliche Erkenntnisse sowie neue Forschungsergebnisse zu berücksichtigen. Jede neue Version des DSM enthält Aktualisierungen und Änderungen gegenüber früheren Versionen, um die Genauigkeit und Relevanz der Diagnosen zu verbessern. Die aktuellste Ausgabe ist das „Diagnostic and Statistical Manual of Mental Disorders, Fifth Edition" (DSM-5), das im Jahr 2013 veröffentlicht wurde (vgl. American Psychiatric Association (APA)).

<u>EMDR</u>: steht für „Eye Movement Desensitization and Reprocessing" und ist eine therapeutische Methode, die zur Behandlung von Posttraumatischer Belastungsstörung (PTBS) eingesetzt wird. EMDR basiert auf der Idee, dass traumatische Erfahrungen nicht angemessen verarbeitet wurden und so zu Schwierigkeiten führen. Ziel von EMDR ist es somit, die Verarbeitung der traumatischen Erinnerungen durch spezielle Techniken zu fördern.

<u>Emotionale Dysregulation</u>: Schwierigkeiten im Umgang mit Emotionen. Es handelt sich um einen Zustand, bei dem eine Person nicht in der Lage ist, ihre eigenen Emotionen angemessen zu steuern. Dies kann zu starken und unkontrollierten emotionalen Reaktionen führen, die übermäßig intensiv, instabil oder unvorhersehbar sind (vgl. Emotionsregulation).

<u>Emotionsregulation/Gefühlsregulation</u>: Prozess, durch den Menschen ihre Emotionen erkennen, verstehen und beeinflussen. Gefühlsregulation beinhaltet die Fähigkeit, auch mit unangenehmen Gefühlszuständen umgehen zu können und so angemessen auf herausfordernde Situationen zu reagieren. Gefühlsregulation bedeutet nicht, Emo-

tionen zu unterdrücken oder zu leugnen. Stattdessen geht es darum, ein Bewusstsein für sie zu entwickeln, sie zu akzeptieren und zu managen. Eine effektive Gefühlsregulation trägt zu einem besseren emotionalen Wohlbefinden und einer insgesamt gesünderen psychischen Verfassung bei (vgl. emotionale Dysregulation).

Fertigkeiten: praktische Strategien, die darauf abzielen, die Selbstregulation zu verbessern, den Umgang mit Stress zu erleichtern sowie effektive zwischenmenschliche Beziehungen aufzubauen.

ICD (International Statistical Classification of Diseases and Related Health Problems): weltweit anerkanntes Klassifikationssystem, das von der Weltgesundheitsorganisation (WHO) entwickelt und gepflegt wird. Dient als Standardwerkzeug zur Klassifizierung und Kodierung von Krankheiten. Das ICD wird regelmäßig aktualisiert, um auf dem neuesten Forschungsstand zu sein – die aktuellste Version ist das ICD-11 von 2018 (vgl. Weltgesundheitsorganisation (WHO)).

Klarer Verstand: angestrebter Zustand in der DBT-Sucht, bezieht sich auf einen Zustand der geistigen Klarheit und Achtsamkeit, bei dem eine Person in der Lage ist, bewusst und wachsam zu sein, ohne von süchtigen Impulsen oder Verhaltensweisen überwältigt zu werden (vgl. Wise Mind).

Klientenzentrierte Gesprächstherapie: humanistische Therapieform, die vom Psychologen Carl Rogers entwickelt wurde. Der Fokus liegt darauf, dem Klienten einen sicheren Rahmen zu bieten, in dem er wachsen und positive Veränderungen in seinem Leben herbeiführen kann.

Kognitive Verhaltenstherapie (KVT): Form der Psychotherapie, die in den 1960er-Jahren entwickelt wurde und mittlerweile eine der am weitesten verbreiteten sowie am besten untersuchten Therapieformen ist. Die KVT zielt darauf ab, psychische Probleme und Störungen zu behandeln, indem sie die Verbindung zwischen Gedanken, Gefühlen und Verhalten untersucht und verändert. Sie basiert auf der Annahme, dass unsere Denkmuster und Überzeugungen unser Verhalten und unsere emotionalen Reaktionen beeinflussen.

Komplexe Posttraumatische Belastungsstörung (KPTBS): eine Form der Posttraumatischen Belastungsstörung (PTBS), die sich aus wiederholten und langanhaltenden traumatischen Erfahrungen ergibt, insbesondere in der Kindheit oder über einen längeren Zeitraum in der Entwicklung. KPTBS wird auch manchmal als komplexe PTBS, DESNOS (Disorders of Extreme Stress Not Otherwise Specified) oder komplexe Traumafolgestörung bezeichnet. Im Vergleich zur „traditionellen" PTBS, die oft auf ein einzelnes traumatisches Ereignis zurückzuführen ist, resultiert die KPTBS aus chronischen und komplexen Traumatisierungen (vgl. Posttraumatische Belastungsstörung (PTBS)).

Limbisches System: Teil des Gehirns, das eine wichtige Rolle bei der Regulation von Emotionen, dem Gedächtnis und dem Verhalten spielt. Störungen im limbischen System können zu emotionalen Problemen wie Angststörungen, Depressionen oder Störungen des Gedächtnisses führen.

<u>Manie:</u> gegenpoliger Zustand zur Depression, manifestiert sich durch anhaltend erhöhte, expansive oder gereizte Stimmung sowie gesteigerte Energie und Aktivität (vgl. Bipolare Störung).

<u>Negativity Bias:</u> psychologisches Phänomen, das besagt, dass negative Informationen, Ereignisse oder Erfahrungen einen stärkeren Einfluss auf unsere Denkprozesse und Emotionen haben als positive oder neutrale Informationen.

<u>Neuroleptika:</u> Klasse von Medikamenten, die hauptsächlich zur Behandlung von psychischen Erkrankungen, insbesondere von Psychosen, eingesetzt werden.

<u>Phasenprophylaktika:</u> auch Stimmungsstabilisatoren oder antimaniale Medikamente. Eine Klasse von Medikamenten, die zur Behandlung und Vorbeugung von Stimmungsstörungen eingesetzt wird.

<u>Posttraumatische Belastungsstörung (PTBS):</u> eine psychische Störung, die sich als Reaktion auf ein traumatisches Ereignis entwickeln kann. PTBS tritt auf, wenn eine Person ein extrem belastendes Ereignis erlebt oder Zeuge eines solchen wird, das eine tatsächliche oder drohende Gefahr für das eigene Leben oder die körperliche Unversehrtheit darstellt (vgl. Komplexe Posttraumatische Belastungsstörung (KPTBS)).

<u>Primäre und sekundäre Emotionen:</u> Primäre Emotionen sind grundlegende, angeborene Emotionen, die universell in allen Menschen vorkommen und oft als primäre Reaktionen auf bestimmte Ereignisse oder Situationen betrachtet werden. Sekundäre Emotionen sind komplexe Emotionen, die sich aus der Kombination oder Modifikation primärer Emotionen entwickeln. Sie entstehen durch die Interpretation oder Bewertung von Ereignissen und können individuell und interkulturell variieren.

<u>Psychoanalyse:</u> umfassende psychologische Theorie sowie eine Form der Psychotherapie, die von Sigmund Freud entwickelt wurde und seitdem auch die moderne Psychotherapie stark geprägt hat. Sie zielt darauf ab, das Unbewusste und die darin verborgenen psychischen Prozesse zu erkunden und zu verstehen (vgl. Abwehrmechanismen der Psyche, Übertragung und Gegenübertragung, Psychodynamische Therapie).

<u>Psychodynamische Therapie:</u> Therapieform, die auf Grundlagen der Psychoanalyse aufbaut und sich auf die Untersuchung der unbewussten Prozesse, inneren Konflikte und frühen Erfahrungen konzentriert, die das Verhalten, die Emotionen und die Beziehungen einer Person beeinflussen (vgl. Psychoanalyse).

<u>Sicherheitsverhalten:</u> bezieht sich auf Verhaltensweisen oder Routinen, die Menschen mit Angststörungen anwenden, um ihre Ängste zu bewältigen oder zu reduzieren. Es sind Strategien, die dazu dienen sollen, potenziell bedrohliche Situationen zu vermeiden oder die wahrgenommene Gefahr zu minimieren. Obwohl sie vorübergehend Linderung bieten können, tragen sie langfristig oft zur Aufrechterhaltung der Angst bei.

<u>Triggergedanken:</u> bestimmte Gedanken, Erinnerungen oder Vorstellungen, die bei einer Person intensive emotionale Reaktionen oder traumatische Erinnerungen hervorrufen können.

<u>Übertragung und Gegenübertragung</u>: zwei dynamische Prozesse, die in den Psychodynamischen Therapien eine wichtige Rolle spielen und sich auf die Beziehung zwischen Therapeut und Klient beziehen. Übertragung bezieht sich auf den unbewussten Prozess, bei dem der Patient Gefühle, Erwartungen, Wünsche und Konflikte aus vergangenen Beziehungen oder Erfahrungen auf den Therapeuten überträgt. Gegenübertragung meint emotionale Reaktionen und Gefühle, die der Therapeut als Reaktion auf die Übertragung des Patienten empfindet (vgl. Psychoanalyse).

<u>Validierung</u>: spezifische therapeutische Technik und Haltung, die darauf abzielt, die Erfahrungen, Gefühle und Perspektiven des Patienten anzuerkennen und zu bestätigen.

<u>Verhaltensaktivierung</u>: therapeutische Strategie in der DBT, die dazu dient, depressive Symptome zu reduzieren sowie das Engagement für positive Aktivitäten zu fördern. Sie basiert auf der Annahme, dass Veränderungen im Verhalten das emotionale Wohlbefinden beeinflussen können.

<u>Weltgesundheitsorganisation (WHO)</u>: Sonderorganisation der Vereinten Nationen (UN) mit dem Ziel, weltweit die Gesundheit aller Menschen zu fördern und zu schützen (vgl. ICD).

<u>Wise Mind</u>: in der DBT ein Zustand des Bewusstseins, der ein Gleichgewicht zwischen emotionaler Intuition (emotion mind) und rationaler Überlegung (reasonable mind) darstellt (vgl. Klarer Verstand).

<u>Zen-Buddhismus</u>: Schule des Buddhismus, die ihren Ursprung im alten China hat und sich später auch in Japan und anderen Teilen Ostasiens verbreitete. Zen bedeutet so viel wie „Meditation", was als zentrales Mittel zum Erlangen von Erleuchtung und Erwachen angesehen wird. Es betont die direkte Erfahrung des gegenwärtigen Augenblicks sowie die unmittelbare Wahrnehmung der Realität, ohne von abstraktem Denken oder analytischem Verstand beeinflusst zu werden.

Kontaktadressen und Anlaufstellen

<u>behavioraltech.org/research/evidence</u>: Hier werden fortlaufend wissenschaftliche Informationen über die Wirksamkeit der DBT geteilt.

<u>borderline-plattform.de</u>: ein Selbsthilfeportal mit einer Vielzahl an Informationen rund um das Thema Borderline. Ebenso findet man hier ein Forum sowie Hilfe für Angehörige.

<u>leben-mit-borderline.org</u>: eine umfangreiche Homepage mit Informationen zu Borderline sowie Anlaufstellen, Literaturtipps, Skill-Listen und anderen hilfreichen Inhalten.

<u>www.borderline-netzwerk.info/forum</u>: Hier findet man ein Selbsthilfeforum mit Expertenrat und Chat des Vereins Lebenskünstler e. V.

<u>www.dachverband-dbt.de:</u> der Internetauftritt des Dachverbands DBT. Dort finden Therapeuten Informationen zu Fortbildungs- und Zertifizierungsmöglichkeiten. Betroffene erhalten weiterführende Links, Anlaufstellen und eine Übersichtskarte mit Behandlungsangeboten.

Notrufnummern für akute Krisen

Deutschland

Rettungsdienst: 112

Telefonseelsorge: 0800 111 01 11

Opfernotruf: 01803 34 34 34

Österreich

Rettungsdienst: 144

Ärztefunkdienst: 141

Telefonseelsorge: 142

Psychosozialer Notdienst: 310 87 80

Schweiz

Notarzt-Auskunftsdienst: 1811

Sanitätsnotruf: 144

Die Dargebotene Hand: 143 (Telefonseelsorge)

Weiterführende Literatur

Bohus, M.; Reicherzer, M.: *Ratgeber Borderline-Störung. Informationen für Betroffene und Angehörige.* Göttingen: Hogrefe 2012.

Branden, Nathaniel: *Die 6 Säulen des Selbstwertgefühls. Erfolgreich und zufrieden durch ein starkes Selbst.* München: Piper 2019.

Knuf, A.; Tilly, C.: *Borderline: Das Selbsthilfebuch.* Bonn: Psychiatrie-Verlag 2005.

Kreisman, Jerold J.; Straus, Hal: *Ich hasse dich – verlass mich nicht. Die schwarzweiße Welt der Borderline-Persönlichkeit.* München: Kösel 2012.

Linehan, Marsha: *Building a Life Worth Living: A Memoir.* New York: Randomhouse 2020.

Reddemann, Luise: *Eine Reise von 1000 Meilen beginnt mit dem ersten Schritt. Seelische Kräfte entwickeln und fördern.* Freiburg im Breisgau: Herder 2020.

Reddemann, Luise: *Imagination als heilsame Kraft. Ressourcen und Mitgefühl in der Behandlung von Traumafolgen.* Stuttgart: Klett Cotta 2016.

Reddemann, Luise: Überlebenskunst! Von Johann Sebastian Bach lernen und Selbstheilungskräfte entwickeln. Stuttgart: Klett Cotta 2013.

Reddemann, Luise; Dehner-Rau, Cornelia: *Gefühle besser verstehen. Wie sie entstehen – Was sie uns sagen – Wie sie uns stärken – Mit 31 Übungen.* München: Goldmann 2019.

Reddemann, Luise; Dehner-Rau, Cornelia: *Trauma verstehen, bearbeiten, überwinden. Ein Übungsbuch für Körper und Seele.* Stuttgart: TRIAS 2020.

Reddemann, Luise; Wetzel, Sylvia: *Der Weg entsteht unter deinen Füßen. Achtsamkeit und Mitgefühl in Übergängen und Lebenskrisen.* Freiburg im Breisgau: Herder 2018.

Schug, Susanne: *Therapie-Tools Achtsamkeit.* Weinheim: Beltz 2022.

Sender, Ingrid: *Das Borderline-Syndrom. Wissenswertes für Betroffene und Angehörige.* München: CIP Medien 2000.

Van der Kolk, Bessel: *Verkörperter Schrecken: Traumaspuren in Gehirn, Geist und Körper und wie man sie heilen kann.* Lichtenau: C. P. Probst 2014.

11 Quellen

American Psychiatric Association: *Diagnostisches und Statistisches Manual Psychischer Störungen DSM-5* (2. korrigierte Auflage). Göttingen: Hogrefe 2015.

Frankfurter Allgemeine: *Studie der Hochschule Koblenz: Soziale Dienste der Jugendämter überfordert.* Artikel vom 14.05.2018. Online verfügbar unter: www.faz.net/aktuell/gesellschaft/menschen/studie-zeigt-jugendaemter-in-deutschland-sind-ueberfordert-15589056.html.

Galen, Gillian; Aguirre, Blaise: *DBT für Dummies. Die Dialektisch-Behaviorale Therapie und ihre Einsatzmöglichkeiten.* Weinheim: Wiley 2021.

Höschel, Stephanie: *Therapie-Basics Dialektisch-Behaviorale Therapie (DBT).* Weinheim: Beltz 2023.

Kernberg, Otto F.: *Borderline-Störungen und pathologischer Narzißmus.* Frankfurt am Main: Suhrkamp 1978.

Kröger, Christoph B.; Unckel, Christine: *Borderline-Störung. Wie mir die dialektisch-behaviorale Therapie geholfen hat.* Göttingen: Hogrefe 2006.

Linehan, Marsha M.: *Dialektisch-Behaviorale Therapie der Borderline-Persönlichkeitsstörung.* München: CIP Medien 1996.

Linehan, Marsha M.: *Dialektisch-Behaviorale Therapie der Borderline-Persönlichkeitsstörung. Trainingsmanual.* München: CIP Medien 1996.

McKay, Matthew; Wood, Jeffrey C.; Brantley, Jeffrey: *Starke Emotionen meistern: Dialektische Verhaltenstherapie in der Praxis.* Paderborn: Junfermann 2008.

Rahn, Ewald: *Borderline. Ein Ratgeber für Betroffene und Angehörige.* Bonn: Psychiatrie-Verlag 2001.

Rohde-Dachser, Christa: *Das Borderline-Syndrom.* Bern: Hans Huber 1989.

Sack, Martin; Sachsse, Ulrich; Schellong, Julia: *Komplexe Traumafolgestörungen. Diagnostik und Behandlung von Folgen schwerer Gewalt und Vernachlässigung.* Stuttgart: Schattauer 2013.

Sutor, Martina; Gunia, Hans: *Die Dialektisch Behaviorale Therapie (DBT): Neue DBT-orientierte diagnoseübergreifende Konzepte – Schwerpunkt Skills-Training.* Heidelberg: Springer 2022.

Weltgesundheitsorganisation (WHO): *ICD-11: International Classification of Diseases, 11th Revision. The global standard for diagnostic health information.* Deutsche Version online verfügbar unter: www.bfarm.de/DE/Kodiersysteme/Klassifikationen/ICD/ICD-11/_node.html.